대학생을 위한 금융과 부동산 투자 상식

교양 재테크

이동훈 지음

교우미디어

| 프롤로그 |

우리나라는 2016년 국내총생산(GDP)세계 12위이고, 2012년 6월 세계 일곱 번째로 '20－50클럽'에 가입했다. '20－50'이란 국민소득 2만 달러에 인구가 5천 만 명임을 뜻하는 것으로서, 1996년 영국이 6번째로 가입한 사실을 감안하면 대단한 일이 아닐 수 없다. 2016년 우리나라는 1인당 국민소득 $27,661(IMF 기준)로 거의 3만 불에 육박하고 있다. 국민소득 2만 달러의 의미는 단순한 것이 아니다. 일반적으로 선진국의 기준이 되는 국민소득이 2만 달러이기 때문이다. 국민소득 2만 달러를 사는 한국인의 삶은 참으로 부유하다. 하지만 뭔가 부족한 것이 있는 것 같다. 소득수준은 선진국인데 비해 삶의 질은 선진국 같지 않기 때문이다. 오히려 대하민국에서 소득수준 2만 달러 시대를 영위하기 위해 직장인들은 낮에는 직장에서, 밤에는 대리운전을 하며 돈을 벌어야 이 시대를 살 수 있다는 생각이 들어 씁쓸할 뿐이다.

사실, 최근 4년 동안 우리나라의 연평균 실질소득은 3.2% 증가하였다. 하지만 기업의 실질소득은 무려 16.1% 증가 가계의 실질소득은 2.4% 증가에 그쳐, 기업은 부자지만 상대적으로 가계는 형편이 썩 나아지지 않은 듯하다. 또한, 최근에 일어난 사회 현상 중 두드러진 것은 취업위주의 대학교육과 돈만 많으면 성공이라는 획일적인 사고라고 할 수 있다. 국가의 지도층과 힘을 합친 언론은 끊임없이 돈을 벌라고 외친다. 그렇치 않아도 경쟁이 치열한 상황에서 모든 가치를 한곳으로 몰아 버리니 경쟁이 심해 질 수 밖에 없다. 국가는 다양한 가치를 추구해야 한다. 어떤 사람은 사진을 찍고, 어떤 사람은 그림을 그리고, 어떤 사람은 음악을 하며, 어떤 사람은 돈벌이에 굴하지 않고 본인이 하고 싶은 곳에 열정을 바치는 그런 사회가 바람직하다고 본다. 국가는 조용히 일하고 싶은 사람이 일할 수 있는 일자리를 창출해 나가면 될 뿐이고, 국민은 본인들이 하고 싶은 일에서 만족을 느낄 수 있도록 자신의 일에 열정을 다하는 그런 사회가 아름답다고 할 것이다.

그러나, 세상이 바뀌기를 마냥 기다릴 수는 없는 일이다. 또한, 필자는 돈을 버는 것과 개인의 자아실현과는 다른 차원으로 바라보는 것이 좋다고 생각한다. 그래도 가난하기보다는 부자로 사는 것이 삶의 질 면에서 조금 더 나은 삶을 살 수 있고, 할 수 있는 일을 더 많이 할 수 있으며, 다른 사람에게 도움을 받기 보다는 도움을 줄 수 있는 더 많은 기회를 가질 수 있다고 생각한다.

본서에서는 먼저 부자가 무엇이며, 어떤 사람들이 부자가 되었는지에 대해 수많은 재테크 관련서적 중에서 중요하다고 생각하는 생각들을 다루었으며, 재테크 수단으로서 사회에서 가장 많은 관심을 갖는 주식과 부동산 투자에 대하여 주요한 내용들을 다루고 있다. 재테크의 정의는 일을 하지 않고 돈을 버는 것이다. 주식 투자를 위해 본업을 등한시 한 체 주식호가창만 들여다보는 단타투자는 재테크가 아니다. 본서에서는 재테크로서의 주식투자만을 다룬다. 즉, 적절한 경기 상황에서 수익성과 성장성을 갖고 있는 아직 저평가된 주식에 투자하여 몇 년 동안 시장 수익률을 상회하는 수익을 창출하는 가치투자에 대한 내용을 다루며, 부동산에 의한 투자는 경매투자만을 다룬다. 부동산 개발은 재테크가 아니라 부동산 사업이기 때문에 본서의 범위를 벗어나며, 부동산 투기에 관련된 내용도 다루지 않는다.

본서를 통해 다른 사람보다는 더 여유로운 삶을 누리며, 보다 많은 사람들을 도울 수 있는 진정한 부자가 되어 주길 바란다.

2017년 뜨거운 여름

저자 올림

| 차 례 |

대학생을 위한 금융과 부동산 투자 상식 **교양 재테크**

chapter

01

부자 그리고 행복

1. 부자면 다 행복한가?
   모든 부자가 행복하지는 않다
2. 행복한 삶이란 무엇인가?
   삶이란 살며 사랑하고 배우고 유산을 남기는 것이다.
3. 누가 부자인가?
   부자는 더 이상 돈을 벌려고 하지 않는 사람이다.
4. 모든 사람이 부자가 되길 원하는가?
   인간이 추구할 가치는 다양하고 모두 존중받아야 한다.
5. 부자는 종교적으로 비난받아야 하는가?
   대부분의 종교는 착한 부자를 원한다.
6. 재테크란 무엇인가?
   일을 안하고 돈을 버는 것이 재테크라고 한다. 정당한 것인가? 일을 안하고 돈을 버는 것도 쉬운 일이 아니다.
7. 단돈 만원으로도 한 사람을 살릴 수 있다.
   물에 빠진 한 사람을 건지는 것과 만원 짜리 기부금 중 무엇이 더 훌륭한가?

01 부자면 다 행복한가?

모든 부자가 행복하지는 않다.

사람은 누구나 풍요롭고 행복하게 살기를 바란다. 그렇기 때문에 많은 사람들은 부자가 되고 싶어 한다. 돈이 많으면 나와 내 가족의 욕망을 다 채워 줄 수 있을 것이라고 믿는다. '시골의사'로 유명한 외과 의사 박경철 원장은 「시골의사의 부자경제학」(리더스북)에서, 절대적 빈곤상태에서는 어떻게든 현 상황을 벗어나려는 갈망으로 부자가 되고 싶어 하고, 상대적 빈곤의 상태에서는 타인의 밥그릇에 대한 시기와 질투를 멈추지 않은 인간의 본성을 채우는 수단으로 부자가 되고 싶어 한다고 설명하고 있다. 사실 인간은 많은 돈을 가졌어도 자기보다 더 많은 돈을 가진 사람들에 대한 상대적인 빈곤에 허덕이는 수가 많다. 이런 점이 인간이 부자가 되어도 행복할 수 없는 이유가 될 수 있을 것이다. 그러므로 부자와 행복은 별개로 생각해야 된다. 부자인 사람이 행복할 수도 있고 불행할 수도 있다. 행복한 사람이 부자일 수도 있고 부자가 아닐 수도 있다. 필자는 이러한 생각을 바탕으로 집필을 시작하였다. 이 저술은 행복한 사람이 되기 위한 목적은 아니다. 돈을 효율적으로 효과적으로 모을 수 있는 여러 가지 방법을 설명하고 있을 뿐이다. 자본주의 사회가 고도로 발달하면서 우리나라도 1인당 국민소득 2만 불 시대를 달려가고 있다. 과거에 비하면 먹고 사는 일은 조금 더 고급화 되고 편리해졌다. 그러나 먹고 살기 위해 낮에는 직장에서 일하고, 밤에는 대리운전으로 일하면서 살아야 하는 사람들처럼 대부분의 사람들이 하루 종일 돈만 벌어야 살아갈 수 있는 세상이 된듯하여 마음이 좋지 않다.

역사적으로 세상에서 가장 행복했던 사람으로 9세기 사라센제국의 압둘라만 3세를 꼽는다. 아름다운 부인 3,321명과 토끼 같은 자식 616명이 있었고, 부귀와 명예와 권력을 가진 상태로 건강하게 여생을 마쳤다고 한다. 그러나 그가 숨을 거두면서 "내가 행복을 누린 날은 단 14일에 불과하다"라고 말했다고 한다. 세상에서 역사적으로 가장 지혜로운 분은 솔로몬이라고 한다. 이분은 성경에 이런 글을 남겼다. '은을 사랑하는 자는 은으로 만족하지 못하고, 풍요를 사랑하는 자는 소득으로 만족하지 못한다(전도서 5장10절).'

압둘라만 3세의 예나 성경구절로만 봐도 인간의 물질적인 탐욕은 행복을 가져다주지 못한다.

얼마 전, 필리핀 보라카이에 가족과 함께 여행을 다녀왔다. 1950년 당시 우리나라 전쟁 때 제일 먼저 달려와 우리를 도와주었던 필리핀, 어렸을 적 선진국으로 알았던 필리핀이 상당히 낙후된 것을 보고 많이 놀랐다. 하지만, 또, 한편으로는 필리핀의 식당과 호텔에 한가롭게 쉬고 있는 종업원들이 너무 많은 것을 보고 필리핀 사람들의 삶이 부럽다는 생각도 해 보았다.

BPR(Business Process Re-engineering)[1]에 관심이 많은 필자로서 이런저런 계산을 해보니 호텔은 70% 인원감축해도 끄떡없을 것 같고, 식당도 서빙하는 사람 반으로 줄여도 그대로 운영될 것처럼 보였다. 하지만, 이들은 한사람 받을 월급을 세 사람으로 쪼개서 받고, 일을 조금만 하고 돈도 덜 받는 것으로 타협을 한 것 같다. 월급 15만원을 받고 행복한 삶을 영위하는 것을 보니 많이 부러웠다. 혜민 스님의 "멈추면 비로소 보이는" 그러한 삶이 그곳에서 펼쳐지는 것이다.

우리나라는 어떠한가? 필자의 기억에 국민소득 만 달러 정도였을 때가 제일 행복했던 것 같다. 대학등록금도 100만원 미만이었고, 라면도 몇 백원이면 사먹을 수 있었다. 하지만, 우리나라는 그동안 급성장하여 1인당 국민소득 2만 달러 시대(2016년도 27,561달러)를 11년째 유지하고 있고, 5인 가족이면 가족수입의 합계가 1 억을 넘어야 평균 정도 하는 것이다. 그만 큼 부유한 나라에 살면서 행복감은 다른 나라에 비해 그리 높지 않은 것 같아 매우 안타깝다.

---

1) BPR은 기업의 비용, 품질, 서비스, 속도와 같은 핵심적 부분에서 경영 혁신을 이루기 위해 기업의 업무 프로세스를 근본적으로 재설계하는 혁신기법으로서 주로 정보기술을 그 수단으로 사용한다. BPR 수행의 결과 기업의 업무 프로세스는 경영 목표 달성에 가장 적합하도록 재설계되어지고, 그 설계에 따라 기업형태 · 사업 내용 · 조직 · 사업 분야 등이 새롭게 재 정의된다.

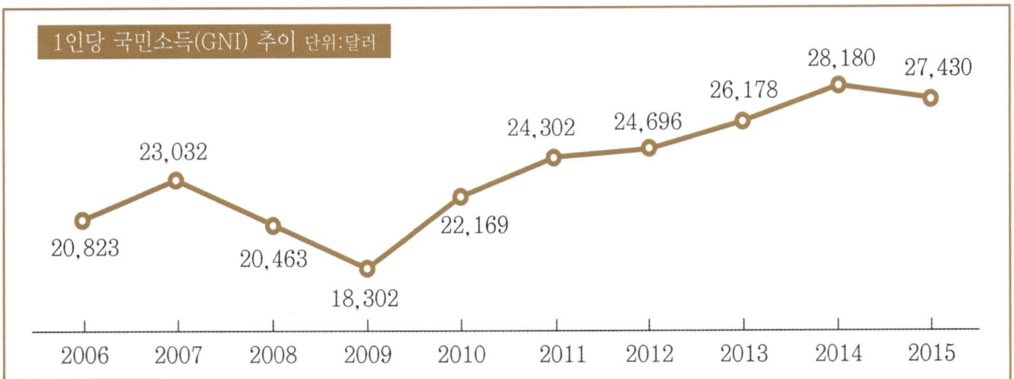

그림 1-1 **1인당 국민소득 추이**

"대학교수도 대리운전을 해야 가족을 먹여 살릴 수 있다"라고 술자리에서 공공연한 농담이 된지도 오래다. 아래 신문기사를 보면 우리나라 직장인의 대부분이 투잡을 고민하고 있는 것을 알 수 있다.

〈BOX 기사 1〉 직장인의 투잡

직장인 92% "투잡 뛰고 싶어" … 그 이유는?

직장인 10명 중 9명은 '투잡'을 할 의향이 있는 것으로 나타났다. 22일 온라인 취업포털 사람인에 따르면 지난 15일부터 20일까지 6일간 직장인 5498명을 대상으로 '투잡 의향'을 조사한 결과, 무려 91.6%가 '투잡을 할 의향이 있다'고 답했다. 투잡 의향이 있는 이유로는 '월급이 너무 적어서'(49.3%, 복수응답)가 가장 많았다. 다음으로는 ▲여윳돈으로 넉넉하게 생활하고 싶어서(42.8%) ▲결혼, 노후 등 목돈을 마련하기 위해서(29.6%) ▲물가가 올라 생활비가 부족해서(23.6%) ▲대출금 등 빚을 갚아야 해서(20.4%) 등의 답변이 이어졌다. 이때 투잡을 선택하는 기준을 살펴보면, '직무지식을 응용, 발전시킬 수 있는 일'(22.6%)을 첫 번째로 꼽았고, '재택근무 등 편하게 할 수 있는 일'(21.7%)이 바로 뒤를 이었다. 계속해서 ▲취미 및 관심사와 관련된 일(19.5%) ▲쉽게 할 수 있는 단순한 일(15.3%) 등의 응답이 있었다. 하지만 이들 중 실제로 투잡을 하는 직장인은 10명 중 1명(10.7%)에 그쳤다.

[일요서울 | 고은별 기자, 2013.01.22]

하지만, 직장에서 정상적인 근무를 하기 위해서는 회사업무에 매진하여야 하고, 투잡을 할 수 있는 시간적 여유는 물론, 파김치가 되는 저녁시간 신체적인 여유마저 갖기 어려운 것이 우리나라의 사정일 것이다.

돈을 벌기 위해서는 분명 일을 해야 한다. 그런데 다행스러운 일은 부자가 되기 위해 돈을 버는 방법 수단으로 일을 하지 않고 돈을 버는 방법이 있다는 것이다. 일을 하지 않고 돈을 버는 방법이 바로 재테크이다. 재테크는 내가 아니라 돈에게 일을 시키는 방법이다. 재테크라는 것은 일을 해서 돈을 버는 것이 아니고, 절약을 통하여 개미처럼 돈을 모으고, 투자를 통해서 재산을 늘리는 행위를 말한다.

오래된 이야기 이지만, 2008년 MBC에서 방영한 한국인의 삶에 대한 의식을 조사한 바에 따르면 행복의 조건은 아래와 같았다. 아래 표를 보면, 자본주의가 고도화 되면서 가족의 소중함보다 돈이 더 중요한 가치가 되어 버린 것은 현실인 듯하다.

표 1-1 **행복의 기준**

	2001년	2008년
돈	14.1%	32.3%
건강	36.8%	32.1%
가족	35.0%	24.0%

2001년 돈의 중요성이 14.1%였는데, 8년 사이 두 배 이상인 32.3%로 훌쩍 뛰어 버렸다.

라이나전성기재단에서 발행하는 헬스&라이프 매거진 헤이데이와 서울대학교 행복연구센터가 2017년 6월 27일 발표한 '대한민국 중·장년의 일상에서의 행복'에 따르면 월소득 700만원 이상인 중·장년층이 행복 8.0점을 얻어 700만원 미만 소득자보다 점수가 높았다. 300만원 미만 소득자는 행복 7.2점으로, 300만원 이상 700만원 미만은 기분 행복 7.4점으로 각각 집계됐다. 특이한 점은 자녀가 많은 가족일수록 행복도가 높게 나타났다고 하는데, 이는 소득기 높기 때문에 자녀를 더 낳는다는 해석을 달아 행복에 대한 우리나라사람들의 만족도가 낮은지 알 수 있다. 세계에서 가장 가난해 보이는 나라 부탄이 세계에서 가장 행복도가 높은 나라라고 하는 이야기는 익히 들어 봤을 것이다. 오늘 인터넷으로 부탄을 검색해 보았다. '시간도 쉬어가는 행복한 나라'라는 부제가 달린 글을 읽고 우리나라도 행복한 나라가 되었으면 하는 바램이다.

02 행복한 삶이란 무엇인가?

삶이란 살며 사랑하고 배우고 유산을 남기는 것이다.

월파 김상용 시인의 「남으로 창을 내겠소」라는 시에 '왜 사냐건 웃지요'라는 구절이 있다. 인간은 왜 사는 걸까? 사실 이 질문은 말이 안 되는 질문이다. 인간이 왜 사느냐는 질문은 생명의 존엄성과 관련된 질문이다. 옛 철학자들은 그 답을 찾다가 대부분 우울증에 걸려 죽거나, 20년 면벽수도[2] 한 스님의 암울한 인생[3]이 되기도 했다. 무엇을 깨달을 수 있겠는가? 답이 없다. 왜 사느냐에 대한 대답은 인간인 이상 답을 할 수 있는 부분이 아니다. 누군가 인간을 만들었다면 살게 하는 목적을 알 것이지만, 우리가 알 수 있는 것은 성경에 의한 해석과 진화론자들의 몇 가지 추측만 있을 뿐이다. 성경에는 만물을 창조한 신의 뜻이 '하나님이 보시기에 좋았더라(창세기)'라는 구절로, 신의 명령이 '너희는 생육하고 번성하라'라는 구절로 기록되어 전한다. 성경에 의하면 사는 것은 신의 명령에 충실히 따라야 하는 일인 것이다. 진화론에 의하면 인간(동물)이 사는 목적은 유전자의 생존 기계로서, 유전자가 살아남기 위해 만들어 놓은 개체(숙주)에 불과하다고 한다.

예를 들어, 암에 걸려 5년밖에 못산다고 의사로부터 무시무시한 사형선고를 받은 어떤 사람은 그때부터 산에 들어가 풀만 먹으며 산다. 하던 일도 멈추고 오로지 생명을 유지하기 위해 운동하고, 전혀 돈을 벌지 않는다. 어떤 사람은 교통사고로 식물인간이 되어 10년째 병원에서 숨만 쉬고 있다. 또 어떤 사람은 죄를 짓고 감옥에서 평생 살고 있다. 이들의 삶을 어떻게 생각하는가? 그 삶이 허망한가? 그러나 그 사람의 아버지나 어머니라면 자식이 하루라도 더 살길 바라지 않겠는가? 이런 마음이 우리가 왜 사는가 하는 질문에 대한 답을 찾는데 도움이 될지도 모른다.

---

2) 벽만 바라보고 명상에 잠기는 수행 방법

3) 폄하하려는 의도는 없다. 내 개인적인 짧은 지식과 철학으로는 20년 동안 벽만 바라보는 것보다는 바다도 보고 사랑하는 자식도 보고, 산도 보는 사람이 더 행복하게 보인다.

최근, 유튜브를 통해 서울대학교 심리학과 교수이신 최인철 교수님의 행복에 대한 동영상을 시청한 적이 있다. 최인철 교수님은 행복은 시간관리라고 하면서, 행복한 곳에 시간을 많이 사용하면 행복해 진다고 한다. 여행을 떠나면 걷고, 말하고, 맛있는 것을 먹고 하면서 행복해진다는 예를 들었다. 필자는 같은 의미로 내가 가장 오래 함께 있는 사람을 사랑하면 행복해질거라 믿는다. 세상에서 제일 불행한 사람은 나랑 가장 가까운 사람을 미워하는 것이다. 너무 간단한 이치이지만, 대부분 수긍하지 않는다. 필자가 공개강의를 통해 이런 행복에 대해 이야기 하면, 이런 반응이 돌아온다. "도대체 사랑하기가 어렵다"는 것이다. "사랑을 하게 만들지 않는다는 것이다" 누구를 사랑하고 사랑하지 않는 것은 사실 나의 마음이다. 내가 행복해 지려면 그냥 사랑하면 된다. 2000년 전에 예수님께서 이 세상에 오셔서 사람으로서는 할 수 없는 수많은 기적을 일으키시며 수많은 병자와 심지어는 죽은 사람도 살리셨다. 왜 그랬을까? 그럴 필요가 있었을까? 필자는 기독교인으로서 오랜 기간 생각을 해왔다. 필자는 예수님이 기적을 일으킨 이유는 예수님을 믿어 달라는 거였다고 생각한다. "나는 사람이 아니다. 나는 신이니 나를 믿어 달라"는 것이다. 그럼 예수님을 사람이 믿으면 예수님은 무슨 혜택이 있나? 재벌이 되려고 그러셨나? 아니다. 성경에 주님은 이렇게 말씀하셨다. "새 계명을 주노니 네 이웃을 네 몸같이 사랑하라." 그리고 가셨다. 그리고 한 말씀 더 하셨는데, 사랑하는 사람을 사랑하는 것은 너무나 쉬운 일이다. 네 원수를 사랑하라 하셨다. 맞는 말씀인 것 같다. 누구든 유명 연애인, 스타, 대통령님 이런 분들이 차 한잔 하자고 하면 너무 행복할 것이다. 하지만 그 반대는 싫지 않은가? 그 반대를 실천해야 우리가 더 행복해 진다는 것이다. 세상에는 이쁜거 보다는 미운 것도 많기 때문일 것이다.

얼마전, 필자가 가장 존경하고 사랑하는 어머님께 전화를 드렸다. 뜬금없이 "어머님, 어머님은 참 행복하셨겠어요". "왜 그러냐 아들아". "어머님, 어머님은 아들이 너무 사랑스러웠지요", "그려 당연하지 그래서 매우 행복했지", "어머니, 저도 항상 행복했어요, 어머니를 사랑했으니까" 좀 간지러운 대화긴 했지만 그날 하루종일 행복했던 기억이 있다.

저서 「성공하는 사람의 7가지 습관」, 「소중한 것을 먼저하라」, 「원칙중심의 리더십」으로 세계의 많은 독자들에게 존경받는 스티븐 코비 박사는 왜 사느냐가 중요한 것이 아니고 어떻게 사느냐가 중요한 것이라고 한다. 그에 의하면 '삶은 살며 사랑하며 배우고 유산을 남기는 것'이라고 한다. 이는 매슬로우의 욕구 5단계설과 비슷한 개념이다. 매슬로우의 욕구 5단계는 생리적 욕구, 안전의 욕구, 소속의 욕구, 존경의 욕구 및 자아실현의 욕구 순으로 인간의 욕망을 실현 한다는 개념으로 앞 단계의 욕구가 해결되지 않으면 뒷단계의 욕구는 생각하기 힘들다는 이론이다. 스티븐 코비 박사는 이와는 다르게 신체적 욕구, 사회적 욕구, 정신적 욕구 및 영적인 욕구를 모두 골고루 해결하면서 균형 있게 살아가라고 가르친다.

가. 매슬로우의 욕구 5단계 설

매슬로우[4]는 인간의 삶을 제 1단계 생리적 욕구로 부터 안전의 욕구, 소속의 욕구, 존경의 욕구 및 제 5단계 자아실현의 욕구를 실현하는 것으로 보았다. 저(低)수준의 욕구가 만족되어야 비로소 한 단계 위의 수준의 욕구를 갖는 것으로 보았다. 앨더퍼는 인간의 욕구를 보다 일반화하기 위해 ERG(생존-관계-성장)이론을 통해 매슬로우의 욕구 5단계를 3단계로 줄여서 설명하고 있다. 즉, 생존 욕구(Existence needs)가 채워지면 관계 욕구(relatedness needs)가 생기고 이것이 해결되면 성장 욕구(growth needs)가 생긴다는 것이다.

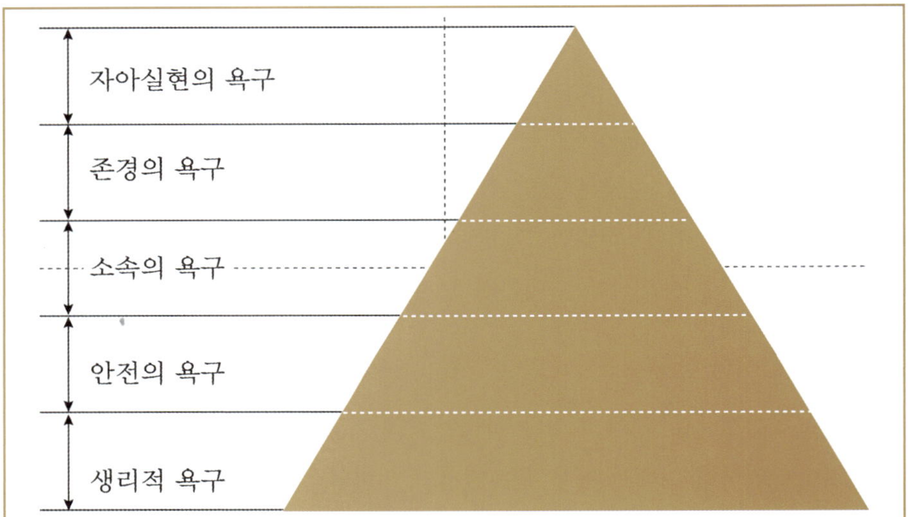

그림 1-2 **매슬로우의 욕구 5단계**

포터(porter)라는 학자는 인간의 자율성을 중요시해 매슬로우의 존경의 욕구와 마지막 단계인 자아실현의 욕구 사이에 자율의 욕구를 추가하였다. 학자들의 견해가 모두 다르긴 하지

---

4) 매슬로우(Maslow:1908~1970)는 미국의 심리학자 · 철학자이다. 1961년『인간주의 심리학회지』(The Journal of Humanistic Psychology)를 창간하였으며 주요 저서로는「인간의 성격에 대한 심층 접근」(1971)이 있다.

만 크게는 하위 욕구의 충족 시 상위 욕구가 발생하는 것이 원칙(Maslow)이고, 상위 욕구가 해결이 안 되면 다시 하위 단계의 욕구로 퇴행할 수도 있다고 한다(Alderfer).

1단계 욕구는 생리적 욕구(Physiological Needs)로 의식주에 대한 욕구, 인간의 생명을 유지해가기 위한 기본적인 욕구이다.

2단계 욕구는 안전 욕구(Safety Needs)로 이 욕구는 기본적으로 신체적인 위험에 대한 공포로부터 벗어나려는 욕구이고 또 기본적인 생리적 욕구를 충족시키지 못하게 되는 위험으로부터 해방되려는 욕구이다. 이것은 자기보존에 대한 욕구이다.

3단계 욕구는 애정(사회적) 욕구(Belongingness and Love Needs)를 말한다. 인간은 사회적 존재이기 때문에 인간에게는 여러 가지 집단에 소속하고 싶은 욕구와 여러 집단에 의해 받아들여지고 싶은 욕구가 있으며, 그것은 친분, 우정, 소속감 등에 대한 관심으로 나타난다.

4단계 욕구는 자기존중의 욕구(Esteem Needs)로 소속단체의 구성원으로 명예나 권력을 누리려는 욕구이다. 이 욕구는 자존, 자율, 성취등과 같은 내부적인 존경의 요인, 지위, 신분, 인정, 관심의 대상이 되는 것 등과 같은 외부적인 존경의 요인들이 포함된다.

5단계 욕구는 자아실현의 욕구(Self-actualization Needs)로 자신의 재능과 잠재력을 충분히 발휘하고자 하는 욕구이다.

나. 성공하는 사람들의 7가지 습관(스티븐 코비 박사)

자기계발의 권위자 스티븐 코비 박사는 그의 초대형 베스트셀러 「성공하는 사람들의 7가지 습관」에서 '외부의 힘에 단순히 반응하는 대신, 자신이 통제할 수 있는 삶의 습관에 집중하라'고 했다. 스티븐 코비 박사는 이 습관을 7개로 체계화하였는데, 습관 1~3은 개인적 영역의 습관이고, 습관 4~6은 타인과의 관계를 갖는 습관이다. 마지막 습관 7은 자기관리와 쇄신에 관한 것이다.

표 1-2 성공하는 사람들의 7가지 습관

- 습관 1 : 자신의 삶을 주도하라.
- 습관 2 : 목표를 확립하고 시작하라.
- 습관 3 : 중요한 것부터 먼저 하라.
- 습관 4 : 상호이익을 모색하라.
- 습관 5 : 경청을 한 다음 상대방을 이해시켜라.
- 습관 6 : 시너지를 창출하라.
- 습관 7 : 심신을 단련하라.

위의 7가지의 습관 모두가 중요하지만, 특히 습관 3에 대해서는 「소중한 것 먼저 하기」라는 저술을 별도로 출판하여 현재 우리나라에 많이 보급되어 있다. 이 책의 주요 내용은 일의 우선순위에 관한 것인데, 일상생활에서 사람들이 할 일이 많아지다 보면 할 일의 우선순위를 정하는 것이 매우 중요하다고 한다. 아래 표는 스티븐코비박사의 "프랭클린 다이어리"에서 제공하는 시간관리 메트릭스이다. 본 메트릭스에서 강조 하는 것은 긴급한 것이 중요한 것이 아니라, 중요한 것이 중요하다는 철학이다. 중요하고 긴급한 것을 먼저하고, 중요하지 않은 일들은 결국 우리 인생을 갉아먹기 때문에 시간을 많이 할애하지 않는 습관을 가지라는 의미의 표라고 할 수 있다.

표 1-3 시간 관리 메트릭스

중요함	위기 급박한 문제 마감시간이 임박한 프로젝트, 회의, 보고	예방 / 준비 / 계획 관계 구축 재충전(어학, 학습) 가치관 확립
	"성공하려면 이 위에서 살기"	
중요하지 않음	불필요한 방해물 중요하지 않은 전화, 우편물, 이메일 일부 보고서, 일부 회의 다른 사람들의 사소한 문제	하찮은 일 / 소일거리 활동 일부 우편물(쇼핑) / 일부 전화 시간 낭비 활동 / 과도한 TV시청 습관적인 인터넷서핑
	긴급함	긴급하지 않음

03 누가 부자인가?

부자는 더 이상 돈을 벌려고 하지 않는 사람이다.

간단히 말해서 부자란 돈이 많은 사람이다. 과연 얼마만큼을 가져야 부자인가? 필자가 대학을 다닐 때만 해도 1억을 현금으로 가지고 있으면 부자라고 했다. 2012년을 맞이하여 필자가 몇몇 사람들에게 물어봤더니, 현금자산 10억 정도가 있으면 부자인 듯하고, 그것도 확실치는 않다고 한다. 필자가 생각하기에 100억이 있는 사람은 확실히 부자인 것 같다. 하지만 100억이 있는 사람도 필자에게 돈 버는 방법을 물어보기도 한다. 그도 아직 부자가 아니라고 생각하는 것 같다.

시골의사 박경철 원장의 말대로 '더 이상 돈 벌지 않아도 되는 사람이 부자'라는 말이 일리가 있다. 그러니 돈 버는 사람은 부자가 아니다. 돈이 많은 사람이 돈을 벌려고 하면 더 고통스럽다. 100억을 투자하면 100억을 벌 수도 있지만 100억을 날릴 수도 있다. 그만큼 더 고통스러운 것이다. 돈을 벌고 있는 한, 돈이 많은 것이 꼭 즐거운 것만은 아니다.

인터넷으로 고스톱을 한다고 가정해 보자. 게임 머니가 5만 원이라면 점당 100원 하는 판에서 한 시간 정도 즐길 수 있다. 게임 머니가 5억인 사람은 점당 100만원 하는 곳에서 불과 몇 분이면 올인 될 수도 있다. 돈이 많으나 적으나 계속 게임을 한다면 결국 제로(0)가 될 수 있는 시점이 온다. 그러므로 어느 순간 게임을 멈추고 이 게임 머니를 관리해야 그것을 유지할 수 있는 것이다. 다시 생각해 보자. 복잡한 전철을 타고 주머니에 만원 있는 사람과 3억 돈 가방(전 재산)을 가진 사람과 비교해 보자. 누가 행복할까? 필자는 만원 가진 분이 더 행복하다고 생각한다. 3억 돈가방 주인은 누군가 나를 헤칠까 봐 불안해 하며 한시로 감시를 소홀하지 않을 것이다.

국민은행에서 매년 발표하는 우리나라의 부자는 1인당 약 42억 원의 총자산을 가지고 있다고 한다(2017년 기준). 이중 부동산 자산은 23억 6천 만원으로 55.4%, 그리고 금융자산이 약 16억 원 정도로 38%정도, 그리고 기타 2억 7천 만원 정도 소유하고 있다고 한다. 우리나라 부자들의 목표자산은 80억 정도이다. 필자의 생각에는 앞으로 목표로 하는 부를 채우기 위해 우리나라 부자들은 매우 힘든 삶을 살아야 할 듯 보인다.

아래 사이트는 세계에서 나의 소득수준이 어느 정도 되는지 알게 해주는 사이트(http://www.globalrichlist.com/)이다. 40억 정도 수준의 소득은 60억 인구 중에서 3백만 등 정도이며, 전체 0.07% 이내의 소득수준을 나타낸다.

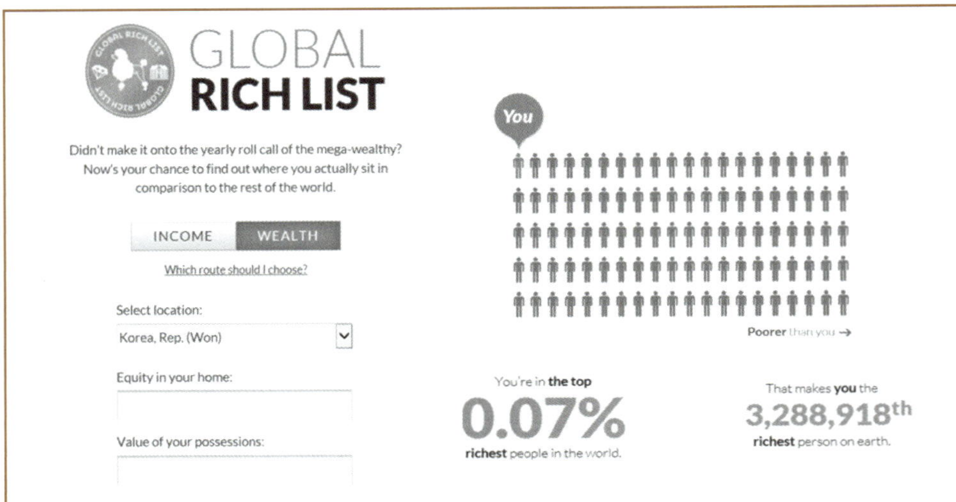

그림 1-3 How rich are you?

04 모든 사람이 부자가 되길 원하는가?

인간이 추구할 가치는 다양하고 모두 존중받아야 한다.

'모든 사람은 똑같지 않다.'

이 말은 필자가 강의하기 전에 학생들에게 항상 하는 말이다. 모든 사람이 모두 돈을 벌려고 하면 세상은 험악해진다. 모든 사람이 대학을 가려하니 대학 가는 것이 힘들어졌다. 누구는 농사를 짓고, 누구는 공장에서 일하고, 누구는 철학을 할 수 있어야 한다. 사람에 따라 스님이 되고, 선교사가 되고, 가수가 되고 화가가 되기도 하지만 아무 것도 안하고 놀 수도 있어야 한다. 이렇게 많은 사람들이 다양한 삶을 누려야 세상의 경쟁이 좀 덜할 것 같다.

이런 의미에서 모든 사람이 영어를 할 필요도 없다. 영어 잘하는 사람만 양성해서 통역으로 쓰면 취업 문제도 많이 해결될 것 같다. 국민소득 2만 불 시대에 개인에게 너무 많은 지식을 요구한다. 차라리 국민소득 만 불로 살고, 영어 안 시키면 어떨까 하는 생각도 든다. 우리 나라 사람들 평생 공부시간의 반을 영어공부 하는데 사용하면서 세계 경제력 10위 하는 것을 보면 신기하다. 영어 안하고 과학이나 수학 했으면 아마도 세계 2위 정도 하지 않았나 싶다.

애니어그램(Enneagram)에 의하면 사람은 9가지 유형[5]이 있다고 한다. 동양의 명리학에서는 크게 목(木)/화(火)/토(土)/금(金)/수(水)의 5가지 인간형이 있고, 이를 5행(行)이라고 한다. 각각의 5행은 음(陰)과 양(陽)으로 구분할 수 있어 모두 10가지의 인간형이 있다고 한다. 이를 명리학에서는 갑(甲)/을(乙)/병(丙)/정(丁)/무(戊)/기(己)/경(庚)/신(辛)/임(壬)/계(癸)의 10가지의 인간형으로 구분하여 성격을 추명하고 있다.

---

5) 개혁가, 돕고자 하는 사람, 성취하는 사람, 개인주의자, 탐구자, 충실한 사람, 낭만주의자, 도전하는 사람, 평화주의자.

에니어그램에서 부의 가치를 가장 크게 생각하는 유형은 3번 유형으로 성공주의자이다. 실제, 강의실에서 설문을 해보면 성공주의자 유형은 10명 중에 1명도 나오지 않는다. 실제 10명 중 9명은 성공에 대해 크게 신경 쓰지 않고, 돈 버는데 적합하지 않는 유형이란 이야기가 된다. 그러므로 돈을 버는 것은 상당히 고통스러운 일이다.

애니어그램이란 말은 아홉이라는 뜻의 희랍어 애니어(ennea)와 그림이라는 뜻의 그라모스(grammos)에서 왔다고 추측한다. 즉 아홉 개의 점으로 이루어진 그림이라는 뜻이다. 에니어그램에 의하면 사람한테는 9가지 성격 틀이 있고, 모든 사람은 그 가운데 하나를 갖고 태어난다는 것이다.

어떤 성격 유형이 더 좋거나 더 나쁜 것은 아니다. 모든 유형에는 그 유형만이 장점과 단점이 있다. 그러나 특정 문화 안에서 어떤 유형은 다른 유형보다 더 인정받기도 한다. 당신이 모든 유형을 알게 되면 각 유형을 그 유형만의 능력과 제약을 갖고 있을 뿐이라는 사실을 알 수 있다. 절 후미에 간단 테스트 문항을 넣었으므로 참고하시기 바랍니다.

가. 1번 유형(cz) : 완벽주의자(Reformer)

원칙적이고 이상을 추구하는 유형으로, 1번 유형의 사람들은 윤리적이고 양심적이다. 이들은 옳고 그름을 따지기를 좋아한다. 상황을 개선시키기 위해 노력하며 실수를 두려워하는 교사이며 개혁주의자이다. 잘 조직되고 정돈되어 있으며 성격이 까다롭다. 이들은 높은 수준의 윤리나 도덕 규범을 유지하려고 노력하기 때문에 쉽게 비판적이 되고 완벽주의자가 된다. 이들의 전형적인 문제는 분노를 억제해야 하는 것이다. 1번 유형의 건강한 사람들은 최상의 상태에서 현명하고 분별이 있으며 현실적이며 고상하고 도덕적이다.

좀더 행복해 지기 위해서는 옳고 그름을 따지는 자신의 생각 패턴에 주목하며 순간적인 분개의 감정을 이용해 좀 더 깊은 곳에 자리 잡은 분노를 찾아낸다. 모든 것에서 긍정적인 면을 찾아내고 감사하는 법을 배운다.

나. 2번 유형(cx) : 돕고자 하는 사람, 조력자(Helper)

사람들을 잘 보살피고 대인 관계를 잘하는 유형으로, 2번 유형의 사람들은 다른 사람과 감정적인 교류를 잘하고 진지하며 마음이 따뜻한 사람들이다. 이들은 상냥하고 너그러우며 자기를 희생할 줄 안다. 그러나 감상적이 되기 쉽고 아첨을 잘하며 사람들의 기분을 맞추려고 노력한다. 다른 사람에게 가까워지고자 하는 마음이 이들이 하는 행동의 동기가 된다. 즉 다른 사람이 필요로 하는 사람이 되기 위해서 남들을 위해 뭔가를 한다. 이들의 전형적인 문제는 자신의 필요를 잘 인식하지 못하고 자신을 잘 돌볼 줄 모른다는 점이다. 2번 유형의 사람들은 최상의 상태에서 이타적이고 자기 자신과 다른 사람들에게 무조건적인 사랑을 가진다. 이 유형이 행복해지기 위해서는 혼자만의 시간을 갖는다. '내게 진정으로 필요한 것은 무엇일까?'라고 자신에게 묻는다. 남에게 주면서 대가를 바라는 자신의 모습을 돌아보라.

다. 3번 유형(az) : 성취하는 사람(Achiever)

상황에 잘 적응하고 성공 지향적인 유형으로, 3번 유형의 사람들은 자신감이 있고 매력적이다. 이들은 야망이 있고 유능하며 에너지가 넘친다. 사회적 지위와 개인의 성취를 중시한다. 또한 다른 사람이 자신을 어떻게 생각하는가를 중시한다. 이들의 전형적인 문제는 일중독에 빠져드는 것과 지나친 경쟁의식이다. 건강한 3번 유형의 사람들은 최상의 상태에서 자신을 잘 받아들이고 반듯하며 다른 사람들을 고무시키는 역할 모델이 된다. 이 유형이 행복해 지기 위해서는 자신을 아는 시간을 갖으며, 자신이 하는 일에 지나치게 의미를 두지 않으려 애 쓴다. 또한, 자신의 약점을 인정하는 것이다.

라. 4번 유형(by) : 개인주의자, 예술가(Artist)

낭만적이고 내향적인 유형으로, 4번 유형의 사람들은 자신에 대한 생각이 많고, 민감하며, 신중하고 조용하다. 이들은 자신을 드러내는 데 있어서 감정적으로 정직하며 개인적이다. 그러나 우울하고 자의식이 지나치게 강할 수 있다. 이들은 상처받기 쉽고 민감한 감정을 가졌기 때문에 다른 사람에게 쉽게 자신을 드러내려고 하지 않는다. 또한 거만하고 평범한 삶의 방식을 따르려고 하지 않는다. 이들의 전형적인 문제는 방종과 자기 연민이다. 4번 유형의 사람들은 최상의 상태에서 영감이 뛰어나고 창조적이며 자신을 새롭게 만들 수 있고 자신의 경험을 바꿀 수 있다. 4번 유형이 행복해 지기 위해서는 일상적인 것에 감사할 줄 안다. 다른 사람의 긍정적인 모습이나 성취에서 즐거움을 찾으며, 자신을 주제로 삼는 행동을 최소화 하도록 노력한다.

마. 5번 유형(bz) : 탐구자(Investigator)

강렬하며 지적인 유형으로, 5번 유형의 사람들은 기민하고 통찰력이 있으며 호기심이 많다. 이들은 복잡한 아이디어와 기술을 개발하는 데 집중하는 능력이 있다. 독창적이고 독립적이어서 자신의 생각과 상상의 구조물에 빠져들 수 있다. 다른 사람과 떨어져 있고 허무주의적 경향이 있다. 5번 유형의 사람들은 최상의 상태에서 시대를 앞서 세상을 완전히 다른 시야에서 보는 선구자적 역할을 한다. 이들이 건강하게 살기 위해서는 다른 사람의 필요성을 깨닫고 자신의 감정을 표현하며 물러서기 보다는 어울리려고 노력한다.

바. 6번 유형 : 충실한 사람(Royalist) cy

안전을 추구하는 유형으로, 6번 유형의 사람들은 신뢰할 수 있고 근면하며 책임감이 강하다. 그러나 자신을 방어하려는 것 때문에 종잡을 수 없으며 불안이 많다. 이들은 조심성이 많고 우유부단하다. 하지만 6번 유형의 어떤 사람들은 당돌하고 반항적이기도 하다. 이들의 전형적인 문제는 의심이다. 6번 유형의 건강한 사람들은 최상의 상태에서 내면이 안정되어 있고 자신감이 있으며 독립적이어서 힘 없는 사람들을 용기 있게 도와준다. 이들이 행복해 지기 위해서는 긍정적인 에너지를 더 많이 갖도록 노력한다. 즉, '잔이 반이나 비었다'를 '잔이 반이나 찼다'로 바꾼다. 또한, 자신의 권위를 믿으며 자신의 부정적인 감정을 투영시키지 말고 그대로 순수한 통찰을 한다.

사. 7번 유형(ax) : 낙천가(Enthusiast)

바쁘고 생산적인 유형으로, 7번 유형의 사람들은 변덕스럽고 긍정적이며 즉흥적이다. 이들은 놀기를 좋아하고 유쾌하며 실질적이다. 또한 부산스럽고 산만하며 절도가 없다. 이들은 끊임없이 새롭고 흥미로운 경험을 추구하기 때문에 쉴세 없이 움직여서 에너지를 소진시킨다. 이들의 전형적인 문제는 피상적이며 충동적이라는 것 이다. 7번의 유형의 건강한 사람들은 최상의 상태에서 가치 있는 목표에 자신의 노력을 집중시키고, 쾌활하며 성취 동기가 높다. 이들이 주변 사람과 화합하기 위해서는 다른 사람의 말을 끝까지 주의 깊게 듣는다. 생각의 초점을 한 곳에 집중한다. 감정의 종류와 폭을 확장한다. 긍정적인 감정만 추구하지 말고 두려움, 분노, 슬픔 등의 부정적인 감정도 받아 들여야 한다.

아. 8번 유형(ay) : 도전하는 사람(Challenger)

성격이 강하며 사람들을 지배하는 유형으로, 8번 유형의 사람들은 자신감이 있고 성격이 강하며 자기주장을 잘 한다. 이들은 자신을 보호할 줄 알고 임기응변에 능하며 결단력이 있다. 또한 거만하며 사람들 앞에 잘 나선다. 8번 유형의 사람들은 스스로가 자기의 환경을 통제해야 한다고 느끼기 때문에 도전적이고 위협적이 될 수 있다. 이들의 전형적인 문제는 자신을 남들과 가까워지도록 허용하지 않는다는 점이다. 8번 유형의 건강한 사람들은 최상의 상태에서 타인의 삶을 개선시키는 데 자신의 힘을 사용하며, 영웅적이고, 도량이 넓어서 역사적으로 위대한 업적을 남기기도 한다. 이들이 행복하기 위해서는 무엇보다도 자신의 몸을 보살피는 것이다. 당장에라도 행동으로 옮기고 싶은 충동을 다스리며, 자신의 약한 부분을 남에게 드러내는 용기를 갖는다.

자. 9번 유형(bx) : 중재자, 평화주의자자(Peacemaker)

느긋하고 잘 나서지 않는 유형으로, 9번 유형의 사람들은 남들을 잘 수용하며, 남들에게 신뢰를 주는 안정적인 성격이다. 이들은 성격이 원만하고 친절하며 느긋해서 남을 잘 돕는다. 또한 평화를 유지하기 위해서 다른 사람과 잘 지낸다. 이들은 모든 상황에서 갈등을 일으키지 않기를 원하기 때문에 남들에게 잘 순응하며 문제가 있으면 축소시키려고 한다. 이들의 전형적인 문제는 수동적이고 고집스럽다는 것이다. 9번 유형의 건강한 사람들은 최상의 상태에서 어려움에 쉽게 굴복하지 않고 모든 것을 포용한다. 이들에게는 사람들을 화합시키고 갈등을 치유하는 힘이 있다. 이들이 행복하기 위해서는 자신이 욕구를 직접적으로 표현하며, 우선순위를 정하고 그것을 지킨다. 또한, 자기주장을 내세울 줄 알아야 한다.

아. 〈설문지〉[6]

이 설문지는 리소－허드슨 QUEST로서 애니어그램 분류 테스트를 짧은 시간 안에 할 수

---

6) 돈 리처드 리소 지음, 주혜명 옮김, “에니어그램의 지혜”, 한문화, 2000

있다. 이 테스트는 당신에게 해당되는 유형을 5분 안에 70% 이상 정확히 찾아 준다. 당신에게 해당되는 유형을 둘이나 셋을 찾아 줄 수도 있다. 만약, 더 정확하게 분류하기 위한 설문을 찾는 다면 리소-허드슨 TAS를 추천한다. 아홉 가지 유형에 대한 각각의 설명 중 앞부분에는 그 유형의 성격 특성 15개가 나와 있다. 스스로 컴퓨터에서 테스트하려면 웹사이트(www.EnneagramInsitute.com)에 들어가면 된다. 이 테스트는 쌍으로 이루어진 144개의 문항에서 하나씩을 선택하게 되어 있는데 80% 이상 정확히 자신의 유형을 찾을 수 있다.

▶ 그룹 Ⅰ과 Ⅱ에서 각각 당신이 선택한 문자에 동그라미를 쳐서 표시하자

표 1-4 애니어그램 설문지

그룹	문자	내용
그룹 Ⅰ	Ⓐ	- 나는 독립적인 편이고 자기주장을 잘한다. 나는 상황에 정면으로 맞설 때 삶이 잘 풀린다고 느낀다. - 나는 목표를 설정하고 그 일을 추진해 나간다. 그리고 그것이 성취되기를 원한다. - 나는 가만히 앉아 있는 것을 좋아하지 않는다. - 나는 큰일을 성취하고 영향력을 행사하기를 원한다. - 나는 정면 대결을 원하지 않지만 사람들이 나를 통제하는 것도 좋아하지 않는다. - 대개의 경우 나는 내가 원하는 것을 잘 알고 있다. - 나는 일도 노는 것도 열심히 한다.
	Ⓑ	- 나는 조용하게 혼자 있는 것을 좋아한다. - 나는 사회적인 활동에 주의를 쏟지 않으며 대체로 내 의견을 강하게 주장하지 않는다. - 나는 앞에 나서거나 다른 사람과 경쟁하는 것을 그리 좋아하지 않는다. - 대개의 경우 나는 내가 원하는 것을 잘 알고 있다. - 나는 일도 노는 것도 열심히 한다.
	Ⓒ	- 나는 아주 책임감이 강하고 헌신적이다. - 나는 내 의무를 다하지 못할 때 아주 기분이 나쁘다. - 나는 사람들이 필요할 때 그들을 위해 내가 그 자리에 있다는 것을 알아주었으면 좋겠다. - 나는 그들을 위해 최선을 다할 것이다. - 이따금씩 나는 사람들이 나를 알아 주든, 알아주지 않든 그들을 위해 큰 희생을 한다.

		– 나는 내 자신을 제대로 돌보지 않는다. – 나는 해야 할 일을 한 다음에 시간이 나면 휴식을 취하거나 내가 원하는 일을 한다.
그룹 Ⅱ	Ⓧ	– 나는 대개 긍정적인 자세로 생활하며 모든 일이 나에게 유리한 쪽으로 풀린다고 느낀다. – 나는 나의 열정을 쏟을 수 있는 여러 가지 방법들을 찾는다. – 나는 사람들과 함께 하고 사람들이 행복해지도록 돕는 것을 좋아한다. – 나는 나와 마찬가지로 다른 사람들도 잘 지내기를 바란다. (항상 기분이 좋은 것은 아니다. 그러나 나는 다른 사람에게 그렇게 보이기를 원한다.) – 나는 다른 사람들에게 항상 긍정적으로 보이고자 노력하기 때문에 때로는 내 자신의 문제를 다루는 것을 미루기도 한다.
	Ⓨ	– 나는 어떤 것에 대해 강한 감정을 갖는다. – 대부분의 사람들은 내가 모든 것에 대해 불만을 갖고 있다고 생각한다. – 나는 사람들 앞에서 내 감정을 억제하지만 남들이 생각하는 것보다 더 민감하다. 나는 사람들과 함께 있을 때 그들이 어떤 사람인지, 무엇을 기대할 수 있는지는 알기 원한다. – 어떤 일에 내가 화가 났을 때 나는 사람들이 그것에 대해 반응하고 나만큼 그 일을 해결하려고 노력해 주기를 원한다. – 나는 규칙을 알고 있다. 하지만 사람들이 내게 무엇을 하라고 지시하는 것을 좋아하지 않는다. – 나는 내 스스로 결정하기를 원한다.
	Ⓩ	– 나는 스스로를 잘 통제하고 논리적이다. – 나는 느낌을 다루는 것을 편안해하지 않는다. – 나는 효율적이고 완벽하게 일을 처리하며 혼자 – 일하는 것을 좋아한다. – 문제나 개인적인 갈등이 있을 때 나는 그 상황에 감정이 끼여들지 않도록 한다. – 어떤 사람들은 내가 너무 차고 초연하다고 말하지만 나는 감정 때문에 중요한 일을 그르치고 싶지 않다. – 나는 사람들이 나를 화나게 할 때 대부분의 경우 반응을 보이지 않는다.

그룹 Ⅰ에서 1개를 선택하고, 그룹 Ⅱ에서 1개를 선택해 조합을 만든다(예: ⒶⓍ). 이렇게 선택된 부호가 여러분의 성격유형이 된다. 28쪽의 ⒶⓍ를 찾으면 7번 유형 낙천가 임을 알 수 있다.

05 부자는 종교적으로 비난받아야 하는가?

대부분의 종교는 착한 부자를 원한다.

지금 이 순간에도 이 세상에는 매일 약 2만 명이 굶어 죽고 있다고 한다. 절대 빈곤의 세계이다. 7초마다 어린이 한 명이 굶어서 죽는다. 가난의 병이 깊어 죽는 것이다. 이런 절대적 빈곤의 상황에서 어떤 이는 범죄를 계획하고 자살을 시도한다. 3일 굶으면 담을 넘는다는 속담대로, 극단적으로 내가 궁핍하면 나밖에 모르는 사람이 되어 범죄를 저지를 수 있게 된다. 이들을 누가 구할 것인가? 바로 인간애를 가진 착한 우리가 부자가 되어 저들을 구해야 한다. 얼마나 좋은 생각인가?

종교적으로 특히 기독교에서 부자가 되는 것이 죄가 된다는 생각은 성경의 몇 개 구절 때문에 수세기 동안 오해를 가져 왔다. 하나님을 독실하게 믿는 신부들의 청교도적 삶 때문에 그런 오해가 오랫동안 유지 되었을지도 모른다. 하지만 신부나 목사는 "너희는 거져 얻었으니 거져 주라"하는 예수의 명령으로 기도의 능력으로 장사를 하지 못하게 된 것 뿐이다. 오히려 일반 성도에게는 복 주시는 하나님이 훨씬 많이 성경구절에 등장한다. 다음은 성경에 기록된 부자와 관련된 구절이다.

> "하나님이 그들에게 복을 주시며 그들에게 이르시되 생육하고 번성하여 땅에 충만하라, 땅을 정복하라, 바다의 고기와 공중의 새와 땅에 움직이는 모든 생물을 다스리라 하시니라"(창세기 1장 28절)

> "우리 주 예수 그리스도의 은혜를 너희가 알거니와 부요하신 자로서 너희를 위하여 가난하게 되심은 그의 가난함으로 인하여 너희로 부요케 하려 하심이니라"(고린도후서 8장 9절)

> "너희가 이 모든 법도(신약성서에서 네 이웃을 네 몸같이 사랑하라)를 듣고 지켜 행하면 네 하나님 여호와께서 네 열조에게 맹세하신 언약을 지켜 네게 인애를 베푸실 것이다. 곧 너를 사랑하시고 복을 주사 너로 번성케 하시되 네게 주리라고 네 열조에게 맹세하신 땅에서 네 소생에게 은혜를 베푸시며 네 토지 소산과 곡식과 포도주와 기름을 풍성케 하시고 네 소와 양을 번식케 하시리니 네가 복을 받음이 만민보다 우승하여 너희 중의 남녀와 너희 짐승의 암수에 생육하지 못함이 없을 것이며 여화와께서 또 모든 질병을 네게서 멀리하사 너희가 아는 바 그 애굽의 악

질이 네게 임하지 않게 하시고 너를 미워하는 모든 자에게 임하게 하실 것이다."(신명기 28장)

무소유만 강조할 것 같은 불교에서도 비슷한 관점이 존재한다. 불교에서는 나의 일이 잘 풀리기 위해서는 남에게 먼저 베풀어야 한다고 가르친다. 이를 보시라고 하는데, 불교에서의 보시는 크게 법고와 재물 두 가지 보시(布施)가 있다고 한다.

법보시는 첫째, 산 목숨을 죽이지 않는 것, 둘째는 주지 않는 남의 물건을 갖지 않는 것, 셋째는 남의 아내를 범하지 않는 것, 넷째는 거짓을 말하지 않는 것, 다섯째는 술을 마시지 않는 것, 이 다섯 가지를 말한다.

그런데 이 다섯 가지와 대등한 큰 범주의 보시가 바로 재물이다. 불교에서도 재물은 보시를 할 수 있는 큰 수단인 것이다.

불교에서는 재물이 없는 자가 할 수 있는 일곱 가지 종류의 보시를 일컬어 무재칠시(無財七施)라는 용어를 사용한다. 구체적 내용은 이렇다.

어떤 이가 석가모니를 찾아가 호소를 하였다. "저는 하는 일 마다 제대로 되는 일이 없으니 이 무슨 이유 입니까?"

"그것은 네가 남에게 베풀지 않기 때문이다."

"저는 아무것도 가진게 없는 빈 털털이 입니다."

"남에게 줄 것이 있어야 주지 뭘 준단 말입니까?"

"그렇지 않느니라. 아무 재물이 없더라도 줄 수 있는 것은 일곱 가지가 있느리라."

① **신시(身施)** : 육체로 하는 봉사이며, 자기 자신의 몸을 바치는 것이다.
② **심시(心施)** : 타인이나 다른 존재에 대한 자비심을 갖는 것이다.
③ **안시(眼施)** : 호의를 담은 눈으로 사람을 보는 것
④ **화안시(和顔施)** : 부드럽고 온화한 얼굴을 항상 지니는 것이다.
⑤ **언시(言施)** : 친근미가 가득한 따뜻한 말로 이야기하는 것이다.
⑥ **좌시(座施)** : 자기 자리를 양보하는 일이다.
⑦ **방사시(房舍施)** : 다른 사람에게 하루 밤 숙소를 제공하는 일이다.

재물이 없는 자는 이렇게 남을 도우라고 가르친다는 것은 역설적으로 재물이 있다면 다른 방식으로 사람을 도울 수 있다는 의미일 수도 있다. 무소유를 강조하는 불교이지만 남을 도울 수 있는 힘이 있는 자를 내치지는 않는 것이다.

06 재테크란 무엇인가?

일을 안하고 돈을 버는 것이 재테크라고 한다. 정당한 것인가?
일을 안하고 돈을 버는 것도 쉬운 일이 아니다.

돈을 벌기 위해서는 분명 일을 해야 한다. 성경에 의하면 아담이 선악과를 따먹은 죄로 평생 남자는 일을 해야 하고, 여자는 아이를 낳는 고통을 받게 되었다. 이러한 기독교적인 입장에서 보면 일은 하나님의 벌로서 하는 것이다. 벌을 받음에 있어 요령을 피우거나 하는 것은 죄일지도 모르지만, 벌을 덜 받는 방법으로 일을 안하고 돈을 버는 것도 방법일 듯하다. 죄라는 단어를 사용하는 것은 참으로 위험한 일일지도 모른다. 죄라는 단어는 도덕 철학과 신학의 용어이기 때문에 대학에 들어온 젊은 학생들이 한번 고민해 보라는 의미로 그 용어를 사용해 본다.

재테크라는 것은 일을 해서 돈을 버는 것이 아니고, 절약을 통하여 개미처럼 돈을 모으고, 투자를 통해서 재산을 늘리는 행위를 말한다. 흔히 공학을 전공하는 학생들은 일을 안하고 돈을 버는 것을 나쁘게 생각한다. 하지만 직업의 세계에서 증권사 직원은 자기 일이 증권투자 채권투자 등 재테크가 주 업무이다. 그러니 재테크도 일인 것이다. 증권회사 직원들의 월급이 많은 것을 보면, 재테크도 굉장히 힘든 일이라고 할 수 있다.

또한, 우리는 평균수명보다 일찍 죽을지 모르는 위험에 대비하기 위해 보험에 가입하고, 너무 오래 사는 위험에 대비하기 위해 투자(저축)를 해야 한다.

우리나라의 고령화는 전 세계에서 가장 빠른 속도로 진행되고 있으며, 2050년이 되면 한국이 세계에서 2번째로 65세 이상 고령 인구 비율이 높은 국가가 된다. 미국 통계국이 28일(현지시간) 발표한 '늙어가는 세계 2015' 보고서(141개국 대상)에 따르면 2050년 한국의 65세 이상 인구 비율은 35.9%로 일본(40.1%)에 이어 세계 2위로 예상되고 있다. 한국의 2050년 예상 인구 4,337만 명 중 1,557만 명이 65세 이상이 된다는 것이다[7].

인간의 평균수명은 의학기술의 발달로 매년 1년 씩 높아지므로, 이런 추세라면 인간은 영원히 죽지 않을 지도 모른다. 여성의 경우에는 남자들 보다 평균 7년 정도 더 생존하므로 남자들 보다 더 은퇴 후의 삶에 대한 고민을 해야 한다. 또한, 결혼 나이도 평균 세살 어리므로 10년은 더 혼자 살 각오를 해야 한다.

표 1-5 고령화 사회의 시기

구분	도달연도			고령사회도달 소요기간
	고령화사회 (7%)	고령사회 (14%)	초고령사회 (20%)	
스 웨 덴	1887	1972	2012	85
독 일	1932	1972	2012	40
영 국	1929	1976	2020	47
프 랑 스	1864	1979	2018	115
일 본	1970	1994	2005	24
미 국	1942	2013	2028	71
싱 가 폴	2005	2016	2024	11
한 국	2000	2018	2026	18

출처 : 통계청 장래인구추계결과(유엔통계)

노년기 공통적으로 경험하는 4가지 어려움은 질병, 무위, 고독 그리고 가난이다. 이를 해결하기 위해 노년기에는 건강, 돈, 일, 친구 등 네 가지가 필요하다. 이들 문제들을 현실적으로 해결하기 위해 가장 확실하고 간단한 방법은 무엇보다도 은퇴 후 넉넉한 부유함일 것이다.

재테크의 수단은 크게 저축, 부동산, 금융자산 투자로 구분 할 수 있다.

가. 저축을 통한 재테크의 시작

재테크의 주요 수단인 저축은 현재를 희생해서 미래를 대비하는 것이다. 요즘 젊은이들에게는 현재가 무척이나 중요 하겠지만, 미래를 대비 하지 않으면 여러분의 노후는 처참할

7) 중앙일보, 2016.3.31

것이다. 가끔, 현재가 중요하다는 친구들에게 필자는 이렇게 물어본다.

"과거와 현재 중 무엇이 중요하냐?"

대부분 당연히 현재가 중요하다고 한다. 미래에 있어서 현재는 과거일 뿐이다. 가끔은 눈을 감고 미래를 상상해 보라. 머리도 하얗게 되고, 허리는 구부정하고, 이제는 활기차게 뛰어다니며 일할 기력도 없다. 그 순간 나는 얼마나 행복하게 살고 있을 것인가? 행복할 자신이 없다면, 지금부터라도 미래를 위해 준비해야겠다는 생각이 들지는 않는가?

나. 부동산 등 실물자산 재테크

일반적으로 후진국에서 선진국으로 갈수록 개인의 경우에는 연령이 높아질수록 실물자산(부동산)에 대한 금융자산의 비율이 높아진다.

최근 우리나라의 부동산과 금융자산의 소유 비율을 조사해 보면, 부동산이 77%, 금융자산이 23%로 부동산 자산 비율이 금융자산에 비해 세배나 높은 것을 알 수 있다. 선진국인 미국과 일본에 비해 과도한 부동산 편중현상이 나타나고 있는 것이다.

주요국가	부동산	금융자산
대한민국	77	23
미국	33	67
일본	39	61

출처 : 미래에셋

이러한 현상은 과거, 우리나라의 부동산 투기열풍으로 부동산불패의 신화를 기억하는 기성세대 투자의 결과일 것이다. 최근 세계적인 부동산 버블의 붕괴에 따른 부동산값의 하락과 함께, 우리나라도 부동산경기침체현상을 몇 년 동안 겪고 있다.

또한, 출산율도 부동산 시장에 영향을 미친다. 우리나라의 출산률이 1960년 6명에서 최근 거의 1명으로 6배나 하락한 가운데, 우리보다 10년이나 먼저 출산률 하락을 보인 일본의 경우의 1000년 후엔 일본에 남는 어린이가 단 한명이어 멸망할거라는 암울한 신문기사를 접하게 된다.

"일본, 이대로면 1000년 후에 멸망"
영국 데일리메일 보도에 따르면 도호쿠 대학의 요시다 히로시 교수 연구진은 지난 10일 공개한 '어린이 인구시계'에서 현재 일본의 15세 미만 인구는 1,660만 여명 수준으로 2008년 기준 일본 전체 인구의 13% 수준이지만 빠른 속도로 줄고 있다고 밝혔다.
연구진은 현재 100초당 1명 꼴로 15세 미만 어린이가 사라지고 있다면서 이 추세가 계속되면 1000년 후인 3011년에 일본에 남은 어린이는 단 한 명뿐이라고 했다.

<아주경제, 전재욱기자 2012.05.14>

우리나라의 경우 출산율 저하는 부동산 주택 수요에 영향을 미쳐 주택의 수요를 줄이는 요인이 될 것으로 예측하고 있다. 실제 저 출산 시대의 자녀가 결혼할 경우 외동딸, 외동아들끼리의 결혼이 될 것이며, 한 가정이 보통 한 주택만 소유한다고 생각하면 인구가 줄어들수록 주택에 대한 수요도 줄어들 것이다. 서서히 장기적으로 일어날 일이기는 하지만, 그러면 당연히 부동산 가격도 떨어질 수밖에 없다.

또한, 부동산에 대한 인식도 바뀌고 있다. 부자들은 비싼집을 사고, 우리는 그냥 그 집을 임대해서 사용하자고 하는 생각이다. 그렇게 본다면, 부자들이 집을 많이 살수록 임대할 집은 많아지고 그 덕분에 저렴한 임대료로 비싼 집에서 생활 수 있으니, 부자들이 고마울 뿐이겠다. 국가에서는 임대업자들이 부당한 카르텔 등으로 임대료가 인상되는 것을 감시하고 이를 통제함으로써, 전체 국민의 행복을 담보해야 한다.

이런 상황들을 살펴보면 최근 부동산 가격하락은 당연한 현상처럼 보인다. 하지만, 거시적으로 보면 그렇지 만도 않다. 건축물은 노후화되고 일정기간이 지나면 새롭게 지어야 되며, 부동산이 실물자산이기 때문에 인플레이션의 영향을 받을 수 밖에 없다. 매년 인건비는 올라가고, 건축자재도 그 가격이 계속 상승한다. 출산률의 하락은 우리나라의 특수한 경우이고, 전 세계는 아직도 인구증가로 골머리를 앓고 있다. 특히, 중국의 발전과 개발은 전 세계의 자원을 고갈시키고 있고, 실물가격은 결국 인플레이션 정도의 상승을 각오해야 한다. 또한, 급격한 경기변동으로 부동산가격이 파동을 탈 경우 인플레이션 몇 배의 상승도 각오해야 한다.

필자는 우리나라 환경에서 집을 한 채 사는 것은 매우 중요하다고 생각한다. 특히, 노후보장이 확실치 않는 우리나라 환경에서 집을 사는 것은 현명한 선택이다. 여기서 말하는 부동산 투자는 1가구 1주택을 의미한다. 집 한 채는 필요하다는 것이다.

물가상승에 따른 헤징(위험의 회피수단)의 수단으로서 집을 보유하게 된다면 부동산가격이 오르면 올라서 좋고, 내리면 다른 집도 내리니 더 큰집으로 이사 갈 수 있어서 만족할 수 있다. 하지만 집이 없다면 집값이 내릴 경우는 좋겠지만 올라 버린다면 집을 가진 사람에 비해 상대적으로 가난해 짐을 느낄 수 있을 것이다. 물론, 집을 마련하는데 필요한 투자도 재테크라고 할 수 있다.

필자는 부동산을 투기의 대상으로 생각하지 않는다. 하지만 일단 부동산을 가지고 있다면 임대사업을 할 수도 있고, 이 경우 임대수익률을 제일 먼저 고려한다. 만약 부동산가격이 오른다면 그것은 로또가 당첨된 것으로 생각하면 된다. 집 없는 부자는 없다는 것을 생각해보라.

다. 주식 · 펀드 등 금융자산 재테크

자산시장을 크게 둘로 나누어 본다면 실물자산의 대표적인 시장인 부동산시장과 금융자산을 거래하는 금융시장으로 나눌 수 있다. 재테크의 수단으로서 부동산과 함께 금융자산을 통한 재테크도 매우 중요한 부분이라 할 수 있다. 복리를 이용한 정기예금 및 목돈마련을 위한 정기적금은 전통적으로 많이 선호되는 투자방식으로서 같은 위험을 감수한다면, 최대한 많은 이자율을 얻을 수 있는 금융기관을 선택하는 것이 현명한 방법이라 할 수 있다.

금융자산에 대한 재테크는 금융자산의 소유자가 직접 투자하는 직접 투자와 증권회사나 투자 자문사를 통하여 간접적으로 투자하는 재테크 방법이 있다. 선진국 개인의 금융 투자 동향은 투자 자문사를 통하여 간접적으로 투자하는 재테크 방식이 가장 많이 선호되고 있다. 이는 시장에서 인정된 금융투자회사의 전문가들을 믿고 나의 금융자산을 위탁하는 방식으로 투자를 위해 일정부분의 수수료를 지불하는 구조한다. 가장 대표적인 상품이 펀드이다. 이때, 투자자는 투자회사도 실력의 차이가 있는 것을 인지하고 투자자회사를 잘 고르는 안목이 필요하다.

07 단돈 만원으로도 한 사람을 살릴 수 있다.

물에 빠진 한 사람을 건지는 것과 만원 짜리 기부금 중 무엇이 더 훌륭한가?

가끔 방송에서 물에 빠진 누군가를 건져 사회적으로 큰 영웅이 되는 사람들을 보게 된다. 이들은 몸을 던져 살신성인의 자세로 다른 사람을 구했기 때문에 사회적으로 매우 존경을 받게 된다. 필자는 이런 생각을 해본다. 가끔 방송에서 제 3세계의 가난한 어린이들이 단돈 만원이면 한 달치의 식량을 구해 한 달 동안 살 수 있다는 구호기금의 방송내용을 접할 수 있다. 한 달 동안 먹지 못한다면 죽을 수도 있다. 그렇다면 만원은 한사람의 생명일 수도 있는 것이다. 누군가 자신의 돈 일 만원을 기부해서 한사람이 살아난다면, 그 사람은 물에 빠진 누군가를 구한거랑 같은 희생이 아닐까? 두 명을 구한다면? 그래서, 어려운 사람을 구하려면 어려운 사람을 도울 수 있는 재력이 있어야 하고, 착한 부자가 되는 것은 사회적으로 바람직한 일이 아닐까 생각해 본다. 2016년 우리나라에서 발간된 피터 싱어의 "효율적 이타주의자, 21세기북스(북이십일)"에서도 아프리카 어린이의 영양실조로 인한 사망을 줄이기 위한 기부금 2만원은 한사람의 생명을 살리는 숭고한 행위로 묘사하고 있다.

이장우 교수의 저서 ≪진짜 부자 되기≫를 보면, 부는 생산적 가능성과 파괴적 가능성을 모두 가지고 있다. 둘 중 어느 쪽의 가능성이 나타나는 지는 부를 가진 사람이 평소에 가지고 있는 철학 및 가치관에 의해 달라진다. 평소에 생산적이고 품위 있는 철학을 가지고 있는 사람이 부를 사용하면 부가 생산적 가능성과 인간성 고양(高揚)을 동반하며 부의 재생산으로 나타나고, 평소에 파괴적이고 질이 낮은 철학을 가지고 있는 사람이 부를 사용하면 파괴적 가능성과 인간성 상실을 동반하는 부의 소멸로 나타난다.

부가 생산적으로 소비되면 역시 부의 확대 재창출과 함께 자아의 고양(高揚)과 사회적 행복증진을 가져온다. 자아의 고양은 부에 걸맞는 자격을 더 잘 갖추게 되는 것을 뜻한다. 부의 생산적 소비의 한 예는 필요한 것을 필요한 만큼 소비하는 것이다.

이와는 반대로, 부를 파괴적 가능성으로 사용하면 자아와 이웃을 불행에 빠뜨리고 기업기반을 파괴하면서 부가 소멸함으로써 경제기반을 파괴하고 사회를 황폐하게 만든다. 부가 낭비적으로 투자되면 부의 소멸과 함께 기업기반이 파괴된다. 낭비적 투자란 자본비용도 감당하지 못하기 때문에 경제적 가치가 없는 투자를 말한다. 부가 파괴적으로 소비되면 역시 부의 소멸과 함께 자아가 파괴된다. 낭비적 투자와 파괴적 소비는 필연적으로 부의 소멸과 함께 경제기반 파괴와 사회의 황폐화를 초래한다.

선순환하는 부를 만들 것인가, 악순환하는 부를 만들 것인가? 다시 말해 함께 잘 사는 부자가 될 것인가, 혼자만 잘 사는 부자가 될 것인가? 지금 이 순간에도 이 세상에는 매일 약 2만 명이 굶어 죽고 있다고 한다. 7초마다 어린이 한 명이 굶어서 죽는다. 이런 절대적 빈곤의 상황에서 어떤 이는 범죄를 계획하고 자살을 시도한다.

앞에서도 언급했듯이, 3일 굶으면 담을 넘는다는 속담대로, 극단적으로 내가 궁핍하면 나밖에 모르는 사람이 되어 범죄를 저지를 수도 있게 된다. 누가 이들을 구할 것인가? 현실적으로 이것이 가능하려면 인간애를 가진 착한 부자들이 많아지는 수밖에 없다. 개개인이 부의 선순환 구조를 통해 부자가 됨으로써 그 효과가 널리 퍼지게 하는 것이다.

제1부 정리

1. 부자면 다 행복한가?
   모든 부자가 행복하지는 않다
2. 삶이란 무엇인가?
   삶이란 살며 사랑하고 배우고 유산을 남기는 것이다.
3. 누가 부자인가?
   부자는 더 이상 돈을 벌려고 하지 않는 사람이다.
4. 모든 사람이 부자가 되길 원하는가?
   인간이 추구할 가치는 다양하고 모두 존중받아야 한다.
5. 부자는 종교적으로 비난받아야 하는가?
   종교적으로는 착한 부자가 되기를 바란다.
6. 물에 빠진 한 사람을 건지는 것과 만원 짜리 기부금 중 무엇이 훌륭한가?
   단돈 만원으로 한 사람을 살릴 수 있다면 그 만원은 영웅이다.
7. 일을 안하고 돈을 버는 것이 재테크라고 한다. 정당한 것인가?
   일을 안하고 돈을 버는 것도 쉬운 일이 아니다.

제1부 리포트

재테크 기법 한 가지만 조사해서 다음 시간에 발표하라.

리포트 : A4 용지 한 장(상단에 학과, 학번, 성명 – 겉표지 만들지 말 것) 발표 : 1분

– 신문기사를 가져와도 좋다.

대학생을 위한 금융과 부동산 투자 상식 **교양 재테크**

chapter

02

부자들의 경제습관

1. 부자의 제1조건
2. 부자와 긍정의 힘
3. 부자와 수익률
4. 재테크의 시작은 절약
5. 부자의 파이프라인
6. 부자의 성품
7. 인내와 끈기
8. 부자와 인간관계
9. 부자와 행운

01 부자의 제1조건

지도자가 되고 싶은 사람중에 지도자가 탄생한다. 부자가 되려면 부자가 되고 싶은 마음이 있어야 한다. 세상은 꿈꾸는 자들의 몫이다.

가. 부자의 자질

최근 앨빈토플러가 예견했던 제 3의 물결을 지나 제4차 산업혁명 시대를 살고 있지만, 현대의 수많은 사람들은 재테크를 위해 주식 투자, 부동산 경매 등에 관심을 쏟고 있는 듯하다. 그러나 이를 통해 부자가 되는 사람들은 그리 많지 않은 것 같다. 필자의 경험을 보건데, 부자는 아무나 되는 것이 아닌 것 같다. 재테크 전문지식은 단지 수단일 뿐, 어디에 투자하느냐가 아니고, 누가 투자를 하느냐에 따라 그 성공여부가 달라지는 것이 일반적인 현상인 듯하다. 필자가 재테크를 위해 수집한 수많은 재테크 관련서적에서 공통적으로 언급하는 내용은 부자가 되려면 "부자의 자질을 갖추어야 된다는 것이다". 필자가 생각하는 부자의 자질은 다음과 같다.

1) 부자는 항상 본인이 부자라고 생각하고 남들보다 잘살려고 끊임없이 노력한다.
   즉, 부자는 부자가 되려는 목표가 있어야 한다.
2) 부자는 항상 긍정적인 자세로 세상을 임한다.
3) 부자는 수익률 1%도 중요하게 생각하고 복리를 잘 다룬다.
4) 부자는 항상 절약하는 습관이 몸에 배어 있다.
5) 부자는 임대수입, 이자수입, 배당수익 등, 일을 안 하고 생기는 돈이 있다(필자는 파이프라인이라고 명명한다).
6) 부자는 성품이 고결하다.
7) 부자는 부지런하고 희망을 잃지 않는 인내와 끈기가 있고, 근성이 있다.
8) 부자는 인간관계가 좋다.

9) 부자는 행운을 달고 다니며, 행운을 불러오는 습관이 몸에 체화되어 있다.

나. 부자가 되고 싶은 열망

부자가 되려면 부자가 되려는 목표가 있어야 한다. 부자는 항상 본인이 부자라고 생각하고 남들보다 잘살려고 끊임없이 노력한다. 부자가 되려는 마음이 없다면 부자가 되기 힘들다. 세상은 꿈꾸는 자들의 것이기 때문이다. 또한, 가난뱅이가 되는 데는 계획이 필요 없다. 가난함은 자연현상, 즉, 엔트로피(entropy)이기 때문이다. 물리학 용어인 엔트로피는 무질서의 증가를 의미하는 것으로, 대부분의 물질은 특별한 일이 없으면 이 엔트로피가 증가하는 방향으로 움직인다. 예를 들어 깨끗한 물에 잉크 한 방울이 떨어졌다면 처음에 방울 모양이었던 잉크가 물 속에 무질서하게 퍼진다. 이렇게 무질서하게 퍼지는 것이 엔트로피가 증가하는 모양이다. 무언가 잉크 방울을 꽉 붙잡아두지 않으면 잉크는 그대로 퍼져나가 결국 물 전체를 뿌옇게 만들 것이다.

돈도 마찬가지로 잘 관리하지 않으면 먼지처럼 세상 속으로 사라지게 마련이다. 돈을 잘 관리하겠다는 의지, 즉 부자가 되겠다는 목표의식이 클수록 부자가 될 수 있는 확률도 높아진다.

유태인들에게 인생의 목적이 무엇이냐고 물어보면 거의 대부분 이렇게 답한다고 한다. "맛있는 음식을 마음껏 먹는 것" 부자가 되고 싶은 열망은 곧 본인이 하고자 하는 것을 명확히 알고 있는 것인지도 모른다.

가) 확실한 미래를 창출하는 법

강의실에서 학생들에게 "새벽에 일어나면 무엇을 하는가?" 물어보면, 대부분 "다시 잔다"고 대답한다. 공부를 한다거나 책을 읽는다는 다른 대답을 기대해 보지만, "화장실에 다녀와서 다시 잔다", "물먹고 와서 다시 잔다"라는 대답이 대부분이다. 이런 대답을 한 학생들은 모두 21세기의 부유한 대한민국의 극히 정상적인 대학생들이다. 그러면 '왜 다시 잘까?' 이는 할 일이 없어서일 것이다. 할 일이 없다는 것은 간절한 목표가 없다는 것이다. 본인이 간절한 목표가 있다면 눈을 뜨자마자 목표를 향하여 돌진할 것이다. 누구든지 무언가를 하고자 한다면, 무엇보다도 먼저, 그 무언가 할 일을 만드는 것이 최우선이라는 생각이 든다.

몇 년 전 필자가 세상에서 가장 존경하는 은사님께서 신년 하례식 때

「차라리 동전을 던져라」라는 책을 소개해 주시면서 확실한 미래를 창출하는 법을 말씀해 주셨다. 이 책은 윌리엄 A. 서든이 지은 책으로 손병두 씨가 번역했다. 기상캐스터, 애널리스트, 경제학자, 미래학자, 경영컨설턴트들, 이들의 공통점은 미래를 예측하는 직업이다. 하지만 그 적중률이 50%를 넘지 못한다면 차라리 동전을 던지는 것이 낫지 않은가? 하고 저자는 묻는다. 내용이 여기서 끝난다면 어느 염세주의자의 푸념에 그쳤을 테지만 다행히 확실한 미래를 알 수 있는 방법을 가르쳐 준다. 그가 내세우는 방법은 간단하다. 목표를 세우고, 그 목표를 달성하기 위해 노력하면 된다. 아주 간단하고 싱겁게 느끼겠지만, 우리 실생활에서 항상 볼 수 있는 상황임에는 틀림없다. 수영을 잘하려면 어떻게 해야 할까? 먼저 수영을 하려는 목표를 세워야 된다. 수영강습을 세 달 다니면 3개월 뒤 수영을 할 수 있다. 3개월 전과 3개월 후는 전혀 다른 사람이 되어 있는 것이다. 무슨 일을 하든 마찬가지가 아닐까? 누구든 목표를 세우고 살다보면, 이루는 것도 많을 것이다.

필자는 수업시간에 학생들에게 자기가 하고 싶은 것 50가지를 A4 용지 한 장에 적어오게 한다. 그런 후에 학생의 것을 읽어 주고, 다시 나누어 준다. 다음 학기에 이들에게 자기가 하고 싶은 것 50가지 중 이룬 것이 있냐고 물어보면, 많은 학생들이 반 이상은 이루었다고 한다. 누구든 자기가 하고자 하는 일에 목표를 세우고 살다보면, 이룰 수 있는 것도 많은 것이다.

나) 좋은 기업을 넘어 위대한 기업으로(Good to Great)

〈예화 1〉 큰 꿈을 품어라(관상어 고이)

일본인들이 많이 기르는 관상어 중에 '고이'라는 잉어가 있다. 이 잉어를 작은 어항에 넣어두면 5~8cm 밖에 자라지 않는다. 그러나 아주 커다란 수족관이나 연못에 넣어 두면 15~25cm까지 큰다. 고이는 자기가 숨 쉬고 활동하는 세계의 크기에 따라 난쟁이 물고기가 될 수도 있고, 대형 잉어가 되기도 한다. 우리의 '생각'이 고이가 처한 환경과도 같다면, 우리가 더 큰 생각을 품고 더 큰 꿈을 꾸면 더 크게 자랄 수 있다는 것을 알 수 있다. 이렇듯 생각의 크기는 제한을 받지 않는다.

큰 부자가 되기 위해서는 큰 부자의 꿈을 꾸어야 한다. 짐 콜린스는 그의 저술 「Good to Great」에서 "위대한 것의 적은 좋은 것이다"라고 말한다. 그저 좋은 사람, 좋은 기업 정도를 생각하는 사람하고 위대한 사람, 위대한 기업을 꿈꾸는 사람의 행동은 분명 다를 것이다. 우리가 무엇인가를 이루려고 할 때, 좋은 것에 만족할 것인가? 아니면, 더 위대한 꿈을 꿀 것인가? 쉽지 않은 의사결정이다. 결국 그 사람의 타고난 습성, 다시 말해 근성이 있어야 큰일을 도모 할 수 있다. 아래 박스의 우화는 인도 우화로서, 근성에 대한 교훈을 준다. 근성은 타고나기도 하고, 스스로의 수양에 의해 다듬어지기도 한다.

〈예화 2〉 쥐 이야기[8]

한 마리의 쥐가 살고 있었는데 그 쥐는 고양이가 무서워 꼼짝도 할 수 없었다. 이에 신이 이 쥐를 불쌍히 여겨 고양이로 만들어 주었다. 그러자 이번에는 개가 무서워 살 수 없었다. 다시 신은 그 쥐를 호랑이로 변신시켜 주었다. 그러나 이제는 사냥꾼이 무서워 살 수 없었다. 신이 탄식하며 말했다. “너는 다시 쥐가 되거라. 무엇으로 만들어도 쥐의 마음을 가지고 있으니 나도 어쩔 수 없다.”

다. 생애주기와 재무목표[9]

1) 생애주기란?

모든 사람들은 결혼을 하여 가정을 꾸리고 난 후 사망할 때까지 예정된 일련의 과정을 거친다. 직장생활을 하면서 주택을 마련하고, 무사히 정년퇴직을 하면 노후생활로 들어간다. 자녀를 갖게 되면 유치원과 초 중 고 교육과정을 거쳐 대학에 진학한다. 졸업 후에는 직장을 갖게 되고 결혼을 하면서 독립하게 된다. 개인에 따라 직업도 다르고, 결혼 연령도 다르고, 자녀수도 다르며, 교육관도 다를 것이지만 충분히 예상할 수 있는 과정들을 거치는 것이다. 이처럼 일반적인 가계에 일관성 있게 나타나는 일련의 과정을 생애주기(life cycle)라고 부른다.

생애주기에 따라 가계의 소득과 소비 규모 예상할 수 있다. 때로는 가계소득이 소비를 초과하기도 하고 때로는 소비가 소득을 초과하기도 한다. 이러한 불균형을 미리 예상하고 장기적인 소득과 소비의 조화를 꾀하는 것이 안정적인 가계운영의 지름길일 것이다.

---

8) 차동엽, “부지개원리”, 동이 출판사.
9) 김기영, 송영출, “행복한 부자되기”, 비즈프라임.

2) 평생 큰돈이 들어가는 경우

한 달에 생활비가 얼마나 필요한지는 가계부를 들여다보지 않아도 대략 짐작할 수 있다. 그런데 살아가다 보면 생활비 이외의 목돈이 갑자기 필요한 경우를 만난다. 평생 큰돈이 필요한 경우는 언제일까? 무엇에 대비하여 저축을 하는지에 대하여 전국 가구를 대상으로 조사한 다음 통계를 보면 대충 알 수 있다.

표 2-1 5대 필요자금

용도	근거	금액
결혼	남자 1억 2,850만원 여자 4,395만원	합계 1억 7,245만원
내집 마련	m^2 분양가 598만원 서울지역 33평	6억 5,122만원
자녀 교육	초등학교에서대학교까지 사교육비 월 25만원 포함	1억 5천 만원
노후 생활	은퇴 후 30년간 중산층 수준 월 200만원	7억 2000만원
긴급 자금	월 생활비 300만원 12개월분	3,600만원

통계에서도 나타나듯이 성인이 된 이후 죽을 때까지 큰돈이 필요한 경우를 순서대로 열거하면, 결혼, 내 집 마련, 자녀 교육, 노후 생활로 집약할 수 있다. 그리고 질병이나 재난과 같은 예상치 못한 경우에 대비한 긴급자금도 필요하다. 이를 5대 필요자금이라 부른다.

3) 생애주기별 재무목표

살다보면 목돈이 들어가는 경우가 있기 때문에 지출이 소득을 초과하는 시기가 있는 것이다. 그러므로 예상되는 큰돈을 모으는 것은 장기적으로 중요한 재무목표라 할 수 있다. 뿐만 아니라 이외에도 시기에 따라 자동차 구입, 해외여행 등과 같은 크고 작은 재무목표들도 등장할 수 있다. 생애주기별로 나이에 따른 적절한 재무목표들을 정리하면 다음과 같다.

표 2-2 생애주기별 주요 재무목표

생애주기	주요 재무목표	준비사항
사회초년기 (20대)	결혼자금 마련 내 집 마련 준비 자동차 구입	예산 세우고 지출관리 시작 주거래은행 정하기 장기주택마련저축 / 주택청약저축가입
가정꾸미기 (30대)	자녀 육아 비율 교육자금 마련 은퇴자금 마련	위험관리/개인연금보험 가입 세제혜택 상품 및 펀드상품 가입
자녀성장기 (40대)	자녀 교육비 마련 주택 규모 넓히기 은퇴 자금 마련	연금보험 불입액 증가/위험관리 펀드상품 불입액 증가 부채상환 계획
가족성숙기 (50~60대)	자녀 결혼 자금 자녀 교육비 지출 노후 생활 준비 상속, 증여 플랜	부채, 모기지 상환 보험, 투자, 연금 상품 점검 의료, 건강보험 점검 질병 및 은회 후 생활 준비 봉사, 취미, 종교생활 준비 유언, 상속 준비 상담

02 부자와 긍정의 힘

부자들을 만나보면 그들은 매사 항상 긍정적이다. 내가 하는 말에 맞장구를 쳐주어 매우 기분을 좋게 해준다.

브라이언 트레이시는 몇 년 전 우리나라에 강연료 8억 원에 초청되어 정말 값비싼 강연을 한 적이 있다. 필자도 그 강연 비디오를 영어학습의 목적으로 상당히 여러 번 본 기억이 있다. 두 시간 분량의 강연의 핵심내용은 '어둠을 탓하지 말고 촛불을 밝혀라'이다. 태양을 바라보면 그림자는 뒤에 생기는 법이다. 그림자만 바라보고 사는 어리석은 사람이 되지 말아야 한다.

〈예화 3〉 세명의 벽돌공

세 명의 벽돌공이 땀을 뻘뻘 흘리며 벽돌을 쌓고 있다. 함께 일하는데, 세 명의 표정은 모두 달랐다. 지나가던 행인이 무엇을 하고 있느냐고 물어 보았다.

제1벽돌공 : 보면 모르오, 벽돌을 쌓고 있지 않소.
제2벽돌공 : 어허 돈 버는 게 쉬운 일이 아니지, 지금 힘들게 일해서 돈을 벌고 있소.
제3벽돌공 : 저는 아름다운 성전을 짓고 있어요.

톨스토이는 사람이란 소중한 무언가를 믿기 때문에 사는 것이라고 했다. 누가 가장 행복할까?

출처 : 이지훈 지음, 「혼창통」 쌤엔파커스에서 발췌

세상을 살아가는데 있어서 긍정적인 마인드는 그렇지 않은 사람보다 훨씬 더 행복한 삶을 보장해 준다. 똑같은 상황에서도 어떤 사람은 즐거움을 어떤 사람을 고통을 받는다. 행복한 삶을 위해서는 긍정을 택하자.

구건서씨는 그의 저서 "나는 기적을 믿지 않는다. 도서출판 행복에너지"에서 본인에 대해 "여전한 인생을 살 것인가? 역전하는 인생을 살 것인가?"라는 화두를 던지며, 다음과 같이 이야기 하고 있다.

저는 초등학교만 나오고 택시기사를 하면서 50이 넘은 나이에 중학교와 고등학교 검정고시로 마치고 독학사를 거쳐 고대에서 법학박사 까지 마치고, 공인 노무사로서 KBS 아침마당, YTN 스페셜(인생항로의 선장이 되어라)에 출연할 정도로 성공한 분이다. 이분은... "인생역전은 로또가 아니라 자신의 인생설계도를 그려보고 끊임없이 도전하는 것이다."

삶은 자신이 선택한 길을 걸어가는 여정이다. 그럼에도 우리는 내 탓이 아닌 주변 사람을 탓하고 살아간다. 신을 저주하고, 부모를 원망하고, 대통령을 욕하고, 직장 상사를 탓하고, 운명을 저주한다. 심지어는 우리에게 모든 것을 희생하며 살아온 어머님을 향애 "왜 나를 낳으셨나요?"하며 절규한다. 이게 과연 바람직한 삶의 태도인가?

하지만 무조건 긍정적인 자세만 고집하는 것도 세상을 잘 살아가는데 장애가 되기도 한다. 실제, 낙천적인 사람들이 도박이나 일확천금의 투자에 빠지기 쉽다는 연구도 있다. 공병호 교수는 세상을 잘 살기 위해서는 "합리적 낙관주의자"자가 되어야 된다고 한다.

잘 살기 위해서는 약간의 겁이 필요하다. 세상살이는 생각처럼 만만하지 않으며 자칫 엎어지거나 위험에 처할 수 있다. 과도한 긴장감과 불안감은 정신건강에 좋지 않기 때문에 피해야 하지만, 어느 정도의 미래에 대한 걱정이나 불안감은 필요하다. 이런 사람을 합리적 낙관주의자라고 부른다. 낙관주의자는 매우 행복한 삶의 태도이다. 하지만 요행까지 바라는 것은 매우 위험한 삶의 태도이다. 물론 행운이 오기도 한다. 행운은 그야 말로 행운인 것이다. 행운이 찾아오면 이를 극진히 대접하기만 하면 된다.

〈예화 4〉 긍정의 힘 = 건강하게 장수하는 것

미국의 한 연구기관에서 1962년부터 1965년까지 4년 동안 392명을 대상으로 미네소타 다면적 인성검사를 실시하였다. 30년 후 392명의 삶을 추적 하였는데, 불평을 자주하고 부정적인 생각을 가진 사람들은 대부분 실패한 인생을 살았고, 일찍 사망한 사람들이 많았다. 반면에 감사한 마음으로 긍정적인 삶을 가진 사람들은 원만하게 살거나, 크게 성공했다.

03 부자와 수익률

부자들은 복리를 즐기며 수익률과 이자율을 매우 중요하게 생각한다.

가. 복리의 힘

〈예화 5〉 인디언의 복리투자

1626년 미국의 원주민이었던 인디언들은 전 세계 금융의 중심도시인 맨해튼을 단돈 24달러에 팔았다. 과연 이 거래는 바보 같은 결정이었을까?

월스트리트의 전설적인 투자가 존 템플턴은 이렇게 말한다. "복리의 관점에서 본다면 지금 맨해튼을 사고, 로스엔젤레스를 두 번 사고도 돈이 남지요. 이자율은 8%로 환산했을 때 말이지요."

실제 계산을 해보자 우리에게는 자동 표 계산기 엑셀이 있다. 1745년까지 384년을 계산하려 했는데 너무 시간이 많이 걸린다. 엑셀 함수를 이용해서 한 번에 계산하는 것이 빠를 듯하다.

엑셀에서 주어진 미래가치 FV()함수를 이용하여 작업을 해본다. 384년 동안 연이율 8%로 복리계산을 해보면 다음 값이 나온다. 거의 164조 $이다. 좋은 조상 뒀으면 세상에서 제일 부자가 될 뻔했다. 인디언들은 $24를 그냥 다 소진해 버려서 안타까울 뿐이다.

= fv(0.08, 384, , -24) = 164,033,801,073,225

시골의사 박경철 원장에 의하면 지난 100년간 100만원을 투자 했을 때 가장 큰 수익률을 준 것은 첫째가 복리예금, 둘째가 채권, 세 번째가 부동산, 다음 순서가 주식이라고 한다. 각각이 어느 정도인지는 모르지만 부동산과 주식의 매력은 돈을 빌려서 투자할 수 있어, 레버리지 효과를 기대할 수 있고, 이를 통해 큰 부자들이 탄생했을 지도 모른다. 하지만 일반적인 경우 남의 돈을 사용하지 않은 상태에서의 투자는 복리예금이 가장 좋다는 말인 듯하다.

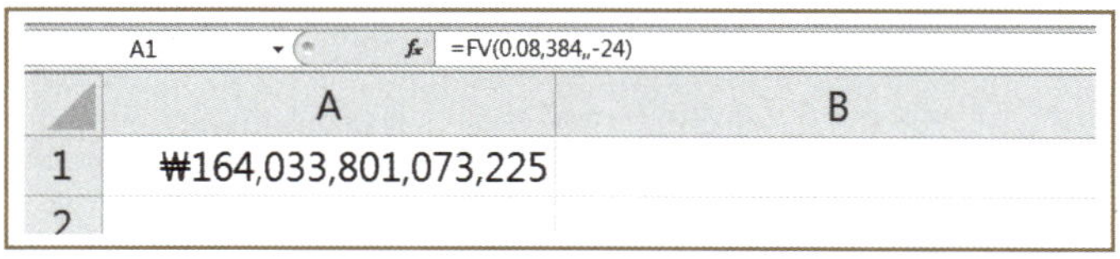

나. 수익률 표

【질문】 1천만 원을 연이율 5% 복리로 40년을 정기예금하면 40년 뒤에 7천만 원 정도가 된다. 그러면, 6배 이자율인 연이율 30%로 정기예금을 하면 40년 뒤에 얼마가 되는가? 단, 은행이 망하지 않았다고 가정한다.

표 2-4 **복리 수익률표**

수익률	5%	20%	30%	40%
0기	10,000,000	10,000,000	10,000,000	10,000,000
1기	10,500,000	12,000,000	13,000,000	14,000,000
2기	11,025,000	14,400,000	16,900,000	19,600,000
3기	11,576,250	17,280,000	21,970,000	27,440,000
4기	12,155,063	20,736,000	28,561,000	38,416,000
5기	12,762,816	24,883,200	37,129,300	53,782,400
6기	13,400,956	29,859,840	48,268,090	75,295,360
7기	14,071,004	35,831,808	62,748,517	105,413,504
8기	14,774,554	42,998,170	81,573,072	147,578,906
9기	15,513,282	51,597,804	106,044,994	206,610,468
10기	16,288,946	61,917,364	137,858,492	289,254,655
11기	17,103,394	74,300,837	179,216,039	404,956,517
12기	17,958,563	89,161,004	232,980,851	566,939,124
13기	18,856,491	106,993,205	302,875,107	793,714,773
14기	19,799,316	128,391,846	393,737,639	1,111,200,683

15기	20,789,282	154,070,216	511,858,930	1,555,680,956
16기	21,828,746	184,884,259	665,416,609	2,177,953,338
17기	22,920,183	221,861,111	865,041,592	3,049,134,673
18기	24,066,192	266,233,333	1,124,554,070	4,268,788,542
19기	25,269,502	319,479,999	1,461,920,290	5,976,303,959
20기	26,532,977	383,375,999	1,900,496,377	8,366,825,543
21기	27,859,626	460,051,199	2,470,645,291	11,713,555,760
22기	29,252,607	552,061,439	3,211,838,878	16,398,978,063
23기	30,715,238	662,473,727	4,175,390,541	22,958,569,289
24기	32,250,999	794,968,472	5,428,007,704	32,141,997,004
25기	33,863,549	953,962,166	7,056,410,015	44,998,795,806
26기	35,556,727	1,144,754,600	9,173,333,019	62,998,314,128
27기	37,334,563	1,373,705,520	11,925,332,925	88,197,639,779
28기	39,201,291	1,648,446,624	15,502,932,803	123,476,695,691
29기	41,161,356	1,978,135,948	20,153,812,643	172,867,373,968
30기	43,219,424	2,373,763,138	26,199,956,436	242,014,323,555
31기	45,380,395	2,848,515,766	34,059,943,367	338,820,052,977
32기	47,649,415	3,418,218,919	44,277,926,378	474,348,074,167
33기	50,031,885	4,101,862,702	57,561,304,291	664,087,303,834
34기	52,533,480	4,922,235,243	74,829,695,578	929,722,225,368
35기	55,160,154	5,906,682,292	97,278,604,252	1,301,611,115,516
36기	57,918,161	7,088,018,750	126,462,185,527	1,822,255,561,722
37기	60,814,069	8,505,622,500	164,400,841,185	2,551,157,786,411
38기	63,854,773	10,206,747,000	213,721,093,541	3,571,620,900,975
39기	67,047,512	12,248,096,400	277,837,421,603	5,000,269,261,365
40기	70,399,887	14,697,715,680	**361,188,648,085**	7,000,376,965,911

질문에 대한 정답은 3천6백억이다. 필자가 수업시간에 학생들에게 질문해서 칠판에 의견을 적어 봤는데, 단순히 6배 해서 4억2천 정도라는 답이 제일 많이 나왔다. 하지만 복리의 힘은 대단했다. 3천600억이다. 필자도 엑셀의 숫자를 몇 번이고 다시 세어 보았다. 확실한 답이다. 부자가 되기 위해 수익률이 얼마나 중요하며, 빌게이츠 같은 세계적인 부자가 어떻게 탄생되었는지 이해가 되는 대목이다.

다. 같은 상황에서 사람마다 위험의 크기가 다르다.

내가 가르치는 학생 중에 문구점을 운영하는 사람이 있다. 그는 문구점 경험이 20년이 넘어서서 안정적으로 수익률 30%를 유지하고 있다. 일반사람들은 아마 1년이면 두 손 들고 접어야 하는 사업일지도 모른다. 그러나 위험성은 같은 사업을 해도 사람에 따라 다르다. 수익률 30%의 이 주인공이 지속적으로 투자하는 것은 경영에 대한 공부다. 특히, 불편하고 비용도 많이 들지만 상급학교에 진학해서 지속적으로 자기 충전의 시간을 갖는다. 이 분에게 내가 질문을 던졌다. 왜 책이나 읽지 힘들게 학교에 다니느냐고. 내 질문에 그는 이렇게 대답했다. "학교에서 만나는 인맥은 순수하고, 만남의 깊이가 다른 만남하고는 상대가 안 된다." 맞는 말이다. 학교를 다닌다는 것은 지식의 습득도 습득이지만 상상외의 좋고 탄탄한 인맥을 만들 수 있다. 학교에는 동료들이 있다. 또, 교수님들도 계시다. 교수님들이 유지하고 있는 인맥들은 우리들의 상상 이상이다. 교수님들 중의 어떤 분들은 폴리페서라는 비난을 받으며 정치를 하는 분도 있다. 국무총리를 하고 있는 분도 있고, 전문직을 영위하면서 강의를 하는 교수님들도 있다. 학생들은 이분들에게 실무에 대한 도움을 받을 수 있고, 인맥을 형성하는 데도 도움을 받을 수 있다. 따지고 보면 모든 것이 기회이다. 이 기회를 잘 활용해야 한다. 앞에서 수익률에 대한 중요성에 대해 살펴본 바 있다. 하지만 수익이 높으면 위험도 높다는 것도 안다. 하지만, 똑같은 수익에도 위험이 다르다면, 우리는 위험의 크기를 줄이는 여러 가지 수단과 방법을 찾아내고 이를 습득하여야 한다.

라. 72의 법칙

복리수익률로 원금의 두 배가 되는 기간을 쉽게 알아내는 매직 넘버가 있다. 핵무기를 발명하고 물질과 에너지간의 관계($E=mc^2$) 함수를 찾아낸 위대한 과학자 아인쉬타인이 고안해 낸 숫자이다.

72 ÷ 복리 수익률 = 기간

예를 들어 연 7.2%의 수익률로 원금의 두 배가 되는 기간은 10년(72 ÷ 7.2)이다. 만약 년 수익률 30%로 자산을 투자 했을 때 자산이 두 배가 되는 시점을 계산해 보면 2.4년이 결과 값으로 나온다(72 ÷ 30 = 2.4).

04 재테크의 시작은 절약

인류 역사를 통해서 가장 오래된 재테크 기법은 절약이다. 절약은 재테크의 시작이다.

부자가 되는 가장 빠른 길은 남들보다 많이 벌고 남들보다 덜 쓰는 거다. 바로 절약이다. 절약이란 절용(節用)과 검약(儉約)의 복합어로서 우리말의 '아껴씀'과 같은 뜻이다.[10] 하지만, 직장인들의 대부분은 수입이 거의 비슷하다. 물론, 개인의 능력을 갈고 닦아 시작부터 많은 수입을 얻는 직장인들도 있지만 보통의 경우는 비슷하다고 본다. 하지만 개인의 소비는 상당한 차이가 있다. 몇 가지 절약의 사례를 들어본다.

가. 차를 10년 늦게 몰면 1억 원을 저축할 수 있다.

우리나라 사람이라면 대부분 대학을 졸업하고 직장에 가면 제일먼저 승용차를 갖고 싶어 한다. 자가용으로 출퇴근하는 것이 꿈이고, 대부분의 직장인들은 할부를 내어 승용차를 구입해 버리고 만다. 물론 필수적으로 필요한 것일 수도 있으나, 비용 면에서 만만치 않다. 10년 동안 차를 한 대 운영한다고 할 때. 이자계산 하지 않고도 7천5백만 원이다. 매월 62만 5천 원이 차를 통해 지출되는 셈이다.

승용차 구입비용 : 500만원
할부 : 년 300만원 × 10년
기름 값 : 년 300만원 × 10년
세금 및 자동차 보험료 : 100만원 × 10년

매월 62만5천원을 금리 6%가 적용되는 저축은행에 정기적금으로 들었을 때를 가정하고 엑셀함수로 계산해 보자.

---

10) 한국민족문화대백과 (네이버 지식백과)

= FV(0.06/12, 120, - 625000) = ₩102,424,592

나. 담배를 피우는 배우자는 75억을 땅에 버린다.

배우자 될 사람이 하루에 5천 원짜리 담배를 한 갑 피운다고 가정하고, 결혼해서 100년 동안 함께 생활 한다고 가정 하고 계산해 보자. 담배를 피우는 사람은 일 년 365일 내내 피우므로 계산하면 2억이 조금 안된다. 그러나 복리로 저축한다고 하면 계산이 확 달라진다.

5,000원 × 365일 × 100년 = 182,500,000원

한 달에 한번씩 이 돈을 모아서 적립식 펀드(5%)를 들었다고 가정하면 얼마나 될까? 월 150,000원으로 가정하고 엑셀로 계산해 보면 다음과 같이 75억 정도로 나온다.

= FV(0.06/12, 1200, -9,5000) = ₩7,532,404,054

담배를 피워서 75억을 허공에 날려 보내겠는가? 오늘 당장 금연하자. 그렇게 건강이 나쁘다고 하는데, 주변 사람들이 싫다고 하는데, 사랑하는 사람들이 담배냄새 싫다고 하는데 왜 담배를 피우는가?

다. 역세권 아파트를 사라.

역세권 아파트는 왜 잘 팔리고, 가격은 상대적으로 높게 형성 되는가? 금전적인 것을 떠나, 역세권 아파트는 편리하다. 단지 편리하다는 이유로 그렇게 아파트값이 높게 형성되는 것인가? 궁금할 때는 정확히 돈으로 계산해 보는 게 필요하다. 꼭 아파트가 아니라도, 역세권이 왜 중요한 것 인지 계산해 보겠다(5인 가족을 기준으로 한다).

1) 전철까지 1000원을 내고 전철을 타야 한다. 왕복으로 계산해야 한다. 일요일 하루 외출하지 않고 집에 있는다고 가정한다.

5인 × 1,000원 ×2 × 25일 = 250,000원/월

2) 집을 사면 보통 5년은 산다. 월 25만원씩 5년간 적금을 든다고 하자.

= FV(0.06/12, 60, −250,000) = ₩17,442,508

3) 택시는 안타나?

전철역까지 택시를 타지 않아도 되므로 대략 2천만 원 정도의 금전적인 이익이 있다고 볼 수 있다. 역세권 아파트가 그렇지 않은 아파트보다 2천만 원 정도 비싼 것은 지극히 당연한 것이다.

라. 하루 커피 두 잔을 한잔으로 줄이는 것도 절약

불황 속에서도 커피 전문점 시장이 연간 1조원대로 급성장하고 있는 요즈음 국내 소비자들의 문화적 행태는 커피와 직결된다고 해도 과언이 아니다. 불과 10년 전만 해도 커피 문화가 낯설었던 한국에서도 이제 커피 전문점은 철저한 개인적 공간이면서 부담 없이 사람과 교류할 수 있는 장소로 여겨진다. 하지만, 커피 한잔을 절약하여 이를 적금을 든다면 얼마나 모을 수 있을까? 다소 안전한 ELS 인덱스 펀드에 10년간 5% 수익률로 적립한다면 (하루 한잔 5천원으로 계산하면) 10년 후에는 약 2천 4백만 원을 만들 수 있다.

FV(이자율 : 0.05/12[11], 기간 120개월, 월적립액 : 150,000원)

아래 기사를 보면 커피 값 모아 2억 만들기라는 제목을 볼 수 있다.

필자가 계산해 보니 이자율이 7.5%이면 가능한 이야기다.

[내 아이와 함께하는 재테크] 커피값 모아 '2억' 만들기

요즘 날씨가 많이 좋아졌다. 이제 곧 점심 식사 후에 커피 한잔 사서 산책 할 날이 얼마 남지 않은 듯 하다. 주변 커피숍의 커피 가격을 보면 4천원~6천원 정도이다. 거의 밥 값에 맞먹는 가격이다. 이러한 커피가격으로 복리 계산한 책을 보면 '30년을 모으면 2억이 된다'라는 내용이 있다.

5천 원짜리 커피한잔이 어떻게 2억이 되지? 라고 의문을 갖고 계산을 해본 사람도 있을 테고, 그냥 흘려 듣는 사람도 있고, 혹은 무작정 실천해보는 사람도 있을 것이다.

---

11) 이자율 5%이지만 월 단위의 복리 계산이므로 12개월로 나누어줌

마. 골프를 친구들 보다 조금 늦게 시작하는 것도 절약이다.

골프를 즐기기 위해서는 세 가지가 있어야 한다고 한다. 돈, 시간, 친구이다. 돈과 친구가 많아도 시간이 없다면 한나절을 꼬박 라운딩 해야 하는 골프를 정상적으로 즐길 수는 없고 돈과 시간이 넘쳐도 함께 라운딩 할 친구가 없다면 난감한 일일 것이다.

특히, 골프는 부자들의 스포츠라고 할 만큼 다른 스포츠에 비해 돈이 많이 드는 것이 사실이다. 골프의 대중화를 떠든다고 우리나라에서 골프를 친다는 것은 이런 저런 이유로 상당히 소비적인 일임에 틀림없다. 한국골프협회가 몇 해 전 조사한 자료에 따르면 처음 골프를 배우기 위해 레슨을 받고 골프클럽을 장만하고 골프화를 사는 것을 제외하고라도 골프를 치기 위해서는 골퍼 1인이 월 평균 43만원의 비용을 골프를 위해 지출한다고 한다.

이 비용을 10년 동안 지출하지 않고 5% 인덱스 펀드에 적립한다고 가정하면 약 6천 7백만원을 모을 수 있다.

이 밖에도 주변에는 사소한 생활습관을 조금만 고쳐 새는 돈을 막고, 절약하면 생각보다 많은 돈을 모을 수 있다. 혹자는 이러한 절약 아이디어들에 대해 '그거 아껴서 얼마나 잘 살겠다고' 할 수도 있다. 그러나 남들이 하는거 다 하면서 돈을 모으는 것은 불가능한 일이다. 가끔 친구들하고 술자리를 하면서 배우자가 돈을 많이 소비해서 친구도 함께 돈을 막 쓴다고 한다. 그러나 누군가 돈을 많이 소비한다면 누군가는 아껴야 되지 않을까 싶다.

05 부자의 파이프라인

부자들은 끊임없이 일정 시간이 되면 저절로 돈이 생기는 구조를 만드는 사람들이다. 이를 파이프라인 구축이라고 한다. 다음 이야기를 읽어보고 아래의 질문을 곰곰이 생각해보기 바란다.

〈예화〉 물장수

옛날 한마을에 물장수가 둘 있었다. 둘은 매일 5리나 떨어진 저수지에서 물을 길러다가 팔았다. 마을에는 우물이 있었으나 먹을 수 없는 물이라서 이 물장수들에게 물을 사야만 했다. 물론, 직접 물을 길러 올 수 있지만 너무 멀어서 쉽지 않았다. 이런 이유로 물장수들의 물값은 비쌌다. 한 동이에 5,000원을 받았다. 이 물장수들은 하루에 세 번씩 물을 길러 왔다. 한 번에 두 동이씩 가져올 수 있어 하루에 6동이를 팔 수 있었고 하루에 3만원씩 벌었다.

1) 물장수들이 돈을 더 버는 세 가지 방법은?

2) 물장수들이 몸이 아파서 병이 들면 어떻게 하나?

3) 이런 유형의 직업은 어떤 것이 있나?

4) 저수지에 파이프라인을 연결하면 어떻게 되나?

물장수들이 돈을 더 버는 방법이 있을까? 간단히 생각해 보면 물동이 크기를 크게 하여 한 번에 가져오는 물의 양을 늘리는 방법이다. 물동이는 무겁고 인생은 고단해 진다. 또 한 가지 방법은 물을 가져오는 횟수를 늘리는 것이다. 하루에 세 번씩 다니던 것을 네 번으로 늘리면 4만원씩 벌어 1만원을 더 벌 수 있다. 하지만 위의 두 방법은 몸을 혹사하는 일이다. 혹시나 물장수들이 병이 걸린다면 이나마도 돈을 벌수가 없다.

마지막 방법은 물의 가격을 올리는 것이다. 하지만, 가격을 올릴 경우 마을사람들이 직접

물을 길러오거나, 경쟁자가 생겨 공급과잉이 생길 수 있다. 가만 생각하면 물장수는 고단한 일이다.

이러한 유형의 직업은 어떤 것이 있나 살펴보니, 우리의 대부분의 직업이 모두 이런 유형이다. 일을 해야 돈을 벌고, 일을 더해야 돈을 더 버는 구조의 일들이 대부분이다.

필자의 절친한 친구 중에는 돈을 아주 잘 버는 치과의사선생님이 있다. 규모는 상당히 큰데, 간호사만 두고 직접 치과를 운영한다. 내가 보기에는 두 명 정도의 의사가 더 필요한 상황인데, 절대로 혼자서 치과를 운영한다. 혼자서 세 사람 몫을 하는 것이다. 달리 말하면, 세 사람 분의 일을 하고 있는 것이다. 돈은 많이 벌수 있을지 모르지만 몸은 고단하다.

투잡으로 대리운전을 하시는 분들도 흔히 볼 수 있다. 이들은 낮에 직장에서 일하고, 밤에 또 운전으로 돈을 버는 것이다. 그만큼 인생은 고달파진다. 다시 말하지만 세상의 대부분의 직업들이 일을 더하고 부지런해야 돈을 벌 수 있는 구조이다.

만약, 저수지에 파이프를 연결하여 마을까지 끌고 온다면 어떻게 될까? 당연히 물을 마음껏 팔수 있다. 가까운 옆 마을에까지 팔 수 있다. 몸이 아파도 괜찮다. 수도꼭지만 틀면 되니까. 부자가 되려면, 이런 파이프라인을 만들어야 된다. 이런 파이프라인은 일을 더하지 않더라도 자동적로 시스템에 의해 돈을 더 벌 수 있도록 해주는 장치이다.

부자가 되려면, 이런 파이프라인을 만들어야 된다. 가장 중요한 파이프라인은 부모이다. 부모에게 돈을 맘껏 타 쓰는 것, 이것은 뜻대로 되지 않는 일이다. 그러면 배우자는 어떠한가? 배우자는 내가 선택할 수 있지 않은가?

돈 잘 버는 며느리, 부자 사위

우스게 소리로 약사와 결혼한 남편들을 셧터맨이라고 불렀던 때가 있었다. 부러움과 시기와 함께, 사실 이들을 격하시켰던 말이다. 결혼이라는 것이 대부분 인연과 사랑으로 이루어지는 일이지만 살짝, 세속적으로 재테크 차원에서 본다면 참으로 운이 좋은 사람들인 것이다. 부모님이 자식 결혼에 배우자를 걱정할 때 해준 말들도 생각해 보면 다 맞는 말이었던 것 같다. 필자는 얼마 전 학교에서 연수를 간적이 있다. 노후 대책이 주제였는데, 누군가, "돈 잘 버는 며느리를 얻던지, 부자 사위를 맞이하면 노후 걱정은 안해도 되는 거 아닙니까?"하는 농담을 듣고 세삼 파이프라인의 종류가 많음을 생각해 보았다.

파이프라인을 만든다는 것은 일을 더 하지 않고 끊임없이 돈이 나오게 하는 기술이다. 어떻게 본다면 바로 파이프라인의 구축이 재테크라고 할 수도 있다. 왜냐면, 일을 하지 않고 돈을 버는 좋은 방법이기 때문이다.

직장을 다니는 사람이라면 당장 월 100만 원만 추가수입이 생기면 좋겠다고 생각할 것이다. 하지만 100만 원을 더 벌기 위해 일을 하는 것은 쉬운 일이 아니다. 그러면 일을 하지 않고 추가수입이 생기는 파이프라인 구축 방법은 없는 것일까? 대체 어떤 것이 파이프라인에 속하는 것일까?

가. 부동산 임대소득

부동산 임대소득은 대표적인 파이프라인이다. 우리는 흔히 아파트에 아무생각 없이 산다. 그런데 아파트의 가격은 지역과 입지에 따라 천차만별이다. 바로 이 점을 이용해서 조금만 노력한다면 적은 돈으로 같은 삶의 질을 누릴 수 있다.

우리나라 서울 강남의 32평 아파트 가격은 10억대 중반으로 매우 큰 규모의 자금이 필요하다. 최근, 신도시의 구분 상가는 5억정도 투자하면 200만원 정도의 월세를 받을 수 있다. 필자가 살고 있는 부천 중동의 경우 32평 아파트는 4억이 채 되지 않는다. 투기의 차원으로 본다면 강남의 10억 대 아파트를 적지 않은 대출을 받아 사는 것도 가능하다. 하지만 이를 유지하기 위해 5억 정도를 대출받아 대출 이자를 200만원씩 내면서 힘겹게 살아가는 사람들이 과연 올바른 선택일지는 의문이다.

투자의 차원에서 본다면 오히려 직장이 가까운 신도시에 아파트를 사고, 구분 상가나 상가주택에 투자하여 임대수입을 받을 수 있는 좋은 기회이다. 5억 정도 부동산 임대사업에 투자하면 연 5% 이상되는 매물을 찾을 수 있다. 어차피 부동산에 투자하려 했으니, 빚지고 집을 사느냐? 아님, 임대수입도 생기면서 아파트에 사느냐의 선택이 아닐까?

임대수입은 얼마나 될까? 5억의 5%면 1년이면 2,500만원 한 달이면 거의 2백 만원의 수입을 더 얻을 수 있다. 우리 주변의 부자들은 대부분 임대수입이 있다. 임대수입을 만드는 것은 나의 선택이다.

물론, 5억을 정기예금에 가입할 수도 있다. 금융기관을 뒤져 금리가 높은 곳을 찾는다면 년 2% 정도의 정기예금을 찾을 수 있다. 년 1천 만원 정도의 수입이 생긴다.

100만원의 추가 수입을 위해서는 어느 정도의 자산 축적이 필요할까? 역산해보면 5% 수익률로 임대사업을 하다고 가정한다면 1년에 1,200만원의 수입이 필요하고 1,200만원을 5%로 나누면 2억4천 만원이 필요하다는 결론이 나온다. 물론, 수익률을 높게 가져갈 수 있다면 더 적은 돈이 필요하다고 하겠다. 물론, 어느 정도의 세금은 감내해야 한다.

나. 저작권을 이용한 부대수입

최근 UCC (User Created Contents)열풍이 최고조다. 싸이가 '강남스타일'을 유튜브(www.utube.com)에 올린 이후 싸이는 일약 스타가 되고,유 튜브를 통해서 꾸준한 저작권수입을 올리고 있다. 저작권(著作權, copyright)은 창작물을 만든 이(저작자)가 자기 저작물에 대해 가지는 배타적인 법적 권리로, 많은 국가에서 인정되는 권리이다. 저작권자는 법에 정하는 바에 따라 다른 사람이 복제 · 공연 · 전시 · 방송 · 전송하는 등의 이용을 허가하거나 금지할 수 있다.

저작권은 우리나라의 경우 한미 자유 무역 협정 체결에 따라, 2011년 저작권법 개정을 통해 2013년 7월부터 보호기간을 70년으로 늘렸다. 저작자는 자기 재산권을 임의로 처리할 수 있으므로, 저작 재산권은 유무상으로 양도할 수 있고, 상속도 가능하다. 빠른 협약으로 저작권자 죽은 뒤에 적어도 50년까지 보호하도록 하고 있다.

자기 분야에서 성공하여 그것으로 책을 쓰거나, 색다른 업무방식을 개발해서 특허를 받고 이것을 빌려준다면 어떨까? 끊임없는 노력을 통해 여러분만의 저작물을 창작할 수 있다면 여러분은 죽은 후 50년까지도 끊임없이 저작물로 인해 돈을 벌 수 있는 것이다.

다. 자산 및 직업을 활용한 파이프라인

금융자산을 투자해서 이자를 받는 것도 파이프라인이다. 또, 우량주 투자를 통한 배당금 수입도 그렇고, 혹자의 경우는 지인이 경영하는 회사의 사외이사로 활동하면서 지속적인 수익을 창출할 수도 있을 것이다.

이자로 구축하는 파이프라인은 내가 가진 돈이 많을수록 더 큰 수익이 돌아온다. 그러나 내가 가진 돈이 별로 없더라도 조금만 더 생각해보면 현재의 자산을 재조정하여 새롭게 파이프라인을 구축할 수도 있을 것이다.

필자는 여러분들이 끊임없이 파이프라인을 고민하다 보면, 분명 여러분에게 적절한 파이프라인구축을 할 수 있을 것으로 믿는다.

【리포트】 주변에 파이프라인이 될 수 있는 것 들을 찾아보자.

06 부자의 성품

졸부가 아닌 진정한 부자들은 대부분 성품이 고결하다.

가. 부자의 성품

우리 인생에는 훌륭하게 살아가려고 해도 아래와 같은 강력한 저지 세력이 있어서 잘 안 될 때가 있다. 애써 한 결심이나 진취적인 노력을 무력화 시키는 경우가 있다.

식욕과 정욕 / 자존심과 가식 / 야심과 공명심

그렇지만 성공한 사람들은 좋은 성품을 갖기 위해 노력한다. 첫째, 식욕과 정욕이라는 저지 세력을 극복하기 위해 자제력과 극기를 연마하기로 결심한다. 둘째, 자존심과 가식을 극복하기 위하여 한층 더 자신의 성품과 역량 위조로 일해야겠다고 결심한다. 셋째, 끝없는 야심과 공명심에 대한 열망을 극복하기 위하여, 내 재능과 자원을 고귀한 목적과 봉사의 삶에 바치기로 결심한다. 하지만 자신의 기본적인 신체적 욕구를 통제하지 못하는 사람은 자신의 열정이나 감정도 통제할 수 없다. 이들은 자신을 파괴하는 아래의 7가지에 대하여 끊임없이 고민한다.

- 일하지 않고 얻은 재산
- 성품이 결여된 지식
- 인간성이 결여된 과학
- 원칙이 없는 정치
- 양심이 결여된 쾌락
- 도덕이 결여된 사업
- 희생이 없는 종교

나. 진짜 부자들은 겸손하다.

세상에 가장 많은 동물은 무엇일까? 사나운 사자일까? 곰일까? 늑대일까? 카리스마가 있고 사나운 짐승들은 모두 멸종위기에 있다. 인간도 마찬가지다. 강한 사람이 세상에서 가장 강해질 것 같아도, 이 세상은 온유한 사람의 것인 것을 잊지 말자. 성경구절에도 "온유한 자는 복이 있나니 세상의 저의 것[12]"이라고 씌어 있다.

〈예화〉 미켈란젤로의 겸손

미켈란젤로의 조각품을 보던 한 사람이 미켈란젤로에게 말했다.
"보잘것없는 돌들로 이런 훌륭한 작품을 만드시다니 정말 대단하십니다."
"아닙니다. 제 작품은 이미 화강암 안에 들어 있었습니다. 저는 단지 필요 없는 부분들을 걷어 내 그것을 보여 주었을 뿐이지요."

미켈란젤로, 아인쉬타인, 링컨 대통령 등 위대한 사람들의 경지는 분명히 겸손과 연관되어 있다. 이들은 자신의 역할을 자연의 한 과정으로 본다. 자신의 일을 전체 속의 한 부분으로 보는 것이다. 내가 아니라 '함께'라는 생각이 들 때, 겸손은 큰일을 하게 된다. 자기를 낮추는 사람이 세상을 얻는 경우도 있다.

다. 올바른 가치관

부자의 인품을 결정하는 것은 올바른 국가관과 가치의 다양성을 인정하는 사회성, 그리고 항상 미래를 대비하여 공부하는 축적의 습관일 것이다.

1) 국가관

국가란 다수의 다수에 대한 투쟁을 막기 위해 서로 합의하에 만든 인위적 조직이다. 토머스 홉스는 「리바이어던」에서 '만인에 대한 만인의 투쟁이 벌어지는 자연 상태를 극복하기 위해 인간이 국가라고 하는 괴물(리바이어던)을 만들어냈다'고 했다. 국가가 없다면 수천만 명이 매일 서로 싸우고 죽일 것이다. 인간은 투쟁보다는 안정을 원한다. 군대는 불행하게도 나와 우리 가족, 우리 국민을 지키기 위해서 꼭 필요한 것이다.

국가가 유지되기 위해서 필수적인 것은 국민, 영토, 국민과 국가를 지키는 힘인 군대가

12) [마5:5] 온유한 자는 복이 있나니 저희가 땅을 기업으로 받을 것임이요

필요하다. 이러한 군(軍)의 가치를 전쟁 중이 아니라고 해서 격하시켜서는 결코 안 된다.

국가는 질서유지를 국민들의 합의를 통해 국회에서 법을 만들고 국민의 자유를 어느 정도 억압한다. 국민은 개인의 자유를 가능한 많이 쟁취하기 위해 노력해야 한다. 국가는 벌금을 많이 부과하려 하고, 국민은 조금만 부과하길 원해야 정상이다. 국가는 국민으로부터 최대한 많은 세금을 걷으려 하고, 국민은 최소한의 세금을 내길 바란다. 이 사이에서 균형점을 찾게 된다. 그리고, 이러한 균형은 우리가 선거를 통해서 뽑은 정치인들의 몫이라고 보면 되지 않을까?

2) 가치의 다양성을 인정해야 한다.

【질문】 미국과 북한이 축구를 하면 누굴 응원해야 하나?

미국을 응원하면 국가를 생각하는 것이고, 북한을 응원하면 민족을 생각하는 것이다. 당신은 민족주의자인가? 국가주의자인가?

미국은 다양한 인종과 민족으로 되어있다. 우리나라도 다문화 국가가 되어 가고 있다. 인종차별이 좋은가? 민족차별이 좋은가? 현대사회는 국가를 중심으로 함께 살아가고 있다. 민족은 개인적인 감정일 뿐, 실질적으로는 국가가 중심이 되어야 하는 것이 원칙이지만 민족을 생각하는 분들의 가치도 존중해야 한다.

【생각해 봅시다】 아는 분의 어머님은 필리핀 분이다. 우리나라에 귀화하여 한국의 호적에 표기 되었다. 그 자제분들도 모두 한국사람이다. 그 분은 필리핀 사람인가? 한국 사람인가?

민족주의는 존중되어야 하지만 어느 한편으로는 정치하는 분들의 이념일 뿐이다. 우리는 국가라는 테두리 안에서 법과 질서를 지키며 살아갈 뿐, 선량한 국민이 되어 국가 발전에 이바지 하는 것으로도 시간이 모자랄 것이다.

피의 순수성을 지향하던 나찌즘을 생각해 보자. 나찌가 유대민족을 어떻게 하였는가? 이것의 정의인가? 피의 순수성을 주장하는 것이 민족주의인 것이다. 하지만 가치는 다양하다.

민족주의, 국가주의, 세계 평화주의, 모두 각자의 선택사항일 뿐이다. 하지만 명심할 것은 이 모두는 대한민국이라는 자유민주주의의 법질서 안에서 이루어져 한다.

정치인들이 좋아하는 주요 문구들

자기 나름의 의견에 완고하게 집착할 경우, 혹은 불합리한 의견을 집요하게 주장하는 경우에 자신의 의견에 양심이라는 거룩한 이름을 붙인다.

이것은 남의 의견을 바꾸어 놓으려 하거나 혹은 자기 의견에 반대하면 불법이라도 저지른 것처럼 느껴지도록 하기 위한 것이다.

기껏해야 자기는 그렇게 생각하고 있다는 정도에 불과한 것을(양심이라는 말을 사용함으로써) 마치 진리를 알고 있다는 듯이 주장한다.

"'만인에 대한 만인의 투쟁'이 벌어지는 자연상태를 극복하기 위해 인간이 국가라고 하는 괴물(리바이어던)을 만들어냈다." "인간은 투쟁보다는 안정을 원한다."[13)]

3) 공자의 차별애 주의

흔히 사람을 차별하면 안 된다고 한다. 인종차별도 나쁘고, 민족차별도 나쁜 것이다. 선생님이 학생들을 차별하면 안 된다. 하지만 우리 선생님이 다른 반 학생들을 더 잘 해주면 어떻게 되나? 도리가 아닐 것이다. 최근 김영란법으로 세상의 질서가 어찌 되어가는지 잘 모르겠다. 세상이 발전하는 것인지? 아니면 이상해지는 것인지? 시간이 지나면 이러한 사회적인 변화가 옳았는지 잘못되었는지 평가되리라 생각된다.

공자님의 차별애 주의는 사람들을 차별해야 질서가 생긴다는 것이다. 그러한 생각이 서로 분열로 가는 것인지는 모르지만, 그게 사람 사는 곳의 모습일지도 모른다.

결혼식이 둘 있다. 하나는 친 누나 결혼식이고 또 하나는 고등학교 동창 결혼식이다. 어딜 가야 하나? 당연히 친 누나 결혼식에 가야 한다. 그런데, 왜 차별하나?

---

13) 토머스 홉스의 「리바이어던」

07 인내와 끈기[14)]

부자에겐 희망을 잃지 않는 인내와 끈기가 있다.

가. 희망을 잃지 않는 인내

사업이나 투자를 하다보면 항상 일이 잘 진행되는 것은 아니다. 언제나, 누구든 고난이 찾아온다. 이런 고난을 잘 극복할 때, 크게 성공할 수 있다. 마쓰시다 고노스케는 일본에서 경영의 신으로 통한다. 그는 이렇게 말한다. "추운 겨울이 지나면 따뜻한 봄이 오듯, 어려움은 당신이 인내하고 극복한 끝에 찾아올 봄을 알리는 전령임을 알아야 한다." "세상의 한파를 견디며 묵묵히 자기의 길을 가고 있는 보잘 것 없이 보이는 인생에 대해서도 응원과 격려를 보내는 배려가 필요하다." "인생은 오르내림을 반복하면서 인간을 갈고 닦으며 연마한다." "대게 성공한 사람들은 반드시 때가 올 것이라는 믿음으로 조용히 기다린다. 절대로 초조하게 허둥대지 않는다." "여름이 여름답지 않다면 가을도 가을다울 수 없다." "똑똑한 사람은 똑똑하기 때문에 실패한다." 주옥같이 좋은 글들이다. 그리고, 마쓰시다 고노스케는 말한다. "나에게 하늘이 내린 가장 큰 유산은 가난한 것과 못 배운 것 그리고 허약한 것이다" 최근 금수저, 은수저, 흙수저란 말들이 언론에 많이 등장한다. 실제, 세계 400대 부자중에 흙수저로 태어나서 성공한 자수성가들은 전체 259명(65%)이고, 이 중 미국은 71%, 중국은 97%

그림 2-1 마스시타 고노스케의 노년

14) 청림출판, 「마쓰시타 고노스케, 길을 열다」, 남상진, 김상규 옮김, 2009

라고 한다. 오히려 흙수저로 태어나서 감사하다고 해야 하는 것이 아닌가? 필자는 우리나라가 환경을 탓하는 사회로부터 열심히 하면 성공할 수 있다는, 밝고 긍정적인 사회분위기가 확산되기를 바랄 뿐이다.

〈예화〉 **포기하지 말라**[15)]

캘리포니아 황금광 시대에 전 재산을 팔아서 광산을 산 한 남자가 있었다. 그는 수개월 동안 광산을 팠지만 아무것도 찾지 못했다. 마침내 그는 낙심하여 황금을 찾는 것을 포기하고 그 광산을 동방 사람들에게 팔았다. 몇 년 뒤, 광산의 새 주인들은 광산에 황금이 있는지 찾아보았다. 이들은 이전의 광부가 굴을 파다 버려두고 간 녹슨 곡괭이와 랜턴 등이 있는 장소를 발견했다. 이들은 땅을 다시 파기 시작했으며 얼마 안 되어 금을 발견했다. 이들은 단지 15cm만 더 팠을 뿐이다. 즉 예전의 광부들이 15cm만 더 팠더라면 황금을 발견할 수 있었다는 것이다. 우리의 삶 속에서도 이따금 너무나 일찌감치 포기할 때가 있다. 우리는 실패의 기미만 보이면 포기하고 절망한다. 안타까운 일이다.

나. 축적의 시간

부자들은 어려울 때 자신을 낮추고 끊임없이 공부하고, 단련하는 축적의 시간을 갖는다.

〈예화〉 **나무꾼이야기**

두 나무꾼이 있었다. 한명의 이름은 빈, 또 한명은 동건이었다. 빈과 동건은 같은 동네 최고 착한 여자 친구 태희를 신부로 맞이하는 내기를 하기로 했다. 태희도 동의 했다. 태희는 나무 잘하는 남자가 세상에서 제일 훌륭한 사람이라고 생각하고 있었다. 시합규칙도 정해졌다. 시합규칙은 당일 9시부터 8시간 동안 자유롭게 가장 나무를 많이 한 사람이 승리자가 된다. 빈은 시합 당일 7시부터 도시락을 싸고, 8시부터는 1시간 동안 도끼날을 갈았다. 동건은 푹 자고 일어나 밥을 딱 한번만 먹고 하루 종일 일하기로 결심했다. "배고픔 따위는 문제가 안되" "태희를 위해서라면 한 끼 정도는 굶어도 돼" "물만 먹으면 돼" "물을 많이 가져가야겠어"라고 생각했다. 하지만 동건도 아침 한 끼는 무지 많이 먹어야지 하며 9시까지 밥을 먹었다.

---

15) 차동엽, 「무지개 원리」, 동이에서 발췌

동건은 시합이 시작되자 뛰어가서 떡갈나무 하나를 선택해 도끼질을 시작했다. 동건은 쉬지 않고 도끼질을 했다. 밥도 안 먹고 소변도 참아가며 일했다. 물은 마셨다. 땀이 비 오듯 쏟아졌다. 그리고 시합이 끝났다.

빈은 40분을 도끼질을 하면 반드시 20분은 쉬면서 도끼날을 갈았다. 빈은 힘이 동건 보다 못했지만, 도끼날이 무뎌지면 도끼질이 안 된다는 것을 잘 알고 있었다. 점심도 30분이나 먹으면서 꼭 40분 정도 일을 하면 도끼날을 쉬면서 20분 정도 갈았다. 그리고 시합이 끝났다.

멀리서 이 장면을 바라보고 있던 태희 부모님은 동건이 대견했다. "저놈이 우리 딸을 무지 사랑하는겨" "우리딸 줘도 괜찮겠어"하며 즐거워했다. 태희도 행복했다.

시합 결과가 나왔다. 누가 이겼을까?

그러나, 시합결과는 빈이 이겼다. 도끼의 날이 무뎌지면 도끼의 날을 갈아야 한다. 축적의 시간이 필요하다.

다. 지렁이는 밟으면 꿈틀하지만 부자는 일단 생각한다.

필자가 가장 존경하는 분은 대학원 지도교수님이다. 의사결정을 전공하신 교수님답게 항상 세상 살아가는 지혜를 말씀해 주시는 분이다.

언젠가, 은사님께서 자극의 반응속도에 대해 말씀해 주신 적이 있다. "하등동물일수록 반응의 속도가 빠르다." 자극에 대한 반응속도를 말씀 하셨는데, 뇌가 발달할수록 자극에 대해 많은 생각을 하고 결정을 한다는 것이다. 어떤 일에 있어 즉각적인 대응보다는 신중한 생각이 더 좋은 의사결정을 할 수 있다는 의미이다.

투자 의사 결정을 할 때에도, 즉각적인 대응보다는 많은 변수들을 고려해서 투자한다면 위험을 크게 줄일 수 있을 것이다.

08 부자의 인간관계

부자들은 인간관계가 참으로 좋으며 사람간의 관계를 잘 유지하는 비결을 알고 있다.

가. 절대 비판하지 말라.

카네기는 그의 베스트셀러인 「인간관계론」[16]에서 좋은 인간관계를 가지려 한다면 절대 비난이나 비평, 불평을 하지 말라고 충고 한다.

- 살인자라도 자신은 좋은 사람이라고 생각한다. 하물며 보통사람들은 자신들이 얼마나 좋은 사람이라고 생각하며 살겠는가? 그들에게 나쁜 사람이라고 한다면 좋아할 리 없다. 오히려 그 말을 한 사람을 싫어하게 될 것이다.
- 사람들을 비난하기 보다는 그들을 이해하려고 노력하자. 그들이 왜 그런 행동을 했는지 구체적으로 파악해 보자. 그렇게 하는 것이 훨씬 유익하고 흥미롭다. 그렇게 되면 동정심과 인내와 온유함이 길러진다. 모든 것을 알게 되면 모든 것이 용서된다.
- 하나님께서도 사람이 죽을 때까지는 심판하려 하지 않으신다. 그런데 왜 우리는 심판하려고 하는가?

전 세계에서 가장 존경을 받는 대통령 중의 한 사람으로 미국의 노예해방을 주도했던 에이브라함 링컨이 대통령이 되기 전 변호사 시절에 제임스 쉴즈라는 정치가를 신랄하게 비판한 사건이 있다.

"제임스 쉴즈는 허영심 많고 싸움꾼이라 나쁜 놈이다"라고 비판한 것이다. 그 기사를 본 제임스 쉴즈는 분개하여 링컨에게 권총을 한발씩 쏘는 결투를 신청 했다. 죽을 뻔 할 위기 상황에서 링컨은 둘 중 하나가 죽는 이 결투를 막기 위해 중재자들을 찾았고, 결국 살아남았다. 수많은 시간 죽음의 위기 속에서 가까스로 살아남은 링컨은 그 이후로 두고두고 다른 사람들을 비판하지 않았으며, 그 이유로 좋은 사람이란 평가를 받게 된 듯하다. 한 번 더 이야기한다. 간섭하지 말라.

---

16) 데일카네기, 「카네기 인간관계론」, 씨앗을 뿌리는 사람들

나. 성공하려면 적과도 화해하라[17].

나를 좋아하는 사람을 좋아하는 것은 누구나 할 수 있는 일이다. 나를 싫어하는 사람을 좋아할 수 있는 사람이 이 세상의 진정한 위너(winner, 승리자)이다.

누군가 나를 싫어한다면 그 이유는 무엇일까? 대부분의 경우 내가 그 사람을 싫어하기 때문이다. 나를 싫어하는 사람을 누가 좋아하겠는가? 관계를 회복하기 위해서는 먼저 내가 그 사람을 좋아하려고 노력하는 수밖에 없다. 내가 그의 부하직원이나 후배라면 더더욱 그렇게 해야 된다. 가만히 생각해 보라. 직장 상사가 후배에게 해줄 좋은 일이 훨씬 많다. 직장 후배가 잘나봐야 직장 상사보다 먼저 승진해서 직장상사의 심기를 불편하게 할 뿐이다. 직장 상사에게 잘하라. 그것이 세상에서 잘 사는 법이다.

【카네기의 인간관계를 잘 맺는 6가지 방법】

다른 사람들에게 순수한 관심을 기울여라.
미소를 지어라.
이름을 잘 기억하라.
경청하라
상대방의 관심사에 대해 이야기하라
상대방으로 하여금 중요하다는 느낌이 들게 하라.

사람을 바꿀 필요가 있는가? 인간을 바꾸는 세 가지 방법[18]이 있다.

시간을 달리 쓰는 것
사는 곳을 바꾸는 것
새로운 사람을 사귀는 것

17) 데이비드 J. 리버만, 「성공하려면 적과도 화해하라」, 베델스만
18) 오마에 겐이치, 「난문쾌답」

다. 사람은 군집동물이다[19]. 다양성을 인정하라.

펭귄들이 모여 있는 것을 보면 신기한가? 개미들이, 꿀벌들이 모여 사는 모습을 보면 신기해 보이는가? 우리 인간도 위에서 바라보면 이들과 다를 바 없는 모습일 수 있다. 영락없는 군집동물이다. 인간이 군집동물이기 때문에 혼자 있으면 외로워하고, 혼자 있는 것을 견디기 힘들어 하는 것이다. 정말 지독한 군집동물일지도 모른다. 이런 군집동물들은 함께 살아가야 하기 때문에 인간관계가 굉장히 중요하다. 인간의 생존본능을 위해 표정도 생겨났다. 위험하다는 것을 표시하기 위해 거친 사람들은 거친 표정과 거친 행동을 하고 온순한 사람들은 온순한 행동과 온순한 표정을 짓는다. 어떤 사람은 등에 용모양의 문신을 하여 타인에게 위험하다는 것을 보여주기도 한다. 청소년기에는 머리모양을 단정치 않게 하거나, 흡연하는 모습을 보여 나는 불량학생이니 조심하라는 경고의 메시지도 보여준다. 이런 모습이 군집동물인 사람으로 살아가는 자연스러운 모습일지도 모른다.

사람들은 다르다. 우리는 사람들이 다 다르다는 사실을 인정해야 한다. 그러나 왜 달라야 할까?

〈예화〉 가우스의 경쟁적배제의 원칙

'수리생물학(mathematical biology)의 아버지'로 알려져 있는 가우스(G.F.Gaus)는 모스크바 대학 교수로서 1934년 동일 속(genus)에 속하는 아주 작은 두 마리의 동물(원생동물)을 가지고 실험을 했다. 적당한 분량의 먹이와 함께 한 개의 병 속에 넣어 실험 관찰한 후 결과를 발표했다. 만약 이 두 마리의 동물이 서로 다른 종(species)이면 공존 · 공생이 가능하다. 그러나 같은 종이면 불가능하다. 그는 이와 같은 관찰을 통해 두 개의 동일한 종(동물)이 똑같은 방법으로 생명을 보전하려고 할 때는 결코 공존할 수 없다는, 이른바 가우스의 '경쟁적 배제의 원칙(principle of competitive exclusion)'을 도출해 냈다.

최초의 단세포 유기물이 생명을 보존하기 위해서는 모종의 자원이 요구된다. 자원이 적당하면 한 세대에서 다음 세대로 이행하면서 그 수가 증가한다. 생명이 진화를 하면서 이 유기물들은 더욱 복잡한 형태의 생물을 위한 자원이 되는 등 새로운 단계의 먹이 체계로 이어진다. 한 쌍의 동종 생물이 어떤 중요한 자원을 놓고 경쟁하면 조만간 하나가 다른 하

19) 마크얼스저, 강유리역, 「허드(Herd)-시장을 움직이는 거대한 힘」, 쌤앤파커스

나를 제거해 버린다. 개개의 종으로 하여금 자신의 고유 영토에서 우위를 확보하게 함으로써 안정적인 균형을 유지시킬 수 있는 상대적 평형력(counter balancing forces)이 결여될 경우에는 한 쌍 가운데 단지 한 개의 종만이 살아남는다. 수백만 년에 걸쳐 일단의 복잡 다양한 상호경쟁 작용이 전개되었다. 그 결과 오늘날 100만 종 넘는 독특한 생명체의 존재가 식별 · 분류되었는데, 이들은 생존에 필요한 자원경쟁에서 각자 모종의 고유한 우위를 보유하고 있다(이 밖에도 아직까지 분류되지 않은 수백만 종이 더 있다고 생각된다).

순간마다 수천의 종이 소멸하고 또 다른 수천의 종이 새로 출현한다. 이와 같은 엄청난 수효를 설명해 주는 것은 도대체 무엇일까? '변종(variety)'이다. 환경이 풍요로울수록 개개의 종으로 하여금 고유한 우위를 가질 수 있게 만드는 잠재적으로 중요한 변종화 가능물의 수효가 더욱 늘어난다. 그러나 동시에 환경이 풍요로울수록 잠재적 경쟁자의 수효도 더욱 늘어나며 경쟁은 한층 더 격화된다. 정글에서와 똑같이, 기업에서도 누가 살아남고 누가 도태될 것이냐를 진화가 결정한다. 수백만 년 동안의 자연경쟁에서는 아무런 전략도 개입되지 않았다. 우연과 확률의 법칙에 의해 경쟁자들이 각자 서로 다른 특질에 가장 적합한 자원의 조합을 찾아냈는데, 이것은 전략이 아니라 단지 적응과 적자생존 설에 근거한 자연도태 현상이었다.

동일한 패턴이 모든 생태계에 존재하고 있으며 기업 역시 그 속에 포함된다. 생태계의 경쟁에서건 상거래상의 경쟁에선 간에 두 가지 모두에서 중요하고 일반적인 요소는 아마 계획되지 않은 우연, 바로 그것일지 모른다. 우연(운)이 한 세대에서 다음 세대까지 생존하고 번식하게 만드는 돌연변이와 변종을 결정한다. 상대적으로 적은 후손을 남긴 종은 소멸한다. 적응력이 가장 강한 것 또한 나머지를 소멸시킨다. 천연적·조직적 특성이 경쟁 환경에 맞게 적응하고 진화한다. 형태 패턴 역시 진화하고 본능적 반응을 나타내게 된다.

> 우리는 서로 행복하게 살아가기 위해 달라져야 하는 것이다. 서로 달라진다면 같은 것을 추구하지 않기 때문에 경쟁이 치열하지 않게 된다.

동양에서는 인간의 유형을 음양오행에 따라 음과 양으로 구분하고, '목화토금수'의 오행을 나누어 총 10가지로 구분하고 있다. 동양에서는 오래전부터 천간과 지지의 배합에 의한 60갑자를 이용하여 달력을 만들었다. 사람이 태어나면 이 달력에 의해 몇 년, 몇 월, 몇 일,

몇 시에 태어났는지 기록해 두고, 이를 통하여 개인의 운명이 어떻게 달라지는지 연구하는 학문이 탄생했고, 지금까지 명리학(命理學)이란 이름으로 발달해 오고 있다.

동양에서는 달력에 천간과 지지를 이용한 60갑자를 표기하는데, 연월일시를 4개의 기둥이라고 하여 사주(四柱)라고 한다. 각각의 기둥에는 천간과 지지가 표기 되는데, 천간은 '갑을병정무기경신임계'의 10개이고 지지는 '자축인묘진사오미신유술해' 12개로 이루어진다. 각 기둥은 천간과 지지의 1글자씩 두 글자로 이루어지고, 모두 네 개의 기둥이므로 8글자가 사주를 구성한다. 이 8글자 때문에 팔자(八字)라는 용어가 탄생하였고, 사주팔자라는 용어는 우리나라에서 흔히 사용되는 단어이다. 사주의 8글자를 그림으로 표시하면 아래 그림과 같고, 여기서 중요한 글자는 일주의 일간이다.

시주	일주	월주	년주
시간	일간	월간	년간
시지	일지	월지	월간

그림 2-2 4주(四柱)의 8개의 글자(八字)의 의미

아래 박스의 8글자에서 일간은 네모로 표시한 정(丁)화(火)일간이며 이 정화(丁火)가 이 사람의 성정이다. 정화(丁火)는 음양으로 나누면 음이며, 오행으로 따지면 불을 의미한다. 실제 명리학에서는 정화(丁火)를 촛불, 장작불, 연탄불 등으로 은유하여 해석한다.

時	日	月	年
신辛	정丁	갑甲	임壬
축丑	해亥	진辰	자子

양간(陽干)의 성질은 남성과 같은 것으로 강하고 독립적이며 진취적이나, 음간(陰干)은 여성적이며 유약하고 정체성을 가지며 독립적이지 못하고 다른 세력에 따르기를 좋아한다고 한다. 여기서 정화(丁火)는 음간(陰干)이다. 자세한 명리학의 내용을 모두 소개할 수는 없지만 확실한 것은 동양에서 사람을 10가지의 유형으로 판단하고 있었다는 것을 알 수 있다.

09 부자와 행운

부자는 행운을 달고 다닌다. 행운은 습관이다.

최근까지 필자는 동양의 의사결정에 심취해 있었다. 음양오행, 명리학, 주역, 풍수까지 몇 년 동안 많은 자료를 모으고 연구하였다. 지금까지 수백 건의 사주를 분석해 보고 인간의 운명이란 이미 결정되어 있는 것일까, '운명은 바꿀 수는 없을까', 많은 고민을 해 오던 중, 우연히 필자의 은사님 스승의 날 행사에 참석하게 되었다. 그날도 나는 전철을 타고 가면서 운명에 대한 고민을 하면서, '운명은 결국 나의 과거에 했던 일의 결과가 아닐까?' 하는 생각을 하고 있었다.

스승의 날 행사에서 은사님께서는 "행운이란 그냥 하늘에서 뚝 떨어지는 것이 아니고, 우리가 평소에 행운을 부르는 습관을 들이면 항상 행운을 달고 다닐 수 있는 거야"라고 덕담을 해 주시면서, 마크 마이어스의 「행운이 항상 따르는 사람들의 7가지 비밀(How to make luck)」이라는 책을 소개해 주셨다.

다음날, 바로 책을 구입하고 책의 내용을 꼼꼼히 살폈다. 역시 '행운은 습관'이라는 부분에 공감할 수 있었다.

마크 마이어스는 기회라는 것을 이렇게 정의한다. '99%의 고된 노력이 단 1%의 행운과 만나는 것.' 책의 결론은 세상을 만만하게 보지 않고 끊임없이 열심히 사는 사람들은 행운이 쉽게 찾아오는 것처럼 보이고, 성공하게 된다는 것이다. 남들의 성공을 행운으로 보는 이유는 '질투' 때문이라고 한다. 남이 나보다 훌륭해서 성공할거라고 믿고 싶지 않고, 그들의 성공은 오로지 운이 좋아서라고 말한다. 하지만 실제 행운은 그들의 몸에 배어 있는 행운의 습관들이라는 것을 잊지 말아야 한다. 다음은 책의 소제목들이다.

1. 쉽게 사는 것처럼 보여라
2. 작은 카리스마를 키워라
3. 어린아이 같은 호기심을 가져라 – 하루하루가 즐거워진다. – 위시리스트

> 4. 아무에게나 무조건 퍼주지 마라 – 고마워해야할 사람에게 은밀히 베풀어라.
> 5. 무한한 신뢰를 얻어라 – 무엇보다 영향력 있는 사람에게
> 6. 감정에 휘둘려서 인간관계를 끊지 마라 – 절대로
> 7. 찾아온 행운을 극진히 대접하라 – 더 큰 행운을 데리고 올 것이다.

또한 부자는 잠재력을 믿고 세상의 모든 것을 자기 것으로 만드는 능력이 있다. 「시크릿」이란 책이 있다. 책 겉표지에는 아래와 같은 글이 씌어 있다.

> "수세기 동안 단 1%만이 알았던 부와 성공의 비밀. 오프라 윈프리 쇼 홈피를 마비시키고 해리포터를 묶어 버린 세계인이 경탄한 그 책. 아마존 베스트셀러 1위, 뉴욕타임즈 베스트셀러 1위, 교보, 예스24, 알라딘, 인터파크 1위"

「시크릿」에는 이런 내용이 담겨 있다. "비밀(segret)은 당신이 원하는 행복이든 건강이든 금전이든 그 무엇이든 얻게 해준다. 과거에 지도자들은 자신의 힘을 지키려 하기 위해 이 비밀을 나누려 하지 않았다. 그래서 이 비밀은 소수에게만 알려져 왔다."

> 비밀이란 끌어당김의 법칙이다. (low of attraction)

비슷한 것은 비슷한 것을 끌어당긴다. 동양에서도 동기감응이라고 해서 같은 기운은 같은 기운을 끌어 당긴다고 한다. 「시크릿」에서는 물론 생각의 차원에서 끌어당김을 의미한다. 당신은 자신이 가장 많이 되고 싶어하는 존재가 되고, 당신이 가장 많이 생각하는 것을 끌어당긴다. 생각은 자석이고 주파수가 있어 사람이 생각할 때 그 생각은 우주로 전송되어 같은 주파수에 있는 비슷한 것들을 자석처럼 끌어당긴다고 한다. 믿거나 말거나의 신비적인 글이지만 이렇게 한다고 손해 볼 일은 없을 것 같고, 오히려 1장에서 설명한 바와 같이 무엇인가 하기 위해서는 제일 먼저 목표를 세워야 하며, 이를 간절히 바란다는 의미로 생각하면 될 것 같다. 대통령은 대통령이 되고 싶은 사람이 되는 것이다. 세상에는 누군가 바라는 것들로 채워져 있고, 그 자리들은 우연히 감나무에서 감이 떨어지듯 생기는 것이 아니고 누군가가 간절히 원해서 그들이 쟁취하는 것이 아닐까?

「시크릿」에서는 삶을 살아가는데 있어 가장 나쁜 행위는 나쁜 것을 생각하는 것이라고 한다. 또한, 사람들이 원하는 것을 얻지 못하는 유일한 이유는 원하는 것보다 원하지 않는 것을 더 많이 생각하기 때문이라고 한다. 「시크릿」의 끌어당김의 법칙은 자연의 법칙이고

창조의 법칙이라고 한다. 부정적인 생각보다 긍정적인 생각이 백배 강해서 잠깐 부정적인 생각을 했더라도, 빨리 긍정적인 언어로 바꿔야 하고, 생각은 곧 물질이 된다(E=MC2)는 내용이다.

구하라, 믿어라, 받아라. 이는 「시크릿」의 끌어당김의 법칙을 이용하여 당신이 원하는 것을 만드는 방법의 3단계이다. 여러분이 원하는 목표를 간절히 원하고 이를 추구하면 다른 사람들 보다는 그 목표를 빨리 도달할 것임은 당연한 일인 것 같다.

〈예화〉 「시크릿」의 생각

오랜 시간 만나지 못한 옛 친구와 대화하는 모습을 떠올려라. 어떤 식으로든 누군가 당신에게 그 친구 이야기를 시작할 것이다. 그 친구가 당신에게 전화하거나 편지를 보낼 것이다. 작은 일부터 끌어당기는 연습을 하라. 커피 한 잔을 끌어당겨라. 30분 이내로 커피를 먹게 된다. 풍요를 끌어당겨라. 어떤 사람이 돈이 충분하지 않는 유일한 이유는 생각으로 돈이 오지 못하게 막고 있기 때문이다. 풍요에 집중하라. 빚을 생각하면 빚만 는다. 결핍과 궁핍과 없는 것에 집중하면 평생 그렇게 산다.

데일카네기의 「인간관계론」과 함께 리더십 분야의 대표적인 저술가인 나폴레옹 힐의 저서, 「성공하는 사람들의 13가지 행동철학, 백만문화사」에서도 잠재의식을 중요하게 생각하고 있다. 결국 하고자 하는 목표를 강하게 생각하고 추구하면 이루어 질 확률이 높다는 것으로 판단된다. 나폴레옹 힐의 13가지 행동철학중 제3단계(자기암시), 11단계(잠재의식) 그리고 제 13단계의 제6감(six sense)이 모두 잠재의식과 관련된 내용들이다.

11단계의 잠재의식은 어떤 정보라도 그대로 받아들여져 인화되어 버린다고 한다.

- 7가지 건설적인 감정 : 소망, 신념, 애정, 에로스, 정열, 로맨스, 희망
- 7가지 파괴적인 감정 : 공포, 질투, 증오, 원망, 탐욕, 미신, 분노

인간의 두뇌는 건설적인 감정과 파괴적인 감정이 동시에 지배할 수 고 무한의 지성과 교신하는 방법은 음파가 라디오에 의해 수신되는 것과 같으며, 잠재의식은 사람의 기도를 무한의 지성이 수신할 수 있는 주파수로 바꾸어주는 매체라고 하고 있다. 13단계의 제6감(six sense)은 나의 뇌 스스로 모든 부를 창출 할 수 있도록 세팅할 수 있는 능력을 말한다고 한

다. 나폴레옹 힐은 이제 6감이 당신이 믿든 안 믿든 당신의 수호신이고 항상 당신을 돌보고 있다고 한다.

종교를 가진 사람이라면 본인 종교의 신을 제 6감에 대입하면 될 듯하다. 필자는 모든 사람들이 말하는 잠재의식의 효과는 결국 목표를 세웠느냐? 그리고 그 목표에 집중하는가?의 차원으로 보며, 이를 효과적으로 달성하기 위해서 잠재의식, 종교 등이 도움이 된다면 이를 활용하지 않는 자가 더 어리석지 않은가 하는 생각을 가지고 있다.

나폴레옹 힐은 20년 간 500명이 넘는 이들을 인터뷰하여 성공학의 고전이라 할 만한 ≪Think and Grow Rich≫를 저술 했다. 이 책에서 나폴레옹 힐이 제안하는 6단계 성공 철학은 다음과 같다.

1) 당신이 바라는 돈의 금액을 명확히 하라.
2) 당신이 가지고 싶은 돈을 얻기 위해 어떤 노력을 할지 결정하라.
3) 소망을 달성할 기한을 결정하라.
4) 준비가 되어있지 않다 해도 당장 행동에 옮겨라.
5) 지금까지의 4단계를 종이에 상세히 기입하라.
6) 이 종이에 쓴 선언을 1일 2회, 잠자리에 들기 전에 큰소리로 읽고 이미 달성한 것처럼 여기며 그대로 믿어라.

대학생을 위한 금융과 부동산 투자 상식 **교양 재테크**

chapter

03

투자(재테크)이론

1. 투자란 무엇인가?
2. 투자 수익률과 위험 (High Risk High Return)
3. 포트폴리오 이론
4. 화폐의 시간가치
5. 대출과 신용관리
6. 재테크 경제 상식

01 투자란 무엇인가?

필자는 수업시간에 학생들이 투자(investment)와 투기(speculation)의 차이가 뭐냐는 질문을 많이 받는다. 컬럼비아 대학 교수로 세계 제일가는 투자자라 불리는 워렌 버핏의 스승이기도 한 벤자민 그레이엄은 '투자와 투기의 차이는 원금을 보존할 수 있는가 없는가가 기준'이라고 말하고 있다.

투자는 수비적이어서 안정적이지만 투자는 공격적이어서 위험할 수 밖에 없다. 투자는 수익성이 그리 높지 않으나 잃어버릴 확률이 적고 투기는 수익성이 높은 반면 손실을 볼 확률이 높다.

가. 투자의 개념

투자란 미래의 더 큰 수익을 얻기 위하여 현재의 소비를 포기하는 것을 말한다. 투자자들은 투자 결정시 현재 소비의 포기와 불확실성에 대하여 보상을 기대한다. 따라서 투자결정은 시간선호(time preference)와 위험선호(risk preference)의 두 가지 선택의 문제로 결정된다. 여기서 시간선호란 뒤에서 다루겠지만 현재의 100원과 미래의 100원의 가치는 다르다는 것이고, 현재 소유할 수 있는 현금을 더 선호한다는 의미이다. 또한, 위험 선호란 같은 투자에 대한 미래에 대한 불확실성이 높지 않은 것을 선호한다는 의미이다. 투자 의사결정은 기대수익과 위험에 대한 적절한 조화가 필요하다. 돈의 세계에서 변치 않는 법칙이 있다. 바로 '수익률이 높으면 위험도 높다(High Risk, High Return)'는 것이다.

투자자들은 위험을 추가로 부담하는 대신 더 높은 수익률을 요구하게 되는데, 이것을 위험에 대한 대가 또는 위험 프리미엄(risk premium)이라 부른다. 은행 정기예금이나 국공채처럼 위험이 거의 없는 자산도 수익률이 적긴 하지만 나긴 나는데, 이런 수익률을 무위험이자율(risk free rate)이라고 한다. 반면 주식이나 회사채처럼 불확실성이 큰 위험자산에 투자하면 위험 프리미엄이 붙어 수익률이 더 높아진다.

기대수익률 = 무위험 수익률 + 위험프리미엄
(시간에 대한 보상) (불확실성에 대한 보상)

나. 투자(investment)와 투기(speculation)

투자와 투기는 기간과 위험의 크기로 판단 할 수 있다. 투자는 대체로 장기에 걸쳐서 이익을 추구하는 반면, 투기는 단기에 큰 이익을 추구한다. 투자는 위험에 상응하는 적절한 크기의 기대수익(expected return)을 추구하는 반면, 투기는 매우 큰 위험(risk)을 감당하는 대신 비정상적으로 큰 이익을 기대한다.

투자	투기
수비적(원금보존 가능)	공격적(원금보존 어려움)
수익성과 위험성이 적정한 수준에서 반비례	수익성과 위험성이 비정상적으로 높음
기대수익 추구	비정상적으로 높은 이익 추구
장기투자 가능	단기 이익 추구

사실 많은 사람들은 투자자라고 하면서도, 운이 좋은 투기꾼이 되고 싶어 한다. 백만 원을 가지고 1,000만 원을 벌 수 있는 노하우가 생기길 바란다. 하지만, 본서에서 투기란 개인이 감당할 수 없는 위험을 부담하여 투자하는 것으로 정의하고자 한다.

흔히 주식 투자든, 부동산 투자든 크게 성공한 사람들을 보게 되면 굉장히 부러운 마음이 든다. 우리나라에서는 일주일에 몇 명씩 로또복권에 당첨된다. 로또복권에 당첨되면 적게는 십억, 많으면 몇 십억 횡재한다. 외국에서는 몇 백억 횡재하기도 한다.

그러나 이 모든 것은 통계일 뿐이다. 복권을 사서 당첨되어 로또 부자가 되는 사람이 있는 것처럼, 투자에서도 크게 행운이 와서 돈을 벌 수 있다. 한 번 투자로 몇 십 배의 수익을 낸 사람이 있다면 그것은 그 사람의 실력이나 방법이 남달라서라기보다는 로또에 당첨된 것처럼 그저 운이었다고 보는 게 맞는 것 같다.

내가 아는 투자자는 평생 투자자문사로 일하면서 상당한 성과를 내왔다. 그런데 그의 일

년 수익률 목표는 10%이다. 이 정도만 해도 업계에서는 대박이라고 한다. 그런데도 아마추어에 불과한 사람들이 '따블, 따따블'을 이야기 하는 것은 일종의 투기 기질이다. 투기는 도박이다. 이런 사람들은 곧 망할 수밖에 없다. '따블, 따따블'은 그냥 개인적인 소망으로 여기는 것이 정신 건강에 좋은 듯 싶다.

다. 투자시 유의 사항

1) **유동성**(Liquidity) : 단기에 현금화될 수 있는 가능성으로서, 투자자는 미래에 필요한 유동성 규모와 그 시기 등을 고려한 투자결정이 필요하다.

2) **투자기간** : 투자기간의 장단기에 따라 투자결정이 달라지게 된다.

3) **세금** : 세후 수익률이 실제로 중요한 투자지표이다. 과세여부와 세율수준을 파악한 후 투자대상을 선택해야 한다. 특히, 은행거래를 할 때, 세금우대가 되는지 안 되는지 확인해야 한다. 또한, 직장인의 경우 연말정산시 세금을 감면해주는 상품이 있으면 이를 적극 활용하는 것이 현명한 투자 방법이다.

【은행 저축상품의 과세와 비과세】

과세 : 세금 15.4%부과. 전 금융기관에서 일반적인 세금 납부
세금우대종합 : 세금 9.5%, 20세 이상, 예금 기간 1년 이상으로 개인당 1천만 원까지 세금우대 혜택
세금우대(비과세) : 세금 1.4%로 제2금융권(새마을, 농협, 신협, 산림조합 등)에서만 가능, 자격은 만 20세 이상으로 계약기간에 상관없이 개인당 3천만 원까지 비과세 혜택
생계형 : 만 60세 이상, 장애인만 가능. 개인당 3천만 원까지 전액 세금 면제

또한, 금융 상품이 국가에서 5천만 원까지 보장해주는 예금자 보호법에 해당하는지도 확인해 보아야 한다. 최근 저축은행의 부실로 인해 한 은행에 5천만 원까지만 투자하는 것이 당연한 일이 되었지만, 금방 잊혀져서 누군가는 피해를 볼 수도 있을 것이다.

4) 투자자 개인의 상황을 고려

기관투자가의 경우 자금의 운용에 있어서 지켜야 할 규정이나 규제가 투자의 중요한 제약요소이다. 개인투자자의 경우에도 주택구입의 시점, 자녀의 교육비 지출시점, 퇴직시점 등을 고려하여 투자를 결정하는 것이 현명하다.

5) 투자 목표

투자를 할 때에는 제일 먼저 목표수익률(target rate of return)을 결정해야 한다. 목표수익률이란 투자를 통하여 기대하는 수익률(보통 일 년 간 보유수익률) 또는, 무위험수익률에 목표 위험 프리미엄을 가산하거나, 벤치마크 지수수익률에 가산수익률을 더한 값을 의미한다. 목표수익률을 정할 때에는 항상 '허용 위험 수준(tolerable risk level)'도 함께 고려해야 한다. 아무리 기대수익률이 높다 하더라도 허용할 수 있는 위험수준을 초과하는 투자는 투기라고 할 수 있다.

라. 투자과정

1) 투자계획(Plan)

투자 제약조건들과 함께 목표수익률 및 허용 위험수준을 고려하여 투자목표를 설정한 후, 자본배분 및 자산배분 실시한다.

- **자본배분**(capital allocation) : 투자자금을 무위험자산과 위험자산에 어떤 비중으로 투자할 것인가를 결정 하는 것
- **자산배분**(asset allocation) : 위험자산 투자금액 중에서 주식, 채권, 파생증권 등에 어떤 비중으로 투자할 것인가를 결정 하는 것

2) 투자실행(Do)

투자종목선정(security selection)과 투자시점(timing) 결정하고, 투자종목선정에서는 증권분석을 통하여 개별 종목을 선정하고, 이를 이용하여 분산투자(diversification)를 실시한다.

3) 투자평가(See)

투자성과평가(performance evaluation) 이후에 포트폴리오를 수정하는 과정을 거치게 된다.

마. 투자의 3원칙

투자의 3원칙은 수익성 안정성 유동성이다. 이 셋을 모두 갖추면 훌륭한 투자가 될 수 있다.

1) **수익성**(profitability) : 투자는 미래의 보다 큰 수익을 얻기 위하여 현재의 소비를 포기하는 것이다. 따라서 투자대상이 얼마만큼의 수익을 가져올 것인가 고려하여야 한다.

2) **안정성**(safety) : 투자로 얻게 되는 미래의 수익은 불확실하며 투자대상에 따라 그 불확실의 정도가 다르다. 따라서 투자목표를 달성하기 위해 허용할 수 있는 투자의 불확실성, 혹은 위험의 정도를 고려하여 투자대상을 선정하여야 한다.

3) **유동성**(liquidity) : 단기에 현금화될 수 있는 가능성을 의미한다. 증권들 간에도 유동성에 차이가 있는데, 투자자는 장래 시점별 필요한 유동성 규모를 고려하여 투자결정을 해야 한다.

02 투자 수익률과 위험
(High Risk High Return)

가. 투자수익율

현대에 와서는 투자할 투자대상이 다양해짐에 따라 투자자들은 어느 투자대상에 얼마를 투자해야 할지를 고민하지 않을 수 없다. 즉, 주식 종목들 중 어떤 것을 선택할지, 부동산이나 채권을 포함해야 할지 등을 결정하여야 한다. 이와 같은 문제를 다루고 해답을 제시하고자 하는 이론을 현대 포트폴리오 이론(modern portfolio theory : MPT)이라 한다. 현대 포트폴리오 이론은 여러 가지 투자대상에 동시에 투자했을 때 투자자들이 얻게 되는 기대수익률과 위험의 관계에 대해 해답을 주는 이론이다.

수익률이 높으면 위험도 높다.

우리가 보통 이야기하는 수익률은 어떤 의미인가? 우리가 어느 일정기간 동안 투자한 자금이 얼마나 불어났는지를 의미하는 것으로 사용한다. 즉, 수익률(return)은 어떤 주어진 투자기간 동안의 투자수익률(return on investment)을 의미하는데, 이는 보유기간수익률(holding period return)이라고도 한다.

수익률의 기대치는 미래의 시나리오별 예상수익률의 평균치로 구할 수 있다. 또한 위험(risk)은 미래의 불확실성으로 인해 발생하는 투자수익률의 변동성(variability)을 의미하므로 수익률의 표준편차(standard deviation)로 나타낼 수 있다. 기대수익률 E(r)과 수익률의 표준편차(σ)를 식으로 표시하면 다음과 같다.[20]

$$E(r) = \sum_{s=1}^{n} p_s r_s$$

20) 표준편차의 제곱은 분산(variance)이라 한다.

$$\sigma^2 = \sum_{s=1}^{n} ps(r_s - E(r))^2$$

n = 시나리오의 수

【모모전자 – 기대수익률과 표준편차의 계산[21)]】

모모전자 주식의 수익률은 미래 경제에 대한 세 가지 시나리오별로 다음 표와 같이 예상된다고 하자. 이 때 삼성전자 주식에 투자할 경우 기대되는 수익률은 몇 %이며, 어느 정도 위험한가?

미래경제상황 예상	확률	예상수익률
호황	.25	44%
현상 유지	.50	14%
불황	.25	−16%

'$E(r)$ = .25 × 44% + .50 × 14% + .25 × (−16%) = 14%'가 되고, 수익률의 분산은 'σ^2 = .25(44−14)² + .5(14−14)² + .25(−16−14)²=450'이므로 수익률의 표준편차는 '$\sigma = \sqrt{450} = 21.21\%$'이다. 투자 이론에서 위험은 분산으로 측정한다. 분산은 표준편차를 제곱한 것이다.

위험을 추가로 부담함으로써 더 요구하는 수익률은 위험에 대한 대가 또는 위험프리미엄(risk premium)으로 불린다. 따라서 위험프리미엄은 주식이나 회사채와 같은 위험자산(risky asset)에 투자할 때 기대하는 수익률과 은행 정기예금이나 국공채와 같이 위험이 없는 자산(risk free asset)으로부터 얻는 수익률, 즉 무위험이자율(risk free rate)의 차이를 의미한다. 예를 들어, 무위험이자율이 연 5%이고 LG전자 주식으로부터 연간 기대하는 수익률이 15%라고 한다면, LG전자 주식의 연간 위험프리미엄은 10%가 된다.

그런데 사람마다 위험에 대해 요구하는 수익률이 다 다른 것으로 나타난다. 이는 위험에 대한 선호도(risk aversion)가 사람마다 다르기 때문이다. 즉, 어떤 투자자는 삼성전자 주식에 대한 위험프리미엄으로 10%를 요구하는 사람도 있지만 어떤 투자자의 경우에는 5%만을 요구하는 사람도 있다. 극단적으로 말해서 도박꾼들의 경우, 위험을 즐기는 사람들이기 때문에 위험프리미엄이 전혀 없어도 그들은 베팅을 할 것이다.

21) 제5장 위험과 수익률 인용 – 제목은 미상

나. 위험에 대한 태도

개인이 경제행위를 할 때 그 목표는 자신의 효용(utility)을 극대화하는 것으로 볼 수 있다. 효용은 자산의 소유 또는 소비를 통하여 얻게 되는 만족 또는 행복의 정도를 의미한다. 효용은 주관적인 만족도를 나타내기 때문에 사람에 따라 각기 다른 효용의 행태를 가진다. 이 효용의 행태를 경제학에서는 전문용어를 효용함수(utility function)라 표현한다. 위험에 대한 태도는 세 가지로 구분할 수 있다.

사람에 따라 위험에 대한 태도가 다르다. 위험에 대한 태도는 개인의 취향이며 주관적인 것이다.

즉, 개인은 위험선호(risk-loving), 위험회피(risk-averse), 위험 중립형(risk-neutral)으로 구분된다. 'U'를 효용이라고 하고 'U( )'를 '부(W)의 증가에 따른 만족의 함수'라 정의하면 아래와 같이 표시할 수 있다.

$$U = U(W)$$

효용함수는 부가 증가하면 누구든지 만족의 정도가 증가한다고 가정할 수 있다. 물론 재산이 증가해서 불행해하는 사람도 있지만 이 경우는 일반적이지 않기 때문에 제외한다. 이를 수식으로 표시(효용함수의 1차 미분 값이 양수)하면 다음과 같다.

$$U'(W) = dU/dW > 0$$

효용함수를 이차 미분하면 개인적인 차이로 부가 증가할 때 개인이 만족하는 속도를 의미한다. 즉, 위험선호형은 양수 값이고, 위험회피형은 음수, 위험중립형은 0으로 표시할 수 있다.

$$U''(W) > 0 \quad \text{위험선호형}$$
$$U''(W) = 0 \quad \text{위험중립형}$$
$$U''(W) < 0 \quad \text{위험회피형}$$

위험선호형은 도박과 같이 위험을 거는 게임에 쉽게 참여하고, 높은 위험을 감수하고 높은 수익을 추구하는 유형이라고 할 수 있다.

위험회피형은 결과가 불확실한 게임에 참여하지 않고 안전을 추구하는 유형이라 할 수 있다. 위험회피형의 투자자는 주식보다는 정기예금을 선호할 것이다. 위험 중립형은 위험선호형과 위험회피형의 중간정도라 할 수 있다.

03 포트폴리오 이론

가. 포트폴리오의 개념

포트폴리오(Protfolo)란 둘 이상의 투자자산의 조합을 의미한다. 포트폴리오를 통해 위험을 분산시킬 수 있어, 자산들의 전체적인 위험을 줄일 수 있다. 즉, 포트폴리오를 활용하는 가장 큰 이유는 위험을 분산시키는 것이다. 즉, 한쪽 자산에서 손실이 발생하더라도 다른 쪽 자산에서 이익이 날 수 있다면 전체적인 위험이 줄어드는 것이다.

> 달걀을 한 바구니에 담지마라.

달걀을 한 바구니에 담으면, 관리하기는 편하다. 하지만, 바구니를 떨어뜨렸을 때, 가지고 있던 모든 달걀이 깨질 수 있다. 투자를 할 때에도 한군데에만 전 재산을 투자하게 되면, 그 종목이 잘못 되었을 때 재산을 모두 잃을 수 있으므로 여러 종목에 분산해서 투자하라는 격언이다.

나. 포트폴리오를 통한 위험 분산(diversification)

흔히, 재무적 위험은 분산이라는 통계량을 사용한다. 두 개 이상의 투자대상에 분산 투자를 할 경우 위험을 줄일 수 있는데, 위험이 줄어지는 정도는 각 투자자산 간의 상관관계에 따라 달라진다.

상관관계란 두 변량 중 한 쪽이 증가함에 따라, 다른 한 쪽이 증가 또는 감소할 때 두 변량 관계를 말한다. 증가할 때를 양의 상관관계, 감소할 때를 음의 상관관계라고 한다. 예를 들면, 키가 큰 사람은 작은 사람에 비하여 일반적으로 몸무게가 많다. 이와 같이 한쪽이 증가하면, 다른 쪽도 증가하는 관계를 양의 상관관계라고 한다. 또, 어떤 제품의 생산량이 늘어나면 그 제품의 가격이 떨어지는 경향이 있듯이, 한쪽이 증가하면 다른 쪽은 감소하는 관계를 음의 상관관계라고 한다. 22)

두 자산간(자산 A, 자산 B)의 상관관계는 $\sigma_{AB} = \dfrac{\sigma_{AB}}{\sigma_A \sigma_B}$로 표현 할 수 있다. 상관관계의 크기는 −1부터 +1까지이다.

$$-1 \leq \sigma\ AB \leq +1$$

+1을 완전 양(+)의 상관관계(perfect positively correlated)라 하며 같은 방향으로, 같은 정도의 움직임을 갖는다. −1은 완전 음(−)의 상관관계(perfect negatively correlated)라 하며 다른 방향으로, 같은 정도로 움직인다는 것을 의미한다. 두 자산 간의 상관계수가 작을수록 전체 위험을 감소시킬 수 있는 가능성이 높아진다.

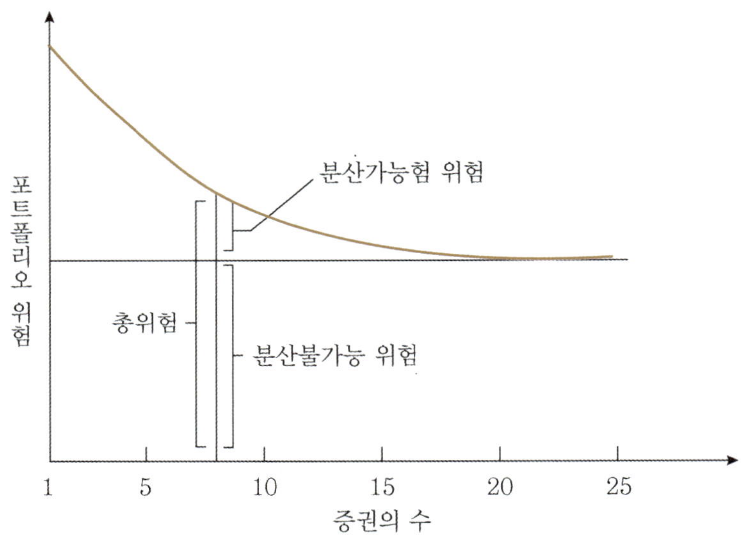

그림 3-1 **포트폴리오의 위험**

위 그림은 포트폴리오의 숫자가 늘어남에 따라 위험이 감소하는 것을 보여준다. 그림에서 보듯이 증권을 하나만 가지고 있을 때보다 5개 가지고 있으면 위험성이 낮아지고, 10개

22) [출처] 상관관계 | 두산백과

가지고 있으면 더 낮아진다. 이처럼 포트폴리오를 구성하는 자산의 종류가 많아질수록 위험성도 낮아지는 것이 일반적인 현상이다. 하지만, 분산효과에 의하여 모든 위험이 제거되는 것은 아니다. 포트폴리오의 위험은 포트폴리오로 피할 수 없는 체계적 위험과 포트폴리오를 구성해서 피할 수 있는 비체계적 위험으로 구분한다. 체계적 위험은 분산 불가능 위험이라고도 하며, 경제의 전반적인 상태 뿐만 아니라 조세제도의 변화, 국제적인 원유가의 등락, 전쟁의 위협 등과 같은 요인들로 개별 투자 종목에 의해 위험을 피할 수 없다.

〈사례〉 포트폴리오의 기대수익률과 분산 계산

자산들의 분석자료

	A	B
기대수익률	0.175	0.14
분　　산	0.002625	0.002460
상 관 계 수	0.94	

XA, XB 만큼의 투자 비중. E(RA)는 A의 기대수익률이라 할 때,

$$E(R_P) = X_A E(R_A) + X_B E(R_B)$$

$$E(R_P) = 0.15 \times 0.175 + 0.85 \times 0.14 = 14.53\%$$

$$\sigma_p^2 = X_A^2 \partial_A^2 + 2X_A X_B \partial_{AB} \partial_A \partial_B$$

$$\sigma_P^2 = (0.15)^2 \times (0.002625) + (0.85)^2 (0.002460)$$

$$= +2 \times (0.15)(0.85)(0.94)(\sqrt{0.002625})(\sqrt{0.002460})$$

$$= 0.002446$$

04 화폐의 시간가치

가. 화폐의 시간가치 개념

> 미래의 100만원과 현재의 100만원은 그 가치가 다르다.

지금 당장 100만원 줄까, 10년 뒤에 100만원 줄까? 선택하라고 하면 대부분의 사람은 당연히 지금 당장 100만원을 달라고 할 것이다. 이런 현상을 '시간선호'라는 전문용어로 표현할 수 있다. 이자라는 것이 이런 이유에서 생겨났다.

이자율(interest rate)이란 현재의 현금흐름을 포기하는 대신 미래의 현금흐름을 선택하는 경우 그 대가로 지급하는 금액이라고 할 수 있다.

시장이자율(r)은 무위험자산이자율(r_f)[23]에 위험의 대가(RP)를 합산한 것이라 할 수 있다.

$$r = r_f + RP$$

화폐의 시간가치(Time Value of Money)란 시간의 차이에 따라 달라지는 금전가치를 말한다. 현재 시점의 현금을 복리이자로 계산하여 미래시점으로 평가한 가치를 미래가치(Future Value)라고 하고, 반대로 미래의 현금을 현재시점으로 할인하여 평가한 가치를 현재가치(Present Value)라고 한다. 금융권의 거의 모든 계산은 화폐의 시간가치를 반영하고 있다.

예를 들어, 보험을 가입할 때 화폐의 시간가치 개념을 모른다면 손해를 볼 가능성이 높다. 보험회사도 회사이고 돈을 벌기 위해 만든 회사이며, 돈을 벌지 못하면 그 회사는 망할

23) 무위험자산이자율은 국공채 이자율이 대표적인 것이다.

수 밖에 없다. 무작정 고객들을 위해 자신들이 손해를 감수하며 돈을 많이 줄 이유는 없는 것이다.

20년 후에 매월 100만원씩 나오는 연금보험의 경우 어느 정도 보험료가 적절할까? 20년 후의 100만원의 가치는 시장이자율로 표현되는 할인율에 의해 현재 가치로 계산할 수 있다. 엑셀의 현재가치 함수인 PV함수는 이자율, 기간, 미래의 현금을 입력 하면 현재가치로 환산해 준다. 계산 결과 20년 후의 100만원은 현재가치로 환산하면 376,889원이다.

여기서 이자율(interest rate)이란 현재의 현금흐름을 포기하는 대신 미래의 현금흐름을 선택하는 경우 그 대가로 지급하는 금액이라고 할 수 있으며, 이를 할인률이라고도 한다. 현실세계에서는 이자율 뿐만 아니라, 인플레이션도 고려하여야 하기 때문에 실제 할인율은 시장이자율에 물가상승률도 더해야 한다. 따라서 현실적으로 느끼는 할인율은 현재 5%정도 되는 것으로 추정된다.

할인률을 5%로 할 경우 20년 뒤의 100만원은 고작 현재가치로 환산하면 원 밖에 되지 않는다. 여러분은 누군가 20년 뒤에 100만원을 준다고 하여 현재 30만원을 내라고 하면, 한번 고민해 봐야 할 것이다.

나. 현재가치

현재가치(現在價値, Present Value)는 미래에 얻게 될 확실한 부(富)의 가치를 현재의 가치로 환산한 값을 말한다. 줄여서 현가(現價)라고도 한다.

$$t=0 \quad \cdots \quad t=n-2 \quad t=n-1 \quad t=n$$

$$PV = \frac{C_n}{(1+r)^n} \quad \cdots \quad \frac{C_n}{(1+r)^2} \quad \frac{C_n}{(1+r)} \quad C_n$$

$$PV = \frac{FV}{(1+r)^n}$$

$PV =$ 현재가치(Present Value)

$FV = C_n =$ 미래가치(Future Value)

$r =$ 할인율

$n =$ 기간

1) 현재가치는 기간과 이자율에 따라서 달라지는데, 기간은 길수록 이자율은 높을수록 그 크기는 크다고 할 수 있다.

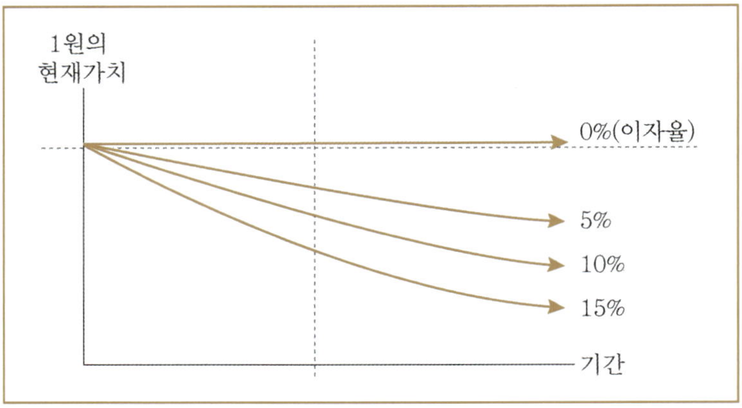

다. 재무함수

과거에는 현재가치 미래가치를 계산할 때, 재무계산기를 주로 활용하였으나, 요즘에는 컴퓨터를 사용한다. 엑셀을 활용하여 재무계산을 하는 것이 일반적인 일이 되었다. 엑셀에서는 화폐의 시간가치, 감가상각, 이자계산, 내부수익률 등 재무관리에 필요한 수십 개의 재무함수를 제공하고 있다.

다음은 중요한 재무함수 몇 가지이다. 함수의 입력 값 중에 기간 말인지 기간 초인지를 알려줘야 되는 옵션도 있으므로 유의해야 한다.

- FV(이자율, 기간, 자금유입, 기초자금, 옵션) : 투자의 미래 가치를 산출한다.
- PV(이자율, 기간, 자금유입, 미래현금, 옵션) : 투자의 현재 가치를 산출한다.
- PMT(이자율, 기간, 기초대출) : 대출상환금을 계산한다.
- IPMT(이자율, 기간, 기초대출) : 대출 이자만을 계산한다.
- IRR(values, guess) : 일련의 현금흐름에 대한 내부수익률을 구한다.
- NPV(rate, 현금, 현금, …) : 주기적인 현금흐름과 할인율을 기준으로 투자의 순 현재 가치를 산출한다.

【엑셀 리포트】 일시불의 미래가치(FV) 계산

갑돌이는 갑순이와 결혼자금을 마련하기 위해, 1,000만원을 7년짜리 정기예금으로 들려고 한다. A은행은 이자가 4.5%, B저축은행은 7%, C저축은행은 8%를 준다고 한다. 예금자 보호가 5천만 원까지 되기 때문에 위험은 동일하다고 가정하고 투자 의사결정을 해보아라. (모두 복리를 가정한다.) 엑셀을 활용하여 기간에 따른 (1년부터 10년까지) 만기 환급금을 계산해 보아라.

05 대출과 신용관리

보통 사람들에게 은행 대출을 잘 받는다는 것은 필요한 자금을 충분히, 금리는 싸게 받는 것을 의미한다. 금리를 조금이라도 적게 내려면 개인의 신용등급을 올려야 하며, 은행마다 대출조건이 다르므로 은행의 성격을 잘 이해하고 있어야 한다.

또한 DTI 및 LTV 등 국가정책에 따라 대출 한도가 정해지기 때문에 대출을 받기 위해서는 계속 변화하는 국가의 정책 내용을 확실히 알고 있어야 한다.

대출은 크게 담보가 있느냐 없느냐에 따라 신용대출과 담보대출로 나뉜다.

가. 담보대출

담보대출은 부동산 등 물적 담보를 이용해 자금을 융통하는 금융거래를 말한다. 주택을 구입할 때 자금이 부족하면 그 부족분을 금융기관에서 융자받고 장기간에 걸쳐 변제하게 되는데, 이때 은행은 담보물에 저당권[근저당권]을 설정한다. 채무자[대출자]의 상황이 어려워지면 채권자는 이 담보물을 법적인 절차[경매]를 통해 처분할 수 있다. 저당권을 설정한 채권자[은행]는 법적인 절차를 거쳐 배당을 받을 수 있다. 최근에는 담보대출 형태의 다양한 대출상품들이 많이 출시되고 있다. 주택을 구입할 때 뿐만 아니라 살아가면서 생활자금이 부족하거나 사업자금이 필요할 때 이용할 수도 있다. 이 뿐만 아니라 융자금을 다 갚고 노후에 수입이 적어 생활자금이 필요하면 다시 주택을 담보로 매월 생활비를 받아 쓸 수 있는 주택연금과 같은 대출 상품도 있다.

나. 신용대출

신용대출은 일반적으로 개인이나 회사의 신용을 믿고 대출해주는 것이라고 할 수 있다.

신용대출의 대부분의 형태는 마이너스 대출로 이루어지고 있다. 이는 필요할 때 급한 자금을 사용하고 언제든 상환할 수 있어 많은 직장인들이 사용하고 있는데, 담보대출보다는 다소 금리가 비싼 편이다. 물론, 담보대출 형태의 마이너스 대출도 활용할 수 있다.

다. DTI, LTV 그리고 DSR

1) DTI(총부채상환비율 : Debt-To-Income Ratio)

주택을 구입하기 위해 은행권에서 주택담보대출을 받을 경우 은행은 고객이 돈을 얼마나 잘 갚을 수 있을지를 소득으로 환산해서 대출 한도를 정하게 되는데, 대출을 받는 사람의 1년 소득과 1년 동안 갚아야 할 대출 원리금의 비율이 바로 DTI다. 다시 말해 DTI는 연간 소득 중에서 매년 갚아야 할 대출 원리금이 얼마인지를 나타낸다. 이 수치가 낮으면 낮을수록 소득에 비해 대출 규모가 작다는 것이므로 은행은 대출자가 빚 갚을 능력이 있다고 판단한다. 이에 따르면 아무리 담보가치 가 높은 주택을 구매하더라도 대출자의 소득이 적다면 대출받을 수 있는 금액은 적어진다.

2) LTV(주택담보대출비율 : Loan-To-Value Ratio)

LTV는 담보가치 대비 대출비율을 의미한다. 즉 은행이나 보험사에서 주택을 담보로 대출해줄 때 주택가격(담보가치)의 얼마까지 대출해줄 것인지를 의미한다. 예를 들어 LTV가 60%라면, 시가 2억 원 짜리 아파트 담보라면, 이 아파트를 담보로 했을 때 최대 1억 2,000만 원(2억 원 × 60%)까지만 대출해 줄 수 있는 것이다. 실제로 대출받을 수 있는 금액은 이보다 더 적은 것이 일반적이다. 금융권에서는 금융사고가 나지 않게 하기 위해 일단 보수적으로 의사결정을 하기 때문에, 혹시나 모를 여러 가지 상황에 대비해 방 1개당 소액임차보증금 등을 차감하고 대출하는 경우도 비일비재 한다.

- LTV = 해당 주택담보대출액 / 해당 주택담보 평가액 × 100
- DTI = (해당 주택담보대출 연간 원리금 상환액 + 기타부채 연간 이자 상환액) / 연소득 × 100

3) DSR(총부채원리금상환비율 : Debt Service Ratio)

DSR은 '연간 소득 대비 대출원리금 상환액 비율'을 의미합니다. 이것은 나의 금융부채에 대한 원리금 상환액을 포함한 부채 상환 능력을 평가하는 자료로 사용됩니다. DTI가 '주택담보대출의 연간 원리금상환액'과 함께 '기타 부채의 연간 이자상환액 기준'으로 대출가능금액을 산출한다면 본다면, DSR은 '주택담보대출의 연간 원리금상환액'에 추가하여 '기타 부채의 연간 원리금상환액 기준'으로 대출가능금액을 산출하는 것입니다. 즉, DSR은 DTI에는 없는 신용카드 할부금이나 자동차 할부금, 마이너스통장 대출 등도 보는 것입니다. 최근 들어 주택담보대출 규제를 강화하기 위해 DSR을 도입하기로 결정되어 은행에서 주택담보대출하는 것이 더욱더 어려워진 상황입니다.

그 밖에도 금융기관이 가지는 성격에 따라 제1금융권 대출, 제2금융권 대출 등으로 분류되기도 한다. 일반적으로 은행 등 제1금융권 대출의 대출이자가 싸지만 대출 한도의 규제가 까다롭고 저축은행 등, 제2, 3금융권으로 갈수록 이자는 높아지지만 제1금융권에서 대출받지 못할 경우에 대출을 받을 수 있는 한도가 높아진다.

라. 대출이자와 개인의 신용등급

대부분 대출이자는 개인의 신용등급에 따라 다르게 책정되는 것이 일반적이다. 개인의 신용등급은 신용평가기관에서 정하게 되는데, 우리나라의 신용평가기관으로는 NICE(마이크레딧), KCB(한국개인신용 올크레딧), KIS(크레딧뱅크) 등 세 곳이 있다. 신용평점은 1점에서 1,000점까지로 점수가 높을수록 좋다. NICE 등급은 최근 6개월간의 금융거래 기록으로 고객의 신용등급을 산출하며, KIS 등급은 과거 금융거래 내역을 바탕으로 해당 고객의 향후 금융 거래 성향을 예측하는 미래지향적 평가를 한다. 신용등급 결정기준은 평가기관에 따라 다르지만 주로 신상정보, 연체정보, 개설정보, 실적정보를 확인한다.

신용등급은 신용평점에 따라 정해지며 1등급에서 10등급까지 총 10개의 구간이 있다. 점수 구간은 각 평가기관에 따라 다르다.

은행내부의 신용등급은 은행마다 다르긴 하지만 일반적으로 은행과의 거래 기간이 오래될수록 신용등급이 높다. 통신비 또는 아파트 관리비 등 자동이체 실적이 많아도 유리하다. 급여이체를 하면 주거래 은행으로 인정받을 수 있어서 더욱 유리하다. 또 예금의 평균잔액이 많을수록, 입·출금 실적이 높을수록 신용등급은 높아진다. 해당 은행의 신용카드를 사용하고 있으면 신용등급에 좋은 영향을 준다. 최근에는 은행에서 펀드, 보험 등의 상품을 판매하는데 이런 실적이 많으면 좋은 신용등급을 받을 수 있어서 대출이자를 0.1%라도 줄일 수 있다. 1,000만 원의 0.1%면 10만원이다. 대수롭지 않다고 생각했다가는 길거리에 10만 원을 버리는 것과 같다.

〈기사〉 은행 가계대출 규제책 마련중 - 은행권 중심 DSR 연착륙 땐 내년 신DTI 폐지 검토도

파이낸셜뉴스 | 2017. 06. 07. 18 : 16

문재인 정부의 가계부채 핵심 공약인 총부채원리금상환비율(DSR)의 연소득 산정시 신(新)총부채상환비율(DTI)처럼 미래소득 예상치를 반영키로 했다.

따라서 DSR 산정시 미래에 더 많은 소득이 기대되는 2030세대는 대출한도가 더 많아지는 반면 추가 소득이 줄어드는 4050세대의 대출한도는 감소할 전망이다. 금융당국은 DSR과 신 DTI를 대출한도 산정시 함께 적용하는 병행방식을 채택할 계획이지만 내년 DSR이 은행권을 중심으로 자리를 잡는다면 신 DTI의 폐지도 검토할 것으로 예상된다.

7일 금융권에 따르면 금융당국은 DSR의 연소득 산정시에도 미래소득 예상치를 반영할 계획이다. DSR이나 신 DTI 모두 대출한도를 산정할 때 소득항목에 미래소득 예상치가 반영되는 것이다. 2030세대 직장인이 주택담보대출을 신청할 경우 DSR에도 업종별 평균 소득 증가율이나 재직중인 기업의 자체 자료 등을 감안해 원리금 상환 능력을 추산할 계획이다.

4050세대는 임대료 등 추가 수입이 없다면 대출 한도가 줄어들 수밖에 없다. 4050세대도 부동산 임대료나 연금 및 금융소득이 정기적으로 계산될 경우 그 소득을 감안해 DSR과 신 DTI 산정에 반영한다.

금융당국 관계자는 "DSR의 연소득도 미래소득 예상치를 반영하는 만큼 신 DTI보다 은행권의 자율성을 더 부여할 계획"이라며 "은행권은 각자의 DSR 산정비율을 제시해 고객이 자기에게 맞는 은행으로 찾아갈 수 있도록 할 것"이라고 말했다.

아울러 은행들이 DSR을 산정할 때 각종 대출의 한도 및 원리금 반영 여부에 대한 자율성을 부여하더라도 증가액이 일정한도를 넘지는 않도록 제한할 방침이다. 그 한도는 신 DTI를 통해 산출되는데, 신 DTI의 일정 비율이 대출한도의 상한선이 될 전망이다. 미래소득 예상치가 반영된 DSR로 2030세대의 대출한도가 많아진다고 해도 신 DTI 규제로 대출한도를 제한하겠다는 것이다.

즉, 2030세대라고 해도 현행 DTI의 대출한도보다 2억원 이상 초과하는 한도가 산정되지 않을 것이라는 얘기다. 이미 금융당국과 은행권이 추진 중인 DSR과 신 DTI 산정기준을 논의하는 태스크포스(TF)에서도 신 DTI의 상한선을 두겠다는 의견이 유력한 상황이다.

금융당국 관계자는 "신 DTI의 폐지는 중장기적으로 검토될 수 있지만 반대로 폐지하지 않을 수도 있다"며 "DSR과 신 DTI를 모두 적용받아 대출한도를 산정하는 것이지 두 가지

중 선택 적용하는 게 아니기 때문"이라고 선을 그었다.

그러나 금융당국 내부적으로 신 DTI의 폐지 여부가 내년 중 DSR의 추진과정을 봐가면서 논의될 것이라는 의견도 조심스럽게 제기되고 있다.

금융당국 관계자는 "DSR이 은행권을 중심으로 자리를 잘 잡을지 여부를 내년 중 봐가면서 신 DTI의 폐지를 논의할 것으로 예상된다"며 "DSR도 대출 한도의 상한선을 부여하면 굳이 신 DTI가 있을 이유가 없기 때문"이라고 말했다.

maru13@fnnews.com 김현희 기자

06 재테크 경제상식

가. 빚부터 갚아라

재테크에서 중요한 것은 수익률이다. 일반적인 경우 은행의 대출이자가 예금이자보다는 높다. 그러므로 투자 수익률을 상회하는 대출이자가 있을 경우 빚부터 갚는 것이 재테크의 원칙이다.

빚 줄이기 십계명

(자료 : 에듀머니, 정리 : 이로운닷넷)

1. 할부 잔액을 만들지 않는다. 사고 싶은 고가품은 적금을 들어 모아서 산다. 지출을 조금만 미루면 금융비용을 절약할 뿐 아니라 이자까지 더해서 사치할 수 있다.
2. 신용카드 대신 체크카드 사용을 한다. 체크카드를 사용하면 무분별한 과소비를 막을 수 있다. 연말정산 공제율이 신용카드(20%)보다 체크카드(25%)가 더 높다.
3. 예산을 세워 지출하는 습관을 가진다. 과다지출을 막을 수 있다. 이것이 어려울 경우, 가계부를 쓰면서 예산대로 지출하는 습관을 만들자.
4. 부채를 소득의 20% 미만으로 쓴다. 자신의 소득기간, 자녀의 진학 등 지출 증가 요인을 감안해야 한다.
5. 부채는 자산의 40%를 넘지 않아야 한다. 자산 매각이 어려울 때 재무구조가 악화될 수 있다.
6. 대출을 받을 때 부채의 종류를 정확히 파악하고 종류에 따른 이자 차이를 확인한다. 보통 신용대출보다는 담보대출이 유리하다.
7. 대출을 받을 때 이자율을 최대한 깎아본다. 자신의 신용, 상품의 종류에 따라 더 할인받을 여지가 생긴다.
8. 자신의 금융상품에서 잠자고 있는 돈을 파악해서 찾아내 부채 원금을 상환한다. 불필요한 보험, 당첨되어도 소용없는 주택청약통장은 해약해서 빚부터 갚자.
9. 비상금을 마련한다. 부채가 있더라도 3~6개월치 생활비는 비상금으로 갖고 있어야 다시 부채를 늘리지 않는다.

10. 대부업체, 사금융사는 어떤 일이 있어도 이용하지 않는다. 생존을 위해 극단적으로 돈이 필요한 상황일 때는 정부, 지자체의 구제책을 다방면으로 알아보고 도움을 받는다. 어려울 땐 자신의 상황을 알려야 해결된다. 창피하다고 몰래 대부업체에 손을 내밀면 더 큰 화를 입는다.

또한, 제1금융권이 아닌 사금융을 이용하는 경우, 법적인 보호를 받을 수 없어 상당히 어려운 일을 당하기도 한다. 우리가 상식적으로 생각하는 대출이자는 연 10% 내외이다. 하지만 사금융에서 5%로 빌려주겠다고 현혹하면 은행보다 많이 싸다는 느낌으로 쉽게 빠져들게 된다. 그러나 사금융은 월단위의 금리를 적용하고, 게다가 이는 복리이다. 잘 계산해 보면 사금융 5%는 연이자 60%를 훌쩍 넘는 금리이다. 앞에서 설명 했듯이 연이율 60%면 100만원만 빌려도 5년 후 갚는다면 복리로 10배인 천만 원이 훌쩍 넘는다. 또 5년이 지난다면 거기에 10배인 1억이 훌쩍 넘을 것이다. 그러므로 사금융을 이용하는 것은 상당히 위험한 일이다.

표 3-1 100만원의 연이율 60% 대출이자

원금	1,000,000
1년 후	1,600,000
2년 후	2,560,000
3년 후	4,096,000
4년 후	6,553,600
5년 후	10,485,760

〈신문기사〉 대학교 화장실에 '선배' 정체 알고 보니 … 충격

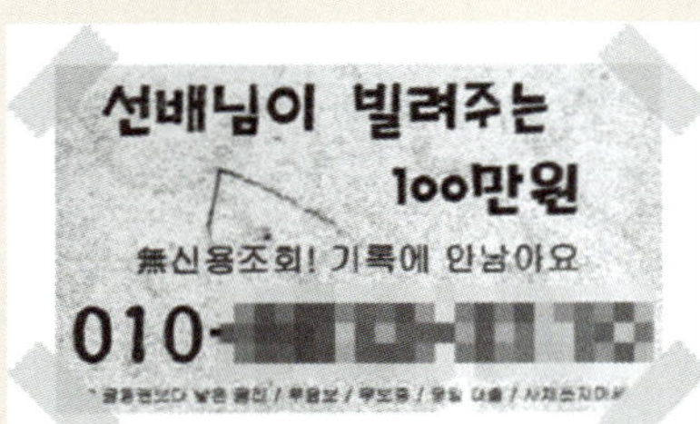

기사입력 2012 - 07 - 30 03:00:00
기사수정 2012 - 07 - 30 10 : 11 : 11

"똑같은 어려움을 겪었던 선배들이 후배들을 위해 만든 펀드예요. 그래도 남인데 무이자로 빌려줄 수는 없잖아요. 다른 곳보다 이자는 낮은 편이에요."

19일 오전 동아일보 취재팀은 서울에 있는 한 명문대 화장실 문에 붙어 있던 명함 크기

의 광고전단에 쓰여 있는 번호로 전화를 걸었다. '선배님이 빌려주는 100만 원'이라는 제목의 광고물이었다. 상대편에서 사근사근한 30대 남자의 목소리가 들려왔다.

'○○대 98학번'이라고 자신을 소개한 A씨는 전화 너머로 "○○대 학생이냐"고 물은 뒤 "다른 학교에 다니면 그 학교 선배를 연결해줄 수도 있다"고 설명했다.

그는 자신은 대부업자가 아니며 '후배들을 위한 펀드'를 운영한다는 점을 강조했다. "(대부업체에서 돈을 빌렸다는) 신용기록이 남으면 나중에 대출할 때 불이익이 많잖아요. 그래서 선배들이 돈을 모은 거예요. 시작한지 2년 정도 됐는데 지금까지 ○○대에서만 614명이 이용했어요."

이명박 대통령의 지시로 정부가 '불법 사(私)금융과의 전쟁'에 나선 지 100여 일이 지났지만 여전히 불법 사금융이 대학가를 파고들고 있는 것으로 나타났다. 특히 대대적인 단속으로 대학생들 사이에서 불법 사금융에 대한 경각심이 높아지자 '학교 선배', '펀드' 등의 용어를 앞세워 대학생들을 안심시킨 뒤 고금리로 대출을 하는 수법까지 등장했다.

대학생으로 가장하고 불법 사금융 추적취재에 나선 취재팀에게 A씨는 "선배들이 빌려주는 것이라 이자는 6%로 낮다"고 말했다. 그러나 A씨가 말한 금리는 연(年)이 아니라 월(月) 단위였다. 100만 원을 빌리면 6만 원을 선(先)이자로 떼고 매달 6만 원을 이자로 받는 연이율 72%의 고금리다. 이자제한법과 대부업법에 따르면 지방자치단체에 등록하지 않은 미등록 대부업체나 개인은 연 30%까지만 이자를 받을 수 있으며 이를 어기면 1년 이하의 징역 또는 1,000만 원 이하 벌금을 받게 된다. 또 등록 대부업체도 연 39%까지만 이자를 받을 수 있도록 돼 있다.

계약 내용을 확인하기 위해 취재팀이 받은 e메일 계약서에는 계약 주체가 '○○엔젤 펀드'로 돼 있었다. 계약서에 찍힌 사업자번호는 나중에 취재팀이 국세청 웹사이트에 확인해 본 결과 실제로 존재하는 것으로 나타났다. A씨는 펀드에 대해 "연락이 끊어지는 채무자가 있을 때 채권추심업체에 의뢰하기 위해 만들었다"고 설명했다.

계약서에는 '2일 연체 시 채무자의 등본 주소로 대출 내용을 발송하고 이자 총액의 50%를 원금에 덧붙인다', '3일 연체 시 원금을 회수하고 친인척, 보증인에게 연락한다' 등 대출을 받은 사람에게 일방적으로 불리한 내용이 다수 포함돼 있었다. A씨는 이 학교 학생들만 참여할 수 있는 학내 인터넷 홈페이지에 비슷한 내용의 광고를 지난해와 올해 올리기도 했다.

26일 저녁 서울 여의도의 한 커피숍에서 만난 A씨는 "유명 외국계 정보기술(IT) 기업에 근무하고 있다"며 자신의 사원증까지 보여줬다. 그는 "○○대 공대를 졸업했고, 재학 시절 벤처창업에 관심이 많아 관련 동아리 활동을 했다"고 말했다.

그는 "우리 펀드가 서울 7개 대학 출신 7명이 모여 만든 프라이빗 펀드이며 5명은 회사원, 2명은 개인사업을 하고 있다"고 말했다.

취재팀은 "한 번 더 고민해 보겠다"며 A씨와 헤어졌다.

금융위원회에 따르면 지난해 기준으로 전국 대학생 298만 명 중 고금리 대출을 이용하는 대학생은 약 11만 명이다. 이 중 대부업체 및 사채를 이용하는 대학생은 3만 9,000명 정도로 추산된다.

급전이 필요한 대학생들이 사금융의 유혹에 빠져드는 이유 중 하나는 접촉이 쉽기 때문이다. 단속이 강화됐어도 인터넷 포털사이트에서 '대학생 대출'을 검색하면 등장하는 업체들은 여전히 재학증명서 등 간단한 서류만으로 대학생들에게 돈을 빌려주고 있다.

이상빈 한양대 교수(경영학)는 "사회 경험이 부족한 대학생들은 상환 능력 없이 대출을 받는 일이 신용도 등 향후 자기 인생에 얼마나 큰 악영향을 미칠지 이해하지 못하는 경우가 적지 않다"면서 "대학생들을 대상으로 금융교육을 강화해야 한다"고 말했다.

황형준 기자 constant25@donga.com

나. 부자 3대 못 간다

옛 말에 부자 3대 못 간다는 말이 있다. 과연 그럴까? 옛날에는 자식들을 많이 낳았다. 1958년 개띠들이 태어날 때, 출산율이 6.3명이었다고 한다. 5명만 낳았다고 가정할 때, 10억이라는 유산을 5명이 받으면 2억씩 나누어 받는다. 그 돈을 또 5명이 유산으로 나누어 받으면 4천만 원씩 나누어 갖게 되고, 그 돈을 유산으로 또 다시 5명이 나누어 가지면 800만 원씩 나누어 갖게 된다. 800만 원을 가진 사람을 부자라고 할 수 없지 않는가? 그래서 부자 3대 못 간다는 말이 만들어진 것이다. 그래서 우리조상들은 장자에게 모두 상속하게 하여 재산의 유출을 막았다.

다. 월급 200만 원은 5억의 자산 가치가 있다.

최근 정기예금 이자율이 많이 낮아졌다. 연금생활자들과 노후에 은퇴한 자산가들이 정기예금이자를 이용하여 생활하는데, 최근 낮아진 이자율 때문에 울상이다.

월 세후로 200만 원을 받으려면 은행에 얼마를 예금해야 할까? 저축은행에 정기예금을 했다고 가정해도 현재 세후로 이자율 4%도 쉽지 않다. 4%라고 가정하고 계산해 본다. 일단

연으로 따지면 2,400만 원이다. 4%의 이자율로 연 2,400만 원을 받으려면 6억(2,400/0.04)이 필요하다. 6억을 저축은행에 안전하게 예금 하려면 5,000만 원씩 분산해 넣어도(예금자 보호법) 12개의 저축은행을 거래해야 한다.

월 200만 원을 받는 회사원, 그들은 이미 6억 자산가이다.

라. 승부의 세계에서는 언제나 트릭이 존재한다.

다음 글은 김정환씨가 지은 「한국의 작전세력들」이란 책에서 일부 발췌한 것이다. 읽고서 한번 토론해 보자

〈예화〉 축구선수 호나우두

호나우두는 세계적인 축구선수이다. 호나우두의 그림 같은 드리블 실력은 그의 발재간에서 나온다. 호나우두는 전속력으로 질주하면서도 언제든지 방향을 틀 수 있도록 볼을 거의 발에 붙여 드리블을 한다. 수비수로서는 호나우두의 방향을 예측하기가 하늘의 별 따기보다 어렵다. 오른쪽으로 갈 듯 싶더니 어느새 몸이 왼쪽으로 가 있고, 자기편에서 패스하는 것 같다 싶으면 이내 그대로 돌진하곤 한다. 호나우두의 발놀림에 상대 수비수는 애를 먹고, 그런 그의 발재간에 우리는 감탄사와 환호성을 지른다. 상대의 허를 찌르는 호나우두의 속임수, 그것은 축구의 미덕이자 가치다.

그런데 호나우두의 환상적인 발놀림을 보면서 어느 누구도 '사기'라고 하는 사람은 없다. 호나우두가 상대 수비수를 제치기 위해 쓰는 속임수를 보면서, 사기라고 말할 바보는 아무도 없다는 말이다. 오히려 우리는 호나우두의 그런 속임수를 기대하며 축구장을 찾고, 더 기막힌 속임수가 나올수록 더욱 열광한다.

축구뿐만 아니라 모든 스포츠의 핵심은 속임수다. 속임수는 스포츠의 재미뿐만 아니라. 스포츠의 승패까지도 결정짓기 때문이다. 얼마나 전략을 노출시키지 않느냐, 얼마나 상대의 심리를 흐트러뜨려 방심하게 하느냐가 경기의 승부를 좌우하는 열쇠인 것이다.

상대 타자를 속이기 위해 투수는 연속 두 번 직구를 던져놓고도 다시 직구를 던져 타자의 허를 찌른다. 1루에 나간 주자들은 투수를 속이기 위해 도루를 하는 양 부지런히 왔다 갔다 한다. 배구선수는 스파이크를 하는 모션만 취함으로써 상대 블로커들을 따돌린다. 권투선수는 힘이 떨어진 척 비틀대다가 방심한 상대선수의 빈틈을 날카롭게 파고들어 결정타를 날린다.

팀을 운영하는 감독이나 코치들도 마찬가지다. 훈련 방법이 극비인 것은 말할 것도 없고, 경기 전날 갑자기 선수명단을 교체하기도 한다. 전혀 예기치 않은 선수를 기용하거나 여태까지 쓰지 않았던 전술을 펼치기도 한다.

아무도 이에 대해 '사기다', '불법이다' 말하지 않는다. 오히려 '기막힌 전술이다', '허를 찌른다', '재치가 넘치는 플레이이다'라며 찬사를 보낸다.

스포츠뿐만이 아니다. 비즈니스에서도 속임수는 핵심 중의 핵심이다. 현대의 마케팅과 경영은 속임수를 옹호하는 이론들로 가득하다.

박지성도 사기꾼인가? 승부차기를 보면 분명 속임수를 쓰는 것이 보인다. 하지만 아무도 그를 사기꾼이라 하지 않는다. 승부의 세계에는 분명 트릭이 존재 한다. 투자 시장에서도 분명 트릭이 존재하며, 이를 냉철한 이성으로 파악하여 그런 속임수에 넘어가지 않아야 할 것이다.

마. 재정거래(arbitrage)이익을 추구하라.

재정거래 이익[24]이란 어떤 상품의 가격이 시장 간에 상이할 경우 가격이 싼 시장에서 매입하여 비싼 시장에서 매각함으로써 매입차익을 얻는 행위를 말한다. 따라서 동 상품이 외환일 때는 외환재정이, 자금일 때는 금리 재정이 발생하여 각각의 가격을 균형가격으로 환원시키는데 기여하게 된다. 금융거래상 재정거래에는 환 재정(exchange arbitrage) 및 금리재정(interest arbitrage)이 있으며, 이는 다시 각각 이국간의 불균형을 이용하는 이점 재정(two-point arbitrage)과 삼국간의 불균형을 이용하는 삼점 재정(three-point arbitrage)으로 구분한다.

쉽게 이야기하면, 한쪽 은행에서 5% 대출을 받아 옆 은행에 연 10%의 정기예금 이자를 받는다면, 아무런 노력도 없이 5%의 수익을 얻을 수 있다는 말이다. 이러한 재정거래의 이익은 많은 부분에서 찾아 볼 수 있다. 한 지역 내에서는 쉽게 이런 재정거래 이익을 찾기 힘들어도, 국제적으로 살펴본다면 상당히 많은 기회를 얻을 수 있을 것이다. 예를 들어, 중국에서는 금값이 한 돈에 10만원인데, 우리나라에서 20만원에 팔 수 있다면 재정거래이익을 얻을 수 있는 것이다. 이러한 국가 간 거래에 있어서는 관세라는 것이 있어 재정거래를

24) 증권용어사전, 금융투자협회

쉽게 하기 힘들다.

얼마 전 일이다. 지인이 상가가 급매물로 나와 그것을 매수 하느라 자금이 부족해 은행 대출을 받았다고 했다. 그 일로 그는 은행이자로 한 달에 200만 원씩 지출하고 있는데, 상가 임대료로 고정적으로 300만원씩 수입이 있어 결과적으로 100만원씩 남는다고 한다. 그곳 상가에 입점한 임차인은 장사가 잘되고 있고, 시설에 투자한 비용이 많으니 제발 2년만 더 사업을 할 수 있도록 해달라고 했다는 것이다. 지인은 상가 수익률로 재정거래의 이익을 얻고 있는 것이다. 대출이자 6%, 상가 수익률 10%면 4%의 재정거래 이익을 얻는다. 이러한 형태의 재정거래는 많이 찾아 볼 수 있다.

【토론】 재정거래를 얻을 수 있는 분야가 어디인지 아이디어를 내보자.

바. 다단계(피라미드)에 빠지지 마라

다단계에 빠진 사람들과 대화를 나누다 보면, 이들은 사업이 아니라 사이비 종교단체에 빠진 듯한 말들을 한다. 요즘 다단계 업체는 특히 대학생들을 상대로 영업활동을 강력히 추진하는 추세이다. 20년 전 대학 다닐 때, 필자도 다단계에 빠진 친구의 유혹으로 며칠 교육받을 위기도 있었다. 다행히 그 때 친구는 내 도움으로 빨리 그 업체에서 빠져 나올 수 있었고, 큰 피해는 없었다.

돈을 벌려고 하다보면, 다단계의 유혹에 빠지기 마련이다. 하지만 다단계의 유혹에 빠진다는 것은 일종의 나르시즘[25]일지도 모른다. 누가 나에게 돈을 벌게 해 주겠는가? 내가 뭐가 잘나서? 돈을 버는 일은 오직 나의 노력에 달려 있는 것이다. 필자도 다단계에 대해 많은 공부를 한 적이 있다. 다단계는 이론적으로는 충분히 그럴 듯하다. 그러나 대부분의 다단계 투자자들이 피해를 보는 현실적인 상황을 고려한다면, 뭔가 함정에 빠졌다는 사실을 인지해야만 한다. 합법적인 형태로 다단계를 하는 사람들 중에 연구소나 학교 등 다양한 전문분야에서 일하는 분들도 있지만, 옆에서 객관적으로 바라보면, 이들이 현업에서 저 정도

---

25) 그리스 신화에 나오는 나르키소스에 대한 이야기가 그 유례로서, 자신이 리비도(성충동의 대상, 사랑의 대상)의 대상이 되는 정신분석학적 용어로, 자기애라고도 한다. 나르시즘에 빠진다. 혹은 나르시즘이 강하다 이런 건 자기애가 강한사람을 말하는 것이다. 물에 비친 자기 모습에 반한 나머지 계속 바라보다가 물에 빠져 죽게 되고, 죽어서 꽃이 되는데 이 꽃을 narcissus(수선화)라고 한다.

열심히 하면 틀림없이 그 이상 성공했을 거라고 믿어 의심치 않는다. 돈 버는 것이 인생의 전부가 되어서는 안 된다. 돈은 인생을 풍요롭게 해주는 수단일 뿐이다.

사. 운이 좋으면 로또도 당첨된다

흔히 주식 투자든, 부동산 투자든 크게 성공한 사람들을 보게 되면 굉장히 부러운 마음이 든다. 우리나라에서는 일주일에 몇 명씩 로또복권에 당첨된다. 로또복권에 당첨되면 적게는 십억, 많으면 몇 십억 횡재한다. 외국에서는 몇 백억 횡재하기도 한다.

이 모든 것은 통계일 뿐이다. 복권을 사서 당첨되어 로또 부자가 되는 사람이 있는 것처럼, 투자에서도 크게 행운이 와서 돈을 벌 수 있다. 이것은 당연한 일이다. 몇 배의 수익이 나는 투자에 성공한 사람은 그 사람의 실력이라기보다는 로또복권에 당첨된 것으로 보면 된다.

공부해서 로또복권에 당첨된다면 이 세상 모든 사람이 공부를 할 것이다. 그러나 절대 공부해서 될 일이 아니다.

내가 아는 투자자는 일 년 수익률 10%를 목표로 한다. 평생 해왔던 투자자문사의 수익률이 이 정도면 이 업계에서는 대박이라고 한다. '더블', '따따블' 이야기 하는 사람들은 그저 그런 바람일 뿐이라 생각하는 것이 정신 건강에 좋다.

제 3 부 리포트

개인의 신용등급을 올리는 방법에 대해 조사해 보아라.

chapter

04

금융시장의 이해

1. 금융이란 무엇인가?
2. 우리나라의 금융시스템
3. 경기순환 이론
4. 금융 상품
5. 채권과 펀드 투자
6. 부동산 시장
7. 부동산 경기의 순환
8. 부동산 투자

01 금융이란 무엇인가?

금융이란 경제주체 간에 자금을 빌리거나 빌려주는 거래행위라고 정의 할 수 있다.

대부분의 금융거래는 반대 방향으로 통화(구매력)의 이전을 수반한다. 금융거래는 흑자 경제주체에서 적자 경제주체로의 자금의 이전을 초래하여 각 경제주체의 장단기 자금 과부족 현상을 해소시켜 가계, 기업, 정부 등 각 경제주체의 운영을 안정화하는데 기여하고 부를 증가시킬 수 있는 기회를 제공하기도 한다.

금융을 이해하기 위해서는 전반적인 경제시스템과 금융시스템을 이해해야 한다. 오늘날의 경제시스템은 금융과 뗄 수 없는 관계가 됐고, 따라서 경제시스템의 흐름에 따라 금융시장도 바뀌기 때문이다. 경제시스템은 희소한 자원의 효율적 배분을 위하여 경제활동을 영위하기 위한 기구로서 경제시스템이 제대로 작동하려면 금융시스템이 뒷받침 되어야 한다.

금융시스템은 금융시장이 제대로 작동하게 하고, 금융거래에서 정보의 비대칭성 문제를 완화하여 거래비용을 줄이는 등의 기능을 수행하기 위한 제도로서 금융수단과 금융시장, 금융기관, 금융인프라 등을 포함한다.

가. 경제시스템

경제시스템이란 희소한 자원의 효율적 배분을 위한 제도이다. 즉 가계, 기업, 정부 등 각 경제주체가 생산요소시장, 생산물시장, 금융시장에서 생산, 판매, 소비 등 경제활동을 효율적으로 영위할 수 있도록 설정한 제도 또는 기구라 할 수 있다[그림 4-1].

생산요소시장에서는 가계는 기업 등에게 노동, 토지, 자본 등과 같은 생산요소를 공급하고 임금, 임대료 등의 생산요소소득을 분배받는다.

생산물시장에서는 기업은 가계 등으로부터 구입한 생산요소를 사용하여 재화와 서비스를 생산하여 가계, 기업 등에 판매한다. 이에 따라 가계의 소비지출과 기업의 투자지출의 자금 흐름이 발생한다.

예금, 대출, 증권투자 등 재화를 수반하지 않은 금융거래의 경우에도 금융자산의 흐름과 반대방향으로 자금이 순환되는데 이를 금융적 유통(financial circulation)이라 한다.

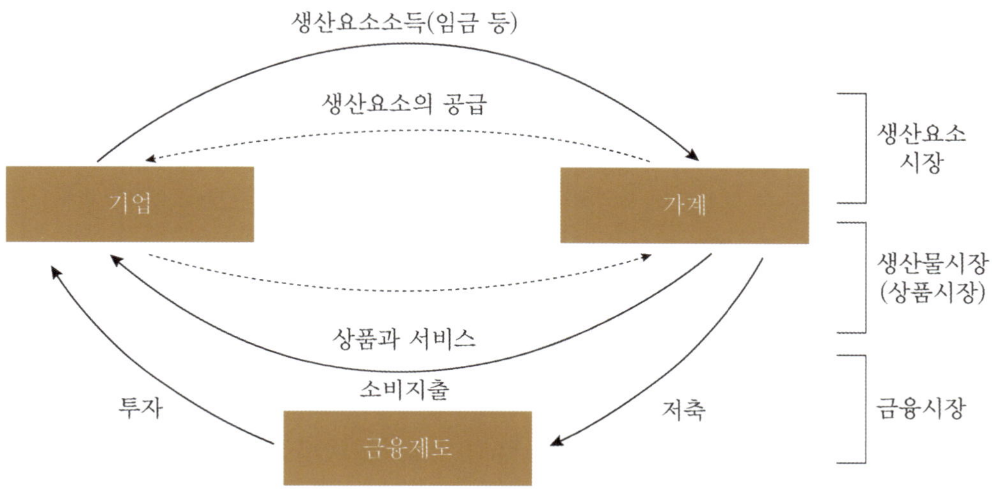

그림 4-1 **경제시스템과 시장의 유형**[26]

나. 금융 시스템

금융시스템(financial system)은 금융시장의 원활한 작동을 위한 제도로서 금융시장과 금융수단, 금융기관, 금융인프라를 모두 포괄하는 개념이다.

금융시장은 경제주체가 금융수단(금융상품)을 거래하여 필요한 자금을 조달하고 여유자금을 운용하는 장소를 의미한다. 금융시장은 거래기간에 따라 단기금융시장과 자본시장, 금융수단의 성격에 따라 채무증서시장과 주식시장, 거래단계에 따라 발행시장과 유통시장, 거래장소에 따라 장내시장과 장외시장으로 구분할 수 있다.

금융수단은 금융상품 또는 금융자산을 말한다. 즉 현재 혹은 미래의 현금흐름에 대한 화폐적 청구권을 나타내는 모든 증서를 의미하는데 예금, 대출, 채권, 주식 등과 같은 기초자산 뿐만 아니라 선물, 옵션 등 파생금융상품도 포함한다.

26) 김병우, 유재경, 이동훈, 「부동산금융론」, 두남, 2010.

금융기관은 금융시장에서 각 경제주체가 원활하게 금융거래를 할 수 있도록 거래비용의 절감, 만기 및 금액의 변환, 위험의 분산, 지급결제수단 제공 등의 역할을 수행하고 있다.

금융기관은 예금 · 대출, 투자, 신용분석 등과 관련한 많은 전문 인력과 경험을 바탕으로 자금의 공급자와 수요자가 보다 적은 비용으로 금융거래를 할 수 있도록 해준다. 이와 함께 금융기관은 다양한 리스크 관리 기법과 분산투자 등을 통해 리스크를 축소하거나 분산함으로써 자금을 보다 안정적으로 운용한다. 한편 경제주체 간의 각종 거래를 종결시켜 주는 지급결제 수단을 제공하여 경제활동을 보다 활성화시켜 주는 기능도 수행한다.

금융인프라는 금융시장과 금융기관이 원활히 기능하도록 하는 각종 금융규제 및 감독제도, 금융안전망, 지급결제시스템 등을 총칭한다. 금융규제와 감독은 금융시장 참가자가 일정한 규칙을 준수토록 함으로써 시장이 공정하고 투명하며 효율적으로 작동할 수 있도록 하는 제도를 의미한다. 이에는 금융관련 법률과 규정, 금융기관의 인허가, 건전성 감독 및 감시, 제재 등이 포함된다.

금융안전망은 금융기관 도산 등으로 금융시스템이 불안해지고 이것이 경제에 악영향을 미치는 것을 방지하기 위한 금융시스템의 보완장치이다. 대표적인 금융안전망으로는 예금자보호제도와 중앙은행의 긴급유동성지원제도 즉, 최종 대부자 기능이 있다. 지급결제시스템은 경제주체의 경제활동에서 발생하는 각종 거래를 마무리하는 지급결제가 원활히 이루어지도록 해주는 제도적 장치를 의미한다.

02 우리나라의 금융시스템

가. 금융시장의 개념

금융시장(financial market)이란 전술한 바와 같이 경제주체가 금융수단(금융상품)을 거래하여 필요한 자금을 조달하고 여유자금을 운용하는 곳, 즉 흑자지출단위인 자금공급자와 적자지출단위인 자금수요자간에 금융행위가 조직적으로 이루어지는 장소를 말한다.

여기서 장소라 함은 재화시장처럼 특정한 지역이나 건물 등의 물리적이며 구체적인 공간뿐 아니라 자금의 수요와 공급이 유기적으로 이루어지는 추상적인 공간을 포함한다. 조직화된 장소는 한국거래소와 같은 장내시장과 점두시장이나 프리보드 등의 장외시장을 의미한다. 금융행위는 다양한 방법으로 언제 어디에서나 발생할 수 있다.

나. 금융시장의 종류와 역할

우리나라의 금융시장은 금융기관을 통해 자금중개가 이루어지는 대출시장, 장단기 금융상품이 거래되는 전통적 의미의 금융시장, 외환시장, 파생금융상품시장으로 구성된다[그림 4－1].

대출시장은 은행, 상호저축은행, 상호금융, 신용협동조합 등과 같은 예금취급 금융기관을 통해 다수의 예금자로부터 자금이 조달되어 최종 자금수요자에게 공급되는 시장을 말한다. 또한 신용카드회사와 같은 여신전문금융회사가 제공하는 현금서비스나 판매신용도 대출시장에 포함된다. 대출시장은 차주에 따라 기업대출시장과 가계대출시장으로 구분할 수 있다.

전통적 금융시장은 거래되는 금융자산의 만기에 따라 단기금융시장(money market)과 자본시장(capital market)으로 구분된다.

단기금융시장에는 콜, 환매조건부채권매매(RP), 양도성예금증서(CD), 기업어음(CP), 표지어음, 통화안정증권 시장 등이 포함된다.

자본시장은 채권 및 주식 시장으로 구성되는데 채권시장은 발행주체에 따라 국채, 지방채, 회사채, 금융채, 특수채 등으로 구분하기도 한다.

외환시장은 외환의 수요와 공급에 따라 외화자산이 거래되는 시장으로 우리나라에서는 교역규모 확대, 외환자유화 및 자본시장 개방, 자유변동환율제 도입 등에 힘입어 주로 원화와 달러화를 중심으로 이종통화 간의 거래가 활발히 이루어지고 있다.

한편 외환시장은 전형적인 점두시장의 하나로서 거래 당사자에 따라 외국환은행 간 외환매매가 이루어지는 은행간시장(inter-bank market)과 은행과 기업 등 고객 사이에 거래가 이루어지는 대고객시장(customer market)으로 구분된다.

은행간시장은 금융기관, 외국환중개기관, 한국은행 등의 참여하에 대량의 외환거래가 이루어지고 기준환율이 결정되는 도매시장으로서, 일반적으로 외환시장이라 할 때는 은행간시장을 말한다. 외환시장은 서로 다른 통화를 교환하는 시장으로 자금의 대차거래는 아니지만 자금이 운용되고 있다는 점에서 금융시장에 포함된다.

파생금융상품시장은 전통적 금융시장과 외환시장의 거래결과 발생하는 위험을 관리하기 위해 널리 활용되는 시장이다.

우리나라의 경우 외환파생상품 위주로 발전되어 왔으나 1990년대 중반 이후에는 주가지수 선물 및 옵션, 채권선물 시장 등이 도입되면서 거래수단이 다양화되고 거래규모도 크게 확대되는 추세에 있다.

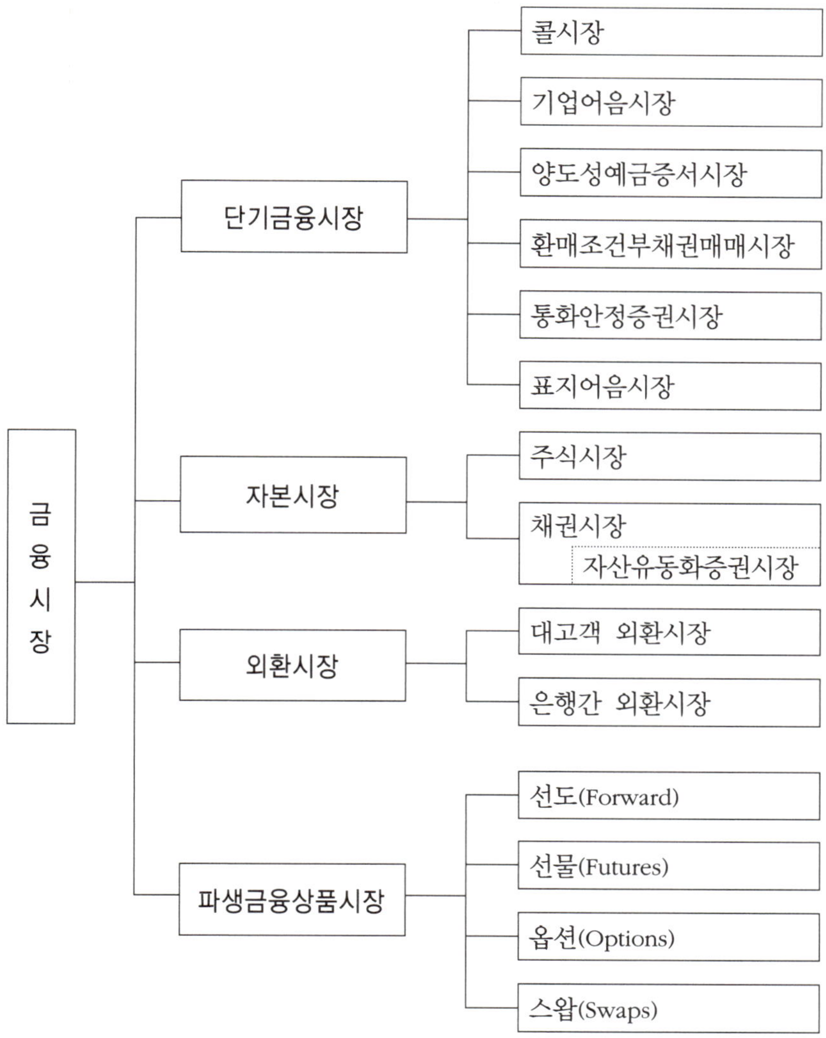

그림 4-2 우리나라 금융시장의 구조

03 경기순환 이론

가. 경기순환

일반적으로 경기란 시장경제 체제하에서 시장의 시황을 가리킨다. 그러나 경기순환을 가리키는 경우 경제 전체 수준의 생산과 소비의 상황을 지칭하기도 한다. 경제현상은 어떤 경직된 상태를 지속하는 경우는 드물고 언제나 쉼과 움직임을 반복하는 운동을 하고 있다. 평균적인 경제활동수준보다 훨씬 더 활기 있는 생산과 지출이 이루어져 경제가 호황을 누리던 때가 있는가 하면, 평균 수준보다 훨씬 밑도는 불경기를 경험하기도 하였다. 호경기가 오랫동안 진행되다 보면 어느 땐가 불경기로 돌아서고, 불경기가 한참 진행되다 보면 경제가 회복되어 호경기로 들어서곤 하였다. 이처럼 경제활동이 상당한 규칙성을 보이며 확장국면과 수축국면이 반복되어 나타나는 현상을 경기순환이라고 한다.

경기순환은 우리나라에서만 국한된 것이 아니다. 영국에서 18세기 후반에 산업혁명이 일어나 자유시장경제가 본격적으로 발달하기 시작한 이후 시장경제가 주축이 되는 현대혼합자본주의에 이르기까지 모든 자본주의 국가에서 경기순환을 경험하고 있다.

경기순환은 그 주기의 길고 짧음에 따라 단기, 중기, 장기의 3가지로 나눌 수 있다. 단기의 것은 약 3년 반을 주기로 하는 것으로, 이 특징을 발견한 키친의 이름을 따서 '키친 파동'이라고 한다. 중기의 것은 10년 주기의 것으로, 그 발견자인 주글러의 이름을 붙여서 주글러 순환이라고도 부르며 경기변동이론의 근간을 이룬다. 장기의 것으로서는 약 50년을 1주기로 하는 것으로 콘드라티에프의 파동이라고 한다.

경기순환과정에서 경기가 가장 나쁜 상태를 계곡, 가장 좋은 상태를 정상이라고 한다. 계곡에서 다음 계곡까지, 혹은 정상에서 계곡까지를 경기순환의 한 주기라 한다. 정상과 계곡의 격차를 진폭이라 한다. 때로는 확장국면을 회복과 호황, 수축국면을 후퇴와 불황으로 구분하여 경기순환의 4국면이라고 부르기도 한다. 경기회복은 계곡에서 진행되는 상태를 말한다. 경기후퇴는 정상에서부터 경기가 위축되기 시작하여 성장추세선 까지 하강하는 국면을 말하고, 불황은 성장추세선 이하로 경기가 계속 하강하는 상태를 말한다.

나. 경기순환의 특징

경기순환의 특징은 다음의 세 가지를 들 수 있다. 첫째는 경기순환이 반복적이되 비주기적이다. 경기확장과 수축이 번갈아 일어난다는 점에서 반복적이나 경기순환의 주기와 진폭이 경기순환마다 다르다는 점에서 비주기적이다. 둘째, 경기순환은 지속적이다. 경기후퇴가 일단 시작되면 상당기간 경기는 더 나빠지고 경기가 일단 확장되기 시작하면 상당기간 경기는 더 좋아진다는 점에서 경기순환은 지속적이다. 셋째, 경기순환은 비대칭적이다. 일반적으로 확장국면이 수축 국면보다 길게 나타난다는 점에서는 비대칭적이다. 경기순환과정 [그림 4-3]에서 경기가 가장 나쁜 상태를 계곡, 가장 좋은 상태를 정상이라고 한다. 계곡에서 다음 계곡까지, 혹은 정상에서 다음 정상까지를 경기순환의 한 주기라 하고, 정상과 계곡의 격차를 진폭이라 한다.

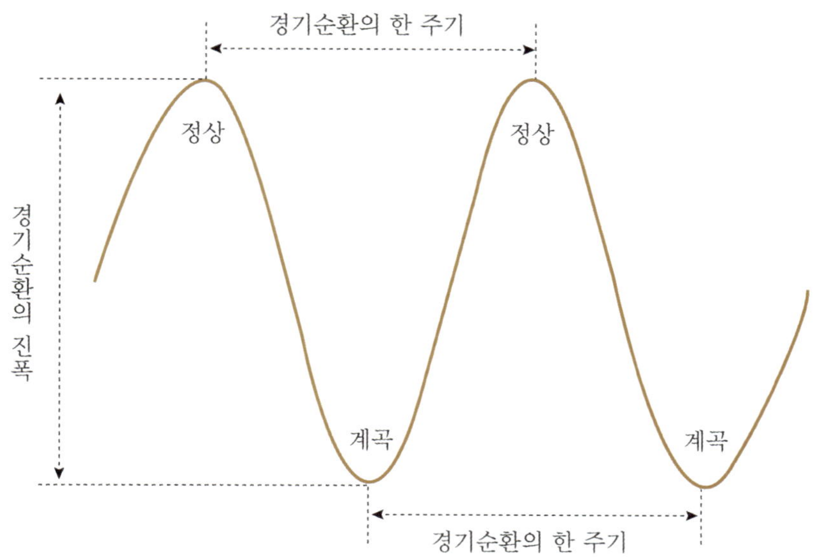

그림 4-3 경기순환의 주기와 진폭

다. 경기순환의 4국면

자본주의 경제는 생산의 확대, 자본축적의 증대, 시장의 확대라 더불어 발전이 계속되어 온 것이다. 그러나 그 발전은 여하한 국민경제에 있어서도 결코 평탄한 것이 아니었다. 생산이 증대되고 각 기업이 충분한 이윤을 거두고 있을 때, 물가상승과 실업자가 증가하는 경제공황이 비교적 일찍부터 나타났다. 그러나 초기에는 이 현상의 필연성을 잘 이해할 수 없었고, 경제발전의 과정에서 일어나는 우발적인 현상으로 생각했다. 그러나 이와 같은 공황이 주기적으로 도래한다는 것이 밝혀졌다.

그리고 자본주의 경제의 발달과 더불어 공황만이 고립적으로 발생하는 것이 아니라, 경기의 상승과 하강, 생산의 확장 내지 축소와 연관되어 파동을 그리면서 끊임없이 반복을 하고 있다는 것이 밝혀졌다. 이러한 경기파동을 경기순환 또는 산업적 변동이라고 한다.

이러한 경기파동의 규칙성의 분석에 대한 관심이 높아짐에 따라 경기순환을 몇 개의 국면으로 나누어서 고찰하게 되었다. 경기순환의 제 국면에 관해서는 일반적으로 4국면설이 널리 이용되고 있다.

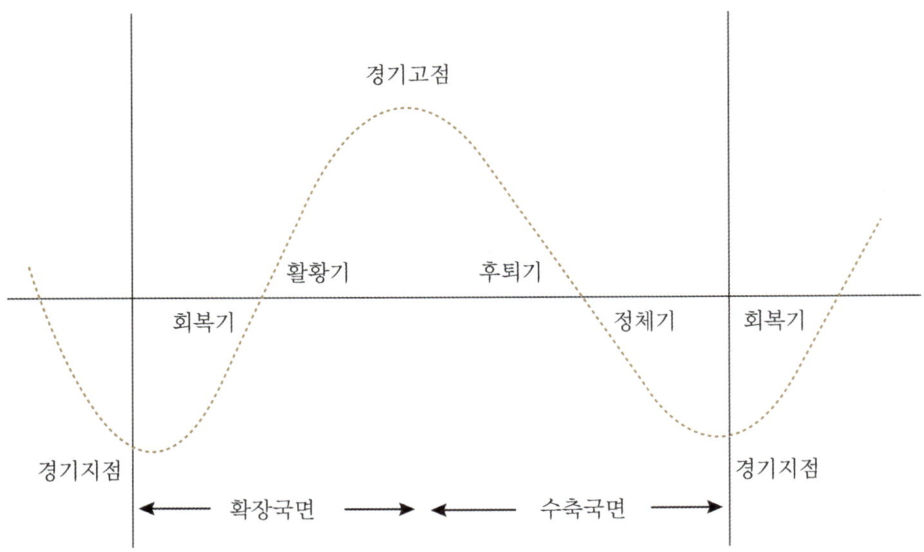

그림 4-4 **경기의 변동**

4국면 설을 그림으로 나타내면 위의 [그림 4-4]과 같다.

위의 그림은 미첼(W. C. Mitchell)의 사분법에 의한 것으로 제 국면의 특징은 다음과 같다.

1) 호황국면

경기회복 국면을 지나면 호황국면에 접어든다. 이 국면에서는 경제활동이 모든 부문에서 활발하게 진행된다. 생산과 고용은 최대로 확대되고 물가는 최고로 상승하며 소득도 최대가 된다. 투자는 활발하고 자본설비의 이용도 최고가 된다. 소비지출도 계속 증가한다. 금융은 건축에서 긴박으로 전화하여 은행 준비는 감소하고 이자율은 계속 등귀한다. 주가는 처음에는 상승하나 말기에 가서 하락한다. 또한 제고와 실업률도 감소한다.

호황국면에서 후퇴국면으로 전환이 급격히 이루어져 일반적으로 지급불능이 일어나고 다수의 기업이 파산하는 등 경제활동의 정지가 현저할 때 이것을 특별히 공황이라고 한다. 물론 공황에는 자연적, 정치적인 대변동으로 일어나는 의생적 공황도 있지만, 참다운 의미의 공황은 경기후퇴의 결과로 나타나는 것을 말한다.

2) 후퇴국면

호황이 정점에 달하면 자금수요가 지나친 지경에 이르고 따라서 이자율이 폭등한다. 자금수요가 지나치게 증가하는 데 반해 대부자금이 부족하게 되어 자금결핍현상이 나타나기 시작한다. 이자율이 등귀하면 주식시장에서 주식가격이 하락하고 따라서 주식발행에 의한 자금조달이 어려워지면 투자활동이 위축되기 시작하는데, 이러한 국면을 경기후퇴국면이라고 한다. 이 국면에서는 경제활동이 전면적으로 위축된다. 즉 생산축소, 물가하락, 소득감소가 일어나 노동력의 실업과 자본설비의 유휴가 증대된다. 이러한 경기후퇴를 마르크스는 주기적 공황 이전인 호황국면의 중도에서 일어나는 경기의 좌절이라고 보아 중간 공황이라고 보았다.

3) 불황국면

경기후퇴나 공황의 뒤에는 불황이 따르는데, 이는 산출고가 적고, 물가상승 및 실업자 수 증가가 발생하며 소득 수준도 낮아진다. 이 경우에는 물론 이자 및 임금도 낮다. 사업 활동이 위축되고 경쟁력이 없는 기업은 도산한다. 따라서 자본재의 생산은 최저수준으로 하락한다. 이러한 상태는 어떤 새로운 자극이 있기만 하면 모두 경기를 호전시킬 유리한 조건으로 전환하게 된다.

4) 회복국면

회복국면은 불황기에 저하된 금리가 기업 활동을 자극하여 화폐자본에 대한 수요를 증대시키므로 금융시장에 그 징조가 처음으로 나타난다. 비교적 완만하게나마 생산이 점차 증가하고 상승하며, 실업자도 점차 감소하고 소득도 증가한다. 기업은 활기를 찾게 되어 또다시 고정설비에 대한 투자활동을 게시함으로써 신용이 확장되고, 금리 이윤 물가 등이 차츰 상승하게 되어 호황에 접어들게 된다. 이 국면에 접어들면 경제정세에 민감한 주식시장은 비교적 일찍부터 움직이기 시작하여 주가는 급속히 상승하게 된다.

표 4-1 **경기국면별 주요 특징**

구분	회복기	호경기	후퇴기	불경기
물가	전반적인 상승 생산제 등귀	최고소비재 등귀	전반적 하락	최저 수준
생산 활동	전반적으로 활발 생산제 생산 완만	전반적으로 소비재 생산 완만	전반적 하강	최저 수준
소득	증가	최고	감소	최저
고용율	증가 수준	최고 수준	감소 시작	최저 수준
현금	대부 증가 시작	대부자금 핍박	지불의 불능	급유 완만
주식 가격	상승	최고	하락	폭락
부동산 경기	가격 상승 기미	가격 상승 수요 투자 증대	가격 안정	가격 위축 수요 투자 감소

라. 경기순환의 종류

경기순환은 그 주기의 길고 짧음에 따라 단기, 중기, 장기의 3가지로 나눌 수 있다. 단기의 것은 약 3년 반을 주기로 하는 것으로, 이 특징을 발견한 키친의 이름을 따서 '키친 파동'이라고 한다. 중기의 것은 10년 주기의 것으로, 그 발견자인 주글러의 이름을 붙여서 주글러 순환이라고도 부르며 경기변동이론의 근간을 이룬다. 장기의 것으로서는 약 50년을 1

주기로 하는 것으로 콘드라티에프의 파동이라고 한다.

다시 정리하면, 경기 순환은 장기파동으로 평균 45~65년의 콘드라티에프의 파동, 평균 20년의 쿠즈네츠의 파동, 평균 17년의 건축순환, 평균 10년 정도의 주글러 파동, 그리고 단기파동으로서는 평균 40개월의 키친파동이 있다.

1) 콘드라티에프의 장기파동

자본주의 경제의 운동은 번영 또는 호황과 침체 또는 불황의 반복적인 형태를 취하고 있다. 콘드라티에프(N. D. Kondratief)는 장기파동을 이론적 · 통계적으로 분석하였다. 이것이 '콘드라티에프의 파동'이라고 불리게 된 것이다. 콘드라티에프는 1780년에서 1920년까지 9개년씩의 이동 평균으로 트랜드를 구하고, 물가 · 이자율 · 생산량의 제 변동 수에서 실마리를 찾아 평균 45~65년을 주기로 하는 장기파동을 발견하였다.

제1의 파동은 1780년대 말에서 1850년 초까지이고, 제2의 파동은 1850년대 초에서 1890년대까지, 제3의 파동은 1890년대 초에서 1920년대까지로 분석하였다. 이 장기파동에 대한 지금까지의 이론적 설명은 대게 세 가지로 나누어 볼 수 있다. 슈피토프(A. A. C. Spiethoff), 빅셀(Wicksell), 슘페터(J. A. Schumperter) 등의 신투자 동인설이 그것이다. 즉, 기술의 진보, 기업의 신기술, 신자원의 개발 및 신영토의 개발에 의한 신투자의 증대에서 장기파동의 원인을 구한다. 실제로 제1의 파동은 1780년대의 산업혁명의 시기, 제2의 파동은 1850년대의 철도부설의 시기, 제3의 파동은 1890년대의 전력보급과 기술혁신의 시기이다. 경기순환의 본질을 기업의 기술혁신에서 구하는 이 학설은 상당히 설득력 있다.

2) 주글러의 파동

자본주의 경제는 그 출발점에서부터 현저한 붐이나 현저한 공황에 휘말리면서 변동하여 간다는 것을 일찍부터 경제학자나 실무자가 인정한 바이다. 이것을 경기순환의 규칙적인 파동으로서 통계적으로 실증하고 이론적으로 설명한 것이 주글러(C. Juglar)이다. 주글러는 은행대출의 숫자, 이자율 및 물가에 관한 통계자료에서 평균 9~10년을 주기로 하는 파동을 발견하였다. 이것을 주글러의 파동이라고 부르고, 경기순환의 주순환으로서 현재에 이르기까지 표준으로 되어 왔다.

3) 키친의 파동

키친(J. Kitchin)은 1890년대에서 1822년에 영국과 미국의 어음교환소, 도매물가 및 이자율의 변동을 통하여 주글러 및 콘드라티에프의 파동 이외의 40개월을 주기로 하는 단기파동이 있다는 것을 증명하였다. 같은 해에 크럼(W. L. Crum)도 40개월의 단기파동을 발견하였으나 키친 쪽이 더 우수하다 하여 이 40개월 순환의 단기파동을 키친의 단기파동이라고 부르게 되었다. 이것은 10년을 주기로 하는 주글러 파동의 3분의 1에 해당한다.

4) 쿠즈네츠의 파동

경제변동의 종류로서 지금까지 코드라티에프의 파동(장기파동, 45~65년 평균), 주글러의 파동(중기파동, 약 10년 평균)과 키친의 파동(단기파동, 약 3년 반 평균)이 지배적 형태가 되고, 그 밖에 한센(A. H. Hansen)이 17년을 주기로 하는 건축순환을 주장하고 있다. 이에 대하여 미국의 경제학자 쿠즈네츠(Kuzunet)는 실질국민의 소득 5개년 평균치를 열거하고 여기에서 계산된 10년간의 성장률을 중심으로 약 20년을 주기로 하는 성장률 순환을 발견하였다. 이를 쿠즈네츠 파동이라고 한다.

또한, 필자가 강조하고 싶은 것은 자본주의사회에서 이러한 파동은 장기든 단기든 항상 존재하며 언제나 쉬지 않고 반복한다는 사실이다. 시골의사 박경철씨에 의하면, 파동은 인간의 내면에 존재하는 탐욕과 공포 때문에 만들어진다. 필자도 100% 동감한다. 인간의 탐욕은 파동의 상단을 만들고 인간의 공포는 파동의 하단을 만들기 때문이다. 그리고 파동이 유선형인 것은 한사람의 탐욕과 공포가 아니라 여러 사람이 집단적으로 이루는 탐욕과 공포의 합이기 때문이다.

04 금융 상품

가. 금융 상품의 개념

앞서 설명했던 금융시스템의 하나인 금융수단(financial instruments)이란 금융거래가 이루어지도록 이를 매개하는 수단으로 금융자산 또는 금융상품이라고도 한다. 금융자산은 현재 또는 미래의 현금흐름에 대한 화폐적 청구권을 나타내는 모든 증서를 의미한다. 즉, 금융거래 당사자 간의 권리와 의무를 나타내는 예금증서, 보험증서, 주식, 채권 등을 가리킨다.

나. 금융 수단의 분류

금융수단은 성격에 따라 거래 당사자 간의 계약형태로 거래되는 계약형 금융수단(예금, 대출)과 증권형 금융수단(주식, 채권)으로 구분할 수 있다.

자본시장법에서는 금융투자상품(증권, 파생상품)과 비금융투자상품(예금, CD, 보험상품 등)으로 구분한다.

다. 금융기관

우리나라의 금융기관은 제공하는 금융서비스의 성격에 따라 은행, 비은행 예금 취급기관, 보험회사, 증권 관련 기관, 기타 금융기관, 금융보조기관 등으로 분류할 수 있다.

은행에는 은행법에 의해 설립된 일반은행과 개별특수은행법에 의해 설립된 특수은행이 있다.

일반은행은 예금·대출 및 지급결제 업무를 고유 업무로 하며 시중은행, 지방은행, 외국은행 국내지점으로 분류된다.

특수은행은 일반은행이 재원의 제약, 수익성 확보의 어려움 등을 이유로 필요한 자금을 충분히 공급하기 어려운 특정부문에 자금을 원활히 공급하기 위하여 설립되었으며, 한국산업은행, 한국수출입은행, 중소기업은행, 농업협동조합중앙회 및 수산업협동조합중앙회의 신용사업 부문이 있다.

비 은행 예금 취급기관에는 종합금융회사, 상호저축은행, 신용협동기구 등이 있다. 종합금융회사는 가계대출, 보험, 지급결제 등을 제외한 대부분의 기업 금융 업무를 영위하며, 상호저축은행은 특정한 지역의 서민 및 소규모 기업을 대상으로 한 여수신업무를 전문으로 하고 있다.

신용협동기구는 조합원에 대한 저축 편의 제공과 대출을 통한 상호간의 공동이익 추구를 목적으로 운영되고 있으며, 신용협동조합, 새마을금고, 농업협동조합·수산업협동조합·산림조합의 상호금융을 포함한다.

보험회사는 사망·질병·노후 또는 화재나 각종 사고를 대비하는 보험을 인수·운영하는 금융기관으로 생명보험회사, 손해보험회사, 우체국보험 등으로 구분된다. 손해보험회사에는 일반적인 손해보험회사 이외에 재보험회사와 보증보험회사가 있다.

증권 관련기관은 자본시장에서 주식, 채권 등 유가증권의 거래와 관련된 업무를 하는 금융기관으로 금융투자회사, 증권회사, 자산운용회사, 선물회사, 증권금융회사, 투자자문회사 등이 있다.

기타 금융기관에는 리스·신용카드·할부금융·신기술사업금융을 취급하는 여신전문금융회사, 중소기업 창업 투자 회사·기업 구조 조정 전문회사와 같은 모험자본 금융회사, 신탁회사 등이 있다.

금융 보조기관은 금융거래에 직접 참여하기보다 금융제도의 원활한 작동에 필요한 여건을 제공하는 것을 주된 업무로 하는 기관을 의미한다. 여기에는 금융감독원, 예금보험공사, 금융결제원 등 금융하부구조와 관련된 업무를 영위하는 기관과 신용보증기관, 신용평가회사, 한국자산관리공사, 한국주택금융공사, 한국증권선물거래소, 자금중개회사 등이 포함된다.

표 4-2 우리나라의 금융기관의 분류

구분		
은행	일반은행	시중은행
		지방은행
		외국은행 국내지점

은행	특수은행	한국산업은행
		한국수출입은행
		중소기업은행
		농업협동조합중앙회
		수산업협동조합중앙회
비 은행 예금취급기관	종합금융회사	
	상호저축은행	
	신용협동기구	신용협동조합
		새마을금고
		상호금융
	우체국예금	
보험회사	생명보험회사	
	손해보험회사	손해보험회사
		재보험회사
		보증보험회사
	우체국보험	
	공제기관[1]	
	한국수출보험공사	
증권관련 기관	증권회사, 금융투자회사	
	자산운용회사	
	선물회사	
	증권금융회사	
	투자자문회사	
기타 금융기관	여신전문금융회사	리스회사
		신용카드회사
		할부금융회사
		신기술사업금융회사
	벤처캐피탈회사	중소기업창업투자회사
		기업구조조정전문회사
	신탁회사[2]	
금융보조기관	금융감독원	
	예금보험공사	
금융보조기관	금융결제원	

	신용보증기관	
	신용평가회사	
	한국자산관리공사	
	한국주택금융공사	
	한국거래소	
	자금중개회사	

주1) 농업협동조합공제, 수산업협동조합공제, 새마을금고공제, 신용협동조합공제

라. 직접투자와 간접투자

증권이나 부동산 등에 투자하는 방법은 크게 직접투자와 간접투자로 나눠진다. 직접투자는 투자자 자신이 직접 투자대상을 선택하고 투자시기, 투자방법 등을 결정하여 투자하는 것이다. 간접투자는 일반적으로 여러 명의 자금을 모아 투자 전문기관 등에 맡겨놓고 운용결과를 배분받는 투자 방법으로 직접투자의 상대 개념이다.

직접투자는 소액의 자금에 적합하고 본인이 자금을 직접 운용하므로 거래비용이 상대적으로 저렴하다. 신속한 의사결정을 내릴 수 있으나 위험관리에 취약한 단점이 있다. 간접투자는 거액의 자금을 운용하는데 적합하고 투자전문기관 등에 적정한 보수를 지급하여야 하나 체계적인 위험관리가 이뤄지는 장점이 있다. 개인투자자들의 경우 전문 지식, 정보량, 자금규모, 시간 등 각종 제약으로 주식, 채권 등에 직접 투자하기가 어려운 면이 있다. 따라서 투자금액도 상대적으로 적고 투자에 대한 전문 지식이나 정보도 부족한 개인투자자들이 효과적인 투자로 위험을 최대한 줄이면서 높은 수익을 달성하기 위해서는 투자전문가의 도움이 반드시 필요하다. 직접투자와 간접투자는 모두 투자결과에 대한 책임을 본인이 부담한다는 점에서는 동일하다.

	장점	단점
직접투자	• 수익의 100%가 본인에게 귀속된다. • 직접투자에 대한 경험치 누적으로 향후 투자능력 향상 • 주식투자를 통해 즐거움을 얻음 • 장기적인 약세장에서도 종목선택에 따라 수익을 거둘 수도 있음	• 손해의 100%가 본인에게 귀속됨 • 시간이 많이 들어감 • 즐거움을 넘어 도박이 될 수 있음 • 자신의 판단이 틀렸을 경우에 그 파급이 감당하지 못할 수준으로 다가오기도 함
간접투자	• 적은 돈으로 투자가능 • 분산투자로 위험을 줄임	• 분산투자로 인해 단기간의 수익 극대화가 쉽지 않음

	• 장기적으로 은행금리를 뛰어넘는 수준의 수익가능 • 정신적, 물적, 시간적 소요가 크지 않음 • 전문가에게 투자를 위임	• 자신의 의지로 행할 수 있는 선택권이 적음 • 장기적인 조정이나 불황에 영향을 받음

필자는 직접투자와 간접투자를 이야기 할 때, 항상 겸손함에 대한 이야기를 많이 한다. 본인이 사회적 지위가 높거나, 특정분야의 전문성(의사, 변호사)이 있다고 하지만 그들이 투자의 전문성이 있는 것은 아니다. 하지만, 이들 전문직에 있는 분들의 투자 성향을 보면 거의 대부분 직접투자를 하는 성향을 갖는다. 하지만 본인들의 분야에서는 전문가일지 모르지만 투자에 관한한 투자전문가들에게 위임하는 것이 겸손한 자세가 아닐까 한다. 그들도 변호사, 의사만큼 그 분야에서 공부를 많이 하고 경험을 많이 쌓았을 거라는 신뢰가 필요하다.

05 채권과 펀드 투자

가. 채권 투자

1) 채권의 정의

채권이란 정부, 지방자치단체, 특수법인과 주식회사 등 발행 주체가 불특정 다수로부터 비교적 장기간에 걸쳐 거액의 자금을 조달하고 자금을 공급한 투자자에게 발행하는 유가증권으로 일종의 차용증서이다.

2) 채권의 특징

가) 법적 제한

채권을 발행할 수 있는 발행 주체의 자격 및 발행 여부 등에 대하여 법적인 제한을 받는다.

나) 이자부 증권

채권은 자금조달의 대가로 확정된 이율 또는 이율 결정기준에 의해 이자가 지급되는 이자부 증권이다.

다) 기한부 증권

채권은 원칙적으로 원금 상환기일이 정하여진 기한부 증권이다.

라) 유동성

채권은 유통시장을 통해 자유롭게 거래되어 언제든지 현금화할 수 있는 유동성을 갖습니다. 채권을 구입하기 위해서는 일반적으로 투자 증권회사를 이용하게 된다. 채권 매매는 현재 인터넷으로도 가능하다.

3) 채권의 등급

발행자의 신용도는 채권(무보증채권)을 발행할 때마다 평가기관으로부터 등급평가를 받도록 되어 있다. 우리나라에서는 한국신용평가, 한국신용정보, 한국기업평가 3사가 이러한 채권평가업무를 수행하고 있다. 위험이 높으면 수익이 높지만 그야 말로 위험이 높다는 말은 원금을 잃을 수도 있다는 말이다. 그러므로 채권을 투자 할 때에는 신용등급을 꼭 확인해야 한다. 투자위험도가 높은 등급은 정크본드(쓰레기채권)라고 부르는데, 부실채권 투자라는 용어를 사용하여 투자자들을 현혹하는 사례가 많이 있다. 부실채권은 그야말로 부실한 채권이므로 투자에 유의해야 한다.

Moody's는 Aaa부터 E까지 21개 등급으로 정하고, 투자가 가능한 등급을 Aaa / Aa1 / Aa2 / Aa3 / A1 /A2 / A3 / Baa1 / Baa2 / Baa3의 10개 등급으로 구분하고, 투자 유의 등급으로 Ba1 / Ba2 / Ba3 / B1 / B2 / B3 / Caa / Ca의 8개 등급을 설정하였다. 투자 부적절 등급으로는 C / D / E의 3등급을 두고 있다.

S&P도 Moody's와 유사하게 19개 등급을 설정하고 있다. 투자 가능 등급으로 AAA / AA+ / AA / AA－ / A+ / A / A－ / BBB+ / BBB / BBB－의 10등급, 투자 유의 등급으로 BB+ / BB / BB－ / B+ / B / B－ / CCC / CC 의 8개 등급, 투자 부적절 등급으로 C 등급 1개를 두고 있다.

채권 투자의 8대 원칙

지금까지 살펴본 채권에 대한 이해를 바탕으로 다음과 같이 채권 투자 원칙을 세워 보자

1. 먼저 투자목적과 금액을 확실히 결정한다.
   채권은 종류와 만기 수익률 등이 다양하므로 채권에 투자하기 전에 투자성향, 목적, 금액 등을 먼저 결정하고 자신에게 맞는 채권을 선택하는 것이 좋다.
2. 돈이 필요한 시기와 채권의 만기일을 맞추는 것은 기본이다.
   돈이 필요해 채권을 중도에 매도하려 할 때 채권 금리가 올라 버렸다면 손실을 볼 수 있다. 그러므로 만기일을 맞추어 돈이 필요한 때에 시세 변동에 의한 손해를 입지 않도록 미리 주의한다.
3. 금리 하락기에는 장기 채권에, 금리상승기에는 단기 채권에 투자 한다.
   금리 하락이 예상될 때에는 만기가 긴 채권을 매입하여 높은 금리를 오래 유지시킬 수

있도록 하고, 금리 상승기에는 단기 채권에 투자하여 이자가 많은 채권으로 바로 재투자할 수 있도록 한다.

4. 같은 조건이라면 표면금리가 낮은 채권에 투자하는 것이 유리하다.
   표면금리가 높은 채권일수록 실제 소득과 무관하게 많은 세금을 내게 된다. 그러므로 같은 유통 수익률이라 하더라도 표면금리[27]가 낮은 채권을 선택하는 것이 좋다.
5. 증권사의 채권 세일에 주목한다.
   증권사에서는 종종 개인 대상으로 채권을 특판하고 있다. 주로 고객 서비스 차원에서 실시되며, 수익률은 시세보다 싸게 판매되므로 수시로 점검하여 보는 것이 좋다.
6. 채권은 사기보다 팔기가 더 어렵다는 것을 꼭 기억한다.
   채권을 살 때에는 증권사에 어떤 채권이 있는지만 살피면 되지만 팔 때는 환매가 되는지 꼭 확인해 볼 필요가 있다. 특히 중도환매를 해야 할 경우는 필히 확인해야 한다.
7. 안정성을 원한다면 눈높이를 낮추도록 한다.
   같은 회사채라 하더라도 기업에 따라 수익률이 크게 차이가 난다. 채권을 싼 값에 사는 것이 좋지만 그럴수록 부도 위험이 높다는 점을 잊지 말아야 한다.
8. 각종 인·허가시 국가에서 의무적으로 매입하게 되는 첨가 소화채권(국민주택 1종, 2종, 서울도시철도, 각 지역개발 채권 등)은 만기 상환이 아니라면 발행과 즉시 매입 후 두 달 안에 장내 매매를 통해 매각하는 것이 유리하다.

(출처 - 교보증권 www.iprovest.com)

4) 부실투자 채권 (NPL : non-performing loan)

부실채권이란 부실대출금과 부실지급보증액을 합친 것으로 금융회사의 부실채권을 뜻한다. 다시 말해, 부실채권은 재정적 어려움에 처하여 일정기간 이상 이자를 지급하지 못하거나, 높은 신용위험으로 집중적인 관리를 요하는 부실화될 우려가 높은 채무자에 대한 채권을 말한다. 은행 대출의 건전성은 정상, 요주의, 고정, 회수의문, 추정손실 등 5가지로 구분된다. '고정' 이상 여신은 담보를 확보해 둔 상태로 돈을 회수할 가능성이 있는 대출금이다. 보통 3개월 이상 연체된 여신을 고정이하 여신으로 분류한다. '정상' 여신은 말 그대로 충분히 회수가 가능한 양호한 대출을 뜻한다. '요주의' 여신은 1개월 이상 3개월 미만 연체됐을 경우다. 반면 '고정' 이하 연체 중 담보가 있어 회수가 가능하면 '고정', 담보가 없어 돈을 떼일 우려가 크면 '회수의문', 사실상 회수가 불가능해 손실처리하는 여신은 '추정손실'로 분류된다[28].

27) 액면에 대한 1년당 이자의 비율(연이율), 표면이율와 동일. 할인채의 경우는 할인율로 표시

① 부도 등의 사유로 정상적으로 변제되지 아니한 것으로서 회수조치나 관리방법을 강구할 필요가 있는 채권

② 채무자의 경영내용, 재무상태 및 예상되는 현금의 흐름 등으로 보아 채권회수에 상당한 위험이 발생하였거나 발생할 우려가 있는 경우의 채권

부실채권과 관련된 법률은 "금융기관부실자산 등의 효율적 처리 및 한국자산관리공사의 설립에 관한 법률"로서 NPL을 투자의 수단으로 삼는다면 반드시 숙지해야 한다.

나. 펀드

펀드(fund)의 법적인 명칭은 '집합투자기구(collective investment scheme)'이다. 집합투자기구란 집합투자를 수행하기 위한 기구로서 설립형태별로 구분하면 투자신탁, 투자회사, 투자유한회사, 투자합자회사, 투자조합, 투자익명조합 등으로 나눌 수 있으며 일반적으로 펀드라고 부른다. 펀드란 원래 기금, 자금이라는 뜻이나 투자용어에서는 자금운용전문기관이 일반투자자로부터 자금을 모아 증권이나 부동산, 실물자산 등에 운용하고 얻는 수익금을 투자자에게 나눠주는 제도라는 의미로 사용된다.

증권이나 부동산 등에 투자하는 방법은 크게 직접투자와 간접투자로 나눠진다. 직접투자는 투자자 자신이 직접 투자대상을 선택하고 투자시기, 투자방법 등을 결정하여 투자하는 것이다. 간접투자는 일반적으로 여러 명의 자금을 모아 투자 전문기관 등에 맡겨놓고 운용결과를 배분받는 투자 방법으로 직접투자의 상대 개념이다.

직접투자는 소액의 자금에 적합하고 본인이 자금을 직접 운용하므로 거래비용이 상대적으로 저렴하다. 신속한 의사결정을 내릴 수 있으나 위험관리에 취약한 단점이 있다. 간접투자는 거액의 자금을 운용하는데 적합하고 투자전문기관 등에 적정한 보수를 지급하여야 하나 체계적인 위험관리가 이뤄지는 장점이 있다. 직접투자와 간접투자는 모두 투자결과에 대한 책임을 본인이 부담한다는 점에서는 동일하다.

---

28) [네이버 지식백과] NPL(매일경제, 매경닷컴)

이와 같은 간접투자, 간접투자상품을 규율하던 「간접투자자산운용업법」이 폐지되고 「자본시장과 금융투자업에 관한 법률(이하 자본시장법)」이 2009년 2월 4일부터 시행되었다. 자본시장법 시행으로 자본시장에서의 금융혁신과 경쟁을 촉진하기 위한 투자자보호제도의 선진화, 금융투자상품의 포괄주의 도입, 기능별규율제제로의 전환, 업무범위의 확대가 이뤄졌으며 새로운 용어들이 도입되었다.

간접투자자산운용업법상의 '간접투자'라는 용어는 직접투자가 아닌 형태의 모든 투자를 포함하는 개념으로 오해될 소지가 있으며, 투자자의 재산을 간접적으로 운용하는 투자일 임업이나 신탁업도 간접투자로 오해될 수 있어 자본시장법에서는 다수의 투자자로부터 자금을 집합(pooling)한다는 의미에서 '간접투자' 대신 '집합투자(collective investment)'라는 용어를 도입하였다.

'집합투자'란 2인 이상에게 투자 권유를 하여 모은 금전 또는 「국가재정법」 제81조에 따른 여유자금을 투자자 또는 각 기금관리 주체로부터 일상적인 운용지시를 받지 아니하면서 재산적 가치가 있는 투자대상 자산을 취득 · 처분, 그 밖의 방법으로 운용하고 그 결과를 투자자 또는 각 기금관리주체에게 배분하여 귀속시키는 것을 말한다. 다만 자본시장법에서는 집합투자에서 제외되는 사항[29]을 별도로 정하고 있다.

다. 펀드의 운용구조

펀드는 판매회사에서 투자자가 상품을 구매하면 판매회사가 수탁회사에 자금을 보내고 그 이익을 투자자와 함께 배분하여 이익을 창출하는 구조입니다. 대부분의 경우 중간에 자산운용회사가 개입하게 되는데, 자산운용회사에서는 펀드를 설계하고 이를 운용합니다. 그 밖에 예탁결제업무를 담당하는 증권예탁결제원, 펀드를 평가하는 펀드평가회사, 펀드관련 일반사무를 처리하는 일반사무관리회사 등이 있습니다.

---

29) ① 부동산투자회사법, 「선박투자회사법, 「문화산업진흥 기본법」, 「산업발전법」, 「중소기업창업 지원법」, 「여신전문금융업법」, 「벤처기업육성에 관한 특별조치법」, 「부품 · 소재전문기업 등의 육성에 관한 특별조치법」에 따라 사모(私募)의 방법으로 금전 등을 모아 운용 · 배분하는 것으로서 투자자의 총수가 49인 이하인 경우
② 「자산유동화에 관한 법률」 제3조의 자산유동화계획에 따라 금전 등을 모아 운용 · 배분하는 경우
③ 그 밖에 행위의 성격 및 투자자 보호의 필요성 등을 고려하여 대통령령으로 정하는 경우

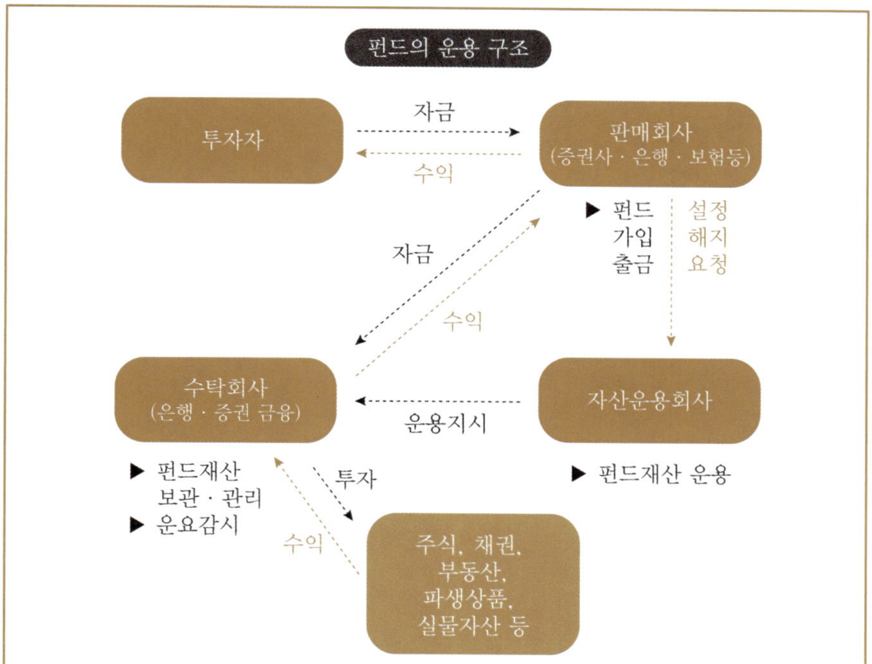

그림 4-5 **펀드의 운용구조**[30)]

라. 펀드의 종류

펀드는 집합투자재산[31)]의 운용대상에 따라 다음 각 호와 같이 구분한다.

① 증권 펀드 : 집합투자재산의 100분의 40 이상으로서 대통령령으로 정하는 비율(50%)을 초과하여 증권에 투자하는 펀드

② 부동산 펀드 : 집합투자재산의 100분의 40 이상으로서 대통령령으로 정하는 비율(50%)을 초과하여 부동산에 투자하는 펀드

③ 특별자산 펀드 : 집합투자재산의 100분의 40 이상으로서 대통령령으로 정하는 율(50%)을 초과하여 특별자산(증권 및 부동산을 제외한 투자대상자산)에 투자하는 펀드

④ 혼합자산 펀드 : 집합투자재산을 운용함에 있어서 증권, 부동산, 특별펀드의 규정의 제한을 받지 아니하는 펀드

⑤ 단기금융 펀드 : 집합투자재산 전부를 대통령령으로 정하는 단기금융상품에 투자하는 펀드로서 대통령령으로 정하는 방법으로 운용되는 펀드

---

30) 금융감독위원회

31) '집합투자재산'이란 집합투자기구(펀드)의 재산으로서 투자신탁재산, 투자회사재산, 투자유한회사재산, 투자합자회사재산, 투자조합재산 및 투자익명조합재산을 말한다.

마. 상품화된 펀드

1) MMF(단기금융시장상호기금)

1971년에 미국 증권회사가 최초로 도입한 상품으로, 우리나라에도 지난 96년 9월, 단기형펀드에 대한 수요확충과 장단기 금리의 안정을 도모하기 위해 도입된 단기금융시장상호기금(MMF : money market mutual fund)이다. MMF는 증권사에 취급하는 초단기 투자상품으로 원본의 안정성과 유동성을 보장함과 동시에 운용수익률을 올리려는 개방형 투자신탁의 일종이다. 저축자의 투자자금은 주로 국공채, CD, CP, BA 등에 투자하여 시중금리의 급상승시 예금금리를 상회하도록 고안된 상품이다. 개인이나 법인 누구나 가입할 수 있고 투자기간은 1일 이상으로 수시입출금이 자유롭다. 그러나 예금자보호를 받을 수 없다는 단점이 있다.

2) ETF(상장지수펀드)

ETF(상장지수펀드)는 KOSPI200, KOSPI50 등 특정지수를 따라가도록 만든 인덱스 펀드지만, 거래소나 코스닥에 상장돼 일반 주식처럼 자유롭게 거래할 수 있다. 그렇다 보니 펀드이면서도 펀드에 붙는 수수료가 없다. 일반적인 주식을 거래하듯 증권사에 매매수수료만 내고 거래하면 된다. ETF에 투자하면 적은 돈으로 개별지수에 포함된 모든 종목을 한꺼번에 산 것과 같은 효과를 누릴 수 있다. ETF는 우리나라 뿐만 아니라 외해외에 상장된 ETF도 존재한다. 국내에 상장된 ETF의 매매차익은 배당소득세로 과세되어 금융소득으로 분류되어 금융소득 전체가 2,000만원이 넘을 경우 종합소득세 과세가 되므로 유의해야 한다. 하지만 해외 상장된 ETF의 매매차익은 양도소득세 과세로 과세되어 개별 과세된다. ETF는 특정 산업이나 특정 국가에 대한 지식이 풍부하여 특정산업이나 특정국가에 투자하려는 투자자들에게 유리한 펀드이다.

【ETF장점】

- 분산투자 효과 : 지수 또는 업종에 투자하므로 개별종목투자에 따르는 위험 감소
- 저렴한 비용 : 일반 주식형 펀드보다 비용이 저렴하고 주식매도시 부과되는 거래세(0.3%) 면제
- 거래의 용이성 : 펀드이지만 주식매매와 같이 원하는 시점에 원하는 수량만큼 거래 가능
- 운용의 투명성 : 포트폴리오 구성내역(PDF : Portfolio Deposit File)을 공개

3) ELS(주가연계증권, Equity Linked Securities)

개별주식의 가격이나 주가지수 등에 연동하여 수익이 결정되는 신종 유가증권으로 증권사에서 발행 판매하는 상품이다.

ELS는 투자자의 뜻대로 원금보장 수준과 목표수익률, 투자기간 등을 시장상황에 따라 결정할 수 있는 새로운 투자수단이다. ELS는 파생상품(옵션)과 결합되어 있어 결합된 옵션에 따라 다양한 수익구조의 상품으로 설계될 수 있다. ELS의 발행 유형으로는 크게 녁아웃형, 불스프레드형, 리버스컨버터블형, 디지털형 등으로 구분된다. 현재 국내 시장에서 발행되고 있는 ELS는 대부분 녁아웃형이나 디지털형에 해당한다.

녁아웃형은 투자기간 중 주가지수가 정해진 상한가격에 도달하지 못한 경우에는 만기 시점의 주가지수 상승률에 따라 수익률이 결정되고, 투자 기간 중 한 번이라도 상한 가격에 도달하면 계약시 정한 수익을 보장하는 상품이다. 반면 디지털형은 만기 시점의 주가지수가 미리 정한 수준보다 높으면 약정한 수익을 지급하고, 아니면 원금만 되돌려주는 것이다.

표 4-3 ELS의 유형

유형	수익구조
녁아웃형	만기까지 주가지수 상승률이 단 한 번이라도 미리 정해 놓은 수준에 도달하면 만기수익률 결정
불스프레드형	만기시점 주가지수 상승률에 비례해 수익률 결정
리버스컨버터블형	미래 정해 놓은 하락 폭 밑으로만 빠지지 않는다면 주가지수가 일정 부분 하락해도 약속한 수익률 지급
디지털형	만기시점 주가지수가 미리 정해 높은 상승률 구간을 넘어설 때만 수익률이 뛰어오르는 형태

4) 주가연계예금(ELD)

주가지수연계정기예금(ELD : Equity Linked Deposits)은 투자원금 중 일부를 원금이 보장되는 이자율로 정기예금에 넣은 뒤 나머지 돈으로 주가 지수 옵션 등에 투자하여 만기 때 원금을 보장하면서도 이자 수익으로 주가 지수에 연동해 추가수익을 지급하는 예금상품이다. 주가 지수에 따라 수익률을 추가 적용받을 수 있다는 점에서 ELS와 유사하지만 은행에서 판매하는 예금으로서 원금 보장이 확실하고 예금자보호법에 의해 보호를 받을 수 있기 때문에 안정성 면에서는 더 우수하다고 할 수 있다. 반면 ELS에 비해 수익률이 다소 떨어지고, 상품이 다양하지 못하다.

5) 주가연계펀드(ELF)

투신사에서 발행되는 주가연계펀드(ELF : Equity Linked Fund)는 대부분의 펀드자산을 국공채나 우량회사채 등 안정성이 높은 채권에 투자하여 원금보전을 추구하면서 나머지 잔여재산을 증권사에서 발행하는 ELS나 주식워런트에 투자하여 펀드수익률이 주가에 연동되도록 설계된 펀드이다. ELF는 운용실적에 다라 수익률이 달라지면 원금손실을 볼 수도 있다.

6) 주식워런트증권(ELW)

주식워런트증권(ELW : Equity Linked Warrants)은 특정 주가 또는 주가지수의 변동에 연계하여 미리 정해진 방법에 따라 만기시 주권의 매수 또는 현금을 수수하는 권리가 부여된 신종증권이다. ELW는 삼성전자, 현대자동차 등과 같은 고가 주를 적은 금액으로 매수하는 효과를 갖는다. ELW는 투자자에게 의무가 아닌 권리만을 부여하며, ELW 가치를 결정하는 가장 중요한 요인은 기초자산 가격, 잔존만기, 그리고 변동성이라고 할 수 있다. ELW는 콜ELW와 풋ELW가 있다. 콜 ELW는 특정 기초자산을 만기일에 미리 정해진 가격으로 살 수 있는 권리이며 풋 ELW는 특정 기초자산을 만기일에 미리 정해진 가격으로 팔 수 있는 권리를 말한다. ELW는 선물과 옵션의 투자와 많이 비교되는데, 선물과 옵션거래는 상식적으로 상당히 큰 수익을 얻는 반면에 상당한 위험을 감수해야 하는 모아니면 도의 투자로도 이해되어 일반인들이 쉽게 투자에 나서기 어려운 투자 상품이다. 하지만 ELW는 손실이 제한된 구조로서 선물과 옵션투자를 하고 싶지만 위험을 감수하기 어려운 투자자들이 투자하기 좋은 상품이다. 하지만, 투자에 있어 선물 옵션투자기법에 대한 기본지식이 선행되어야 하기 때문에, 일반인들이 쉽게 투자하기는 어려운 상품이다. 아래는 ELW투자자의 성이다.

- 시장 상황과 관계없이 투자 수익을 추구하는 투자자
- 거래세 면제, 높은 유동성 장점을 누리고 싶은 투자자
- 적은 금액으로 대형 우량주에 투자하고 싶은 투자자
- 기초자산 종목에 대한 뚜렷한 전망을 갖고 있는 투자자
- 주식 투자와 연계하여 다양한 투자 전략을 구사하고 싶은 투자자
- 공격적인 레버리지를 원하는 투자자

7) DLS(파생결합증권, Derivatives Linked Securities)

이자율, 환율, 실물자산(금, 원유 등), 신용(부도위험, 파산) 등 다양한 기초자산과 연계되어 이익

이 결정되는 유가증권으로 증권사에서 발행 판매하는 상품이다. DLS는 기초자산의 형태에 따라 여러 형태로 존재하는데, 예를 들어 회사채 고금리 투자 DLS의 경우 일반 회사채보다 많은 수익을 얻을 수 있지만 기업의 파산, 지급불이행, 채무재조정등 신용사건(Credit Event)이 발생할 경우 원금을 회수하지 못할 수 있다. 이러한 유형의 투자는 금, 원유, 탄소배출권등 새로운 사회 이슈로 부각되는 기초자산의 미래를 확신하는 사람들이 가입할 수 있는 펀드이다.

8) 부동산펀드

부동산 펀드는 자본시장법에 의하면 부동산집합투자기구(이하 부동산펀드)는 집합투자재산[32]의 100분의 40 이상으로서 대통령령으로 정하는 비율(100분의 50)을 초과하여 부동산에 투자하는 펀드로 정의하고 있다. 2004년부터 출시되었는데 보통 부동산이 다른 투자 상품에 비해 거래규모가 커 섣불리 투자하기 어려웠던 대상 중에 하나였다. 부동산 펀드의 등장으로 100만 원 이상의 소액으로도 투자가 가능해졌는데, 여러 투자자들로부터 돈을 모아 임대형 부동산을 매입하거나, 부동산 개발 사업 투자, 후 분양 금융대출(프로젝트 파이낸싱), 해외 부동산 투자, 기타 부동산 파생상품에 투자하여 그 수익금을 투자 지분만큼 배분하는 간접투자 상품이다. 부동산 펀드의 단점은 폐쇄형 상품이라 중도환매가 금지되어 있다는 것이다. 부동산 펀드는 투자할 여유자금이 충분한 경우에만 분산투자 일환으로 투자하는 것이 가장 바람직하다.

부동산펀드는 협의의 부동산펀드와 광의의 부동산펀드로 구분하여 정의할 수 있다. 협의의 부동산펀드는 자본시장법상의 부동산펀드를 의미하고, 광의의 부동산펀드는 자본시장법상의 부동산펀드와 '부동산투자회사법'에 따라 50인 이상의 투자자로부터 공모방식으로 설립되는 '부동산투자회사(REITs)'를 포함한다.

9) 사모펀드 [私募－, private equity fund]

'사모'라는 말은 '공모'와 반대 개념으로 불특정 다수를 대상으로 하는 것이 아니라, 소수의 특정인을 대상으로 주식이나 채권 등을 매각하는 방식을 말한다. 따라서 사모펀드는 소수의 투자자로부터 모은 자금을 주식·채권 등에 운용하는 펀드이다. 고수익 기업투자 펀

32) "집합투자재산"이란 집합투자기구의 재산(펀드재산)으로서 투자신탁재산, 투자회사재산, 투자유한회사재산, 투자합자회사재산, 투자조합재산 및 투자익명조합재산을 말한다.

드라고도 한다. 투자신탁업법에서는 100인 이하의 투자자, 증권투자회사법(뮤추얼펀드)에서는 50인 이하의 투자자를 대상으로 모집하는 펀드를 말한다.

바. 펀드 투자 정보의 획득 방법 및 투자 요령

금융감독원 홈페이지(www.fss.or.kr)를 방문하면 금융에 관련된 많은 정보를 무료로 획득 할 수 있으며, 펀드 투자를 위해서는 금융투자협회 홈페이지(www.amak.or.kr)에 접속하면 펀드에 대한 다양한 정보를 얻을 수 있다.

그림 4-6 금융투자협회 홈페이지(www.amak.or.kr)

최근 우리나라에 출시되는 펀드들은 수백 가지이며 전 세계적으로는 수 만 가지가 넘을 것이다. 이렇게 수많은 펀드들 중 본인에게 적합한 펀드를 찾는 것은 쉬운 일이 아니다. 하지만 다음과 같은 기본적인 사항을 알고 투자한다면 큰 실수는 하지 않을 것이다.

1) 수익률이 높다면 위험도 높다.

펀드의 수익이 높다면 당연히 위험도 높다. 이런 펀드는 주식에 60%이상 투자하고 원금손실의 각오를 해야 한다. 하지만 장이 좋고 투자가 잘 될 경우 수십 %의 수익을 얻을 수 있다. 필자의 경우 위험이 높은 펀드는 적립식 펀드에 투자하고, 목돈은 안정적인 채권형 투자를 하는 편이다.

2) 펀드 운용회사를 잘 선택해야 한다.

펀드는 운용회사마다 수익률이 모두 다르다. 높은 수익률을 제시하는 펀드 운용회사도 있지만, 변동성도 살펴보아야 한다. 지금 수익률을 높게 잘 운용하고 있지만 앞으로 잘할지는 알 수 없기 때문이다.

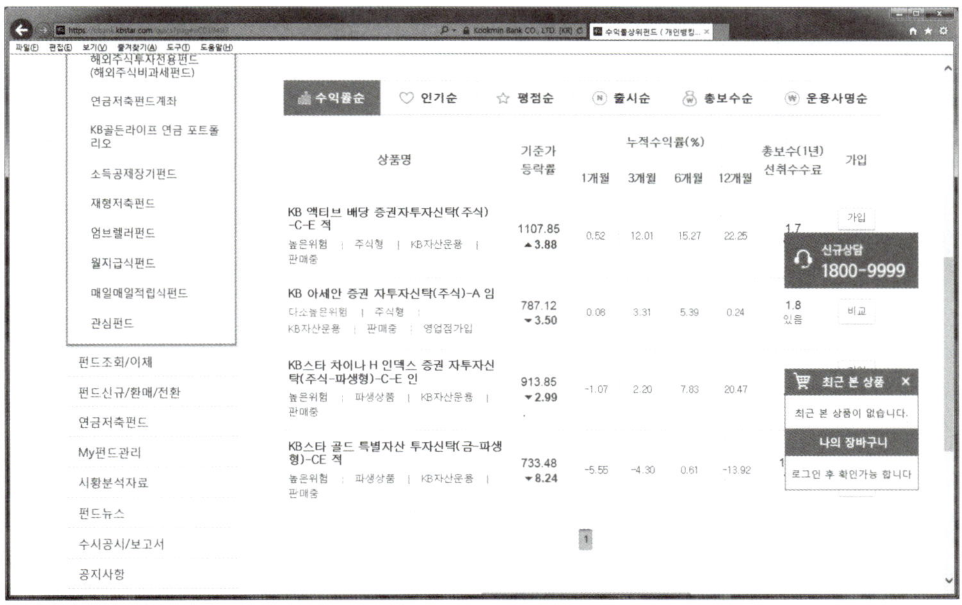

그림 4-7 펀드 예시[33]

위 그림에서 1위 수익률의 펀드는 3개월에 12.01%로 보인다. 하지만 이 수익률은 보다시피 3개월 누적 수익률이고 이전 3개월과 이후 3개월이 어떠했는지는 더 자세히 살펴 보아야 하며, 국내 뿐만 아니라 금융선진국에서 수십년 동안 안정된 수익을 창출하는 운용사

33) 국민은행 펀드상품 검색

들도 많이 있다는 것을 알고 있어야 한다. 제일 하단의 펀드 수익률을 보자 12개월에 -13%이다. 펀드가 모두 수익을 가져다 주지는 않는 다는 것을 알 고 투자 하여야 한다.

3) 적립식 펀드의 경우 타이밍이 중요하다.

적립식 펀드는 일정금액을 정기적금처럼 펀드에 투자하는 상품을 말하는데, 목돈이 한꺼번에 들어가지 않기 때문에 시작의 변동성에 강점이 있다. 주가가 하락하면 같은 돈으로 많은 주식을 사게 되고, 주가가 오르면 전체 수익률이 좋아지니 좋은 그런 상품인 것이다. 하지만 적립식펀드를 시작하는 시점은 주가가 저평가 되어 있을 때가 유리하다는 것이다. 주가도 상승추세와 하락추세가 반복되기 때문에 1~2년 투자하는 적립식투자는 주가 추세와 큰 상관관계를 갖는다. 하락추세에서 적립식 펀드를 투자하게 되면 상당히 오랜기간 수익률이 마이너스를 보이게 될 것이다. 그러므로 적립식 펀드의 시작시점은 주가지수가 저평가 되었다고 확신이 될 때 투자를 해야 한다.

4) 펀드는 투자원금이 보장되지 않는다.

펀드는 고객이 맡긴 돈을 자산운용회사가 운용하여 그 결과를 돌려주는 상품이므로 운용결과에 따라 높은 수익을 얻을 수도 있고 반대로 원금에 손실이 생길 수도 있다.

5) 투자할 펀드는 고객이 결정하며, 그에 대한 책임은 고객 자신에게 있다.

고객이 투자한 펀드에 손실이 발생하더라도 판매회사나 자산운용회사가 손실을 보전해 주지 않는 것이 일반적이다. 법적인 불완전 판매에 따른 대응을 위해 판매회사에서는 계약서에 자필 서명을 하게 하는데, 그 내용은 대부분 손실이 날 경우 법적인 책임은 모두 고객에게 있다는 것이다.

6) 펀드에 투자하기 전에 펀드의 특징이나 내용을 꼼꼼히 확인하여야 한다.

펀드의 특징과 내용은 투자설명서에 자세히 기재되어 있다. 특히 원금보존형 ELS펀드도 원금보존을 추구할 뿐이며, 원금보장이 되는 것이 아니기 때문에 주의를 요한다. 즉, ELS펀드 수익률은 기초자산으로 편입된 주식의 주가나 주가지수에 큰 영향을 받기 때문에 향후 주가전망 등을 검토한 후 가입하시는 것이 좋다.

06 부동산 시장

가. 부동산 시장의 구조

부동산시장이란 '부동산권리의 교환으로써 상호 유리한 가격으로 가격결정과 경쟁적 이용에 따른 공간적 배분과 공간적 이용이 패턴을 결정하고, 수요와 공급에 의하여 가격이 결정되는 상업활동'이라 정의하고 있다.

부동산시장은 부동산이라는 재화를 유통대상으로 하고, 위치적 고정성으로 인해 시장을 국지화[(지역화)]하게 한다. 재화와 용역의 생산이 원활히 이루어지기 위해서는 유통이 이루어져야 하는데 부동산은 일반 재화시장과는 달리 도매, 소매, 지점 등의 유통경로가 원활하게 형성되지 못한다. 따라서 부동산시장의 국지적 형태와 유통의 불완전성 등을 들어 부동산시장을 불환전시장으로 구분한다. 보통 부동산시장을 추상적인 시장으로 이해하기도 하지만, 구체적인 시장과 함께 모두 분석대상이 된다.

부동산시장은 거래되는 부동산의 용도에 따라 크게 5가지로 분류되고, 이용형태에 따라 각각 세분된다. 용도에 따른 분류는 대상 부동산이 어느 시장에 속하느냐에 따라 가격형성요인을 달리하므로 감정평과와 밀접한 관계가 있으며, 일반 경제재와의 관련 및 부동산 경기변동 등의 분석에 유용하다.

① 주거용 부동산시장 – 도시주택, 교외주택, 농촌주택

② 상업용 부동산시장 – 사무용 빌딩, 상가부동산, 영화관, 숙박업소

③ 공업용 부동산시장 – 공장, 광산, 창고

④ 농업용 부동산시장 – 임야, 초지, 목장, 과수원, 농작물지배농지

⑤ 특수용 부동산시장 – 묘지, 골프장, 공원, 기타 공공용 부동산[(빌딩 · 고속도로 · 길 등)]

나. 부동산시장의 기능

부동산시장은 불완전하나 일반상품시장과 마찬가지로 자원배분 · 교환 · 가격창조 · 정보제공 등의 시장기능을 가진다.

1) 자원배분기능

부동산시장은 두 가지 분배기능을 갖는다. 하나는 기존의 부동산공간을 부동산수요자에게 분배하는 것이고, 다른 하나는 개량물에 대한 여타 자원의 분배촉진이다. 가용 토지를 수급의 조정과정 속에서 용도적으로 배분하는 역할을 수행한다.

2) 부동산상품의 교환기능

부동산시장은 자금능력을 가진 부동산이용자의 기호에 따라 부동산 또는 공간을 재분배하게 되는데, 여기에서는 부동산과 현금, 부동산과 부동산, 소유와 임대 등의 교환이 이루어지게 된다.

3) 가격의 창조기능

부동산 거래시 매매당사자는 가격을 협의하게 되는데, 이때 매수인의 주관적인 제안 가격은 시간이 지남에 따라 상승하게 되고, 매도인의 주관적인 제안 가격은 시간의 흐름에 따라 저하하게 된다. 따라서 부동산상품의 가격은 이러한 조정과정을 거쳐서 매수인이 더 이상 지불할 수 없는 상한가격과 매도인이 더 이상 양보할 수 없는 하한가격과의 조정된 가격에서 거래가격이 창조된다.

4) 부동산상품에 대한 정보의 제공기능

부동산시장은 부동산의 활동주체에게 정보를 제공한다. 즉 투자가, 건축업자, 평가주체, 임대업자, 과세평가원, 중개업자 등은 모두 그들의 업무상 또는 가격결정이나 판단을 위해 부동산거래에 관한 정보를 이용하고 또 수집한다.

5) 부동산 상품의 양과 질의 조절 기능

부동산시장에 관한 정보는 부동산 소유자, 관리자, 개발업자, 건설업자들에게 부동산 상품의 유용성이 최대가 되도록 만들어서 부동산 상품의 양과 질을 조절하게 한다.

다. 부동산시장의 특성

부동산을 개발하고 분양하며, 관리·매매·중개하는 일련의 경제활동을 행하는 장소를 부동산시장이라 한다. 부동산시장은 일반 재화시장과는 달리 고유한 특성을 가지고 있다. 그것은 부동산이 지니고 있는 자연적·법률적·사회적인 부동산 자체의 특성에 기인한 것이다. 특히 최근에는 부동산의 패러다임이 급속도로 변하고 있다. 금융시장의 자유화와 확대, 또는 투자신탁의 시행은 자금이동을 빠르게 만든다. 이런 환경에서 부동산시장의 패러다임이 변하면 부동산에 접근하는 자세도 달라져야 한다.

1) 시장의 국지성

부동산시장은 부동산이 갖는 지리적 위치의 고강성과 개별성 때문에 일정지역에 국한되는 국지성(지역성)의 경향이 있다. 따라서 부동산은 고정성으로 인해서 다른 부동산과 함께 지역을 이루고, 그 지역적 특성의 제약을 받으며 고유한 시장을 형성한다.

부동산 유통도 지역간의 교환거래이기 때문에 그 지역의 시장에 정통한 전문가를 필요로 하며, 가격은 지역적 수요에 의존하며 불규칙적으로 형성되기 때문에 적정한 시장가격을 도출하기가 쉬운 일이 아니다. 따라서 보다 객관적이고 합리적인 가격을 형성하기 위해 부동산 감정평가 활동이 필요하게 된다.

2) 부동산시장의 비조직성

부동산시장은 일반 재화시장과는 달리 유통체계의 비조직은 물론, 하위시장으로 구성되어 있는 시장의 특성상 부동산상품의 유형에 따라 각양각색으로 나타나고 있다. 따라서 중개업자의 역할과 능력에 따라 상이한 이익을 발생시킬 수 있고, 또한 그것은 가격 결정 과정에 큰 영향을 미칠 수 있다.

3) 부동산의 비공개성

부동산 구매·축정에 따른 다액의 자금 필요성과 유통거래 과정에서 행정적 규제 등은 부동산의 공개화를 방해한다. 거래 당사자 간에 쌍방의 이익을 위해서 은밀한 가격 조정을 하면서 세금 문제 등에 있어서 사실상 거래 가격을 변경하기도 한다. 또한 정부당국간, 회사부처간, 가족간의 거래는 시장에서 은폐되는 경향이 있다.

따라서 은밀한 성격을 가지고 있는 부동산거래는 시장정보와 밀접한 관계를 가지고 있는 자만이 좋은 부동산을 획득할 수 있다. 따라서 이와 같은 성격의 시장은 정보획득을 어렵게 하고, 반면 정보획득에 있어서 많은 비용을 부담하게 만든다. 이러한 특성 때문에 간혹 부동산 관련 법률문제들이 발생하게 되는데 이는 필현적으로 사회적비용을 발생시켜 자본주의 사회에서는 긍정적인 역할을 하지 못하게 된다. 따라서, 이러한 사회적비용은 인터넷과 정보기술의 발달로 부동산정보의 적절한 공개 및 투명한 정보 유통을 통해 그 발생을 최소화하는 방향으로 우리나라 부동산시장이 선진화 되어가고 있다.

4) 부동산상품의 비표준성

부동산의 개별성·고정성·비동질성 등은 부동산거래에 있어서 표준화를 어렵게 한다. 이와 같은 특성은 외형적, 법적인 측면에서 거래대상인 부동산은 대체성이 없기 때문에 부동산상품의 표준화가 불가능하게 되어 일반 상품과 같은 규격화, 표준화, 견본소재가 불가능하다. 이러한 상품의 비표준화는 수요와 공급의 분석을 어렵게 하고 건물의 대량생산을 어렵게 한다.

5) 수요와 공급조정의 어려움

부동산의 여러 가지 특정은 부동산시장의 수급조절을 어렵게 만들고 있다. 즉 토지는 영구적이며, 건물 등 토지 부착물도 반영구적인 내구성이 있어 시장에 수요와 공급의 빈도는 타 상품에 비해 낮을 수밖에 없다.

6) 단기거래의 어려움

부동산은 일반상품과 달리 거래 절차가 복잡하고 까다롭다. 예컨대, 매도에 있어 권리변동 수단의 차이, 거래에 대한 법적 통제 등은 즉시 매도가 어렵기 때문이다.

07 부동산 경기의 순환

가. 부동산 경기의 순환 주기

경제현상은 인구증가, 수요증가, 기술전보, 유행의 변화, 해외시장개척, 전쟁 등 여러 가지 원인으로 끊임없이 변동된다. 이러한 경제변동은 그 변동요인이 경제내부의 요인인지 외부의 요인인지에 따라 내생적 변동(자율적 변동)과 외생적 변동(타율적 변동)으로 분류되는데, 부동산 경기도 일반경기와 마찬가지로 나눌 수 있다.

부동산 경기 순환의 외생적 요인으로는 전쟁, 신소재의 개발 등이 있으며 부동산 경기 순환에 영향을 미치는 내생적 요인으로는 부동산 개발, 건축 활동 등의 변화추이 등이 이에 해당하며, 이는 부동산 자체에서 발생되는 요인을 말한다.

부동산 경기 순환은 주로 건축순환을 일컫는다. 한센이 주장한 건축순환은 약 17년이 주기로서 주택설비투자의 변화가 그 원인이고, 쿠즈네츠가 주장한 건축경기순환은 약 15~25년의 주기를 가진 순환으로 건축설비의 변화가 그 원인이다.

건축순환은 주택, 사무소, 공장 등의 건선활동에서 볼 수 있는 순환적 파동이며, 경기순환(주글러적 중기파동)에 비교하면 더 장기적이며 보다 규칙적인 주기(15~25년)를 갖는다. 이 파동은 그 장기적 성격 때문에 경기순환에 대해 극히 중대한 영향을 미친다는 것이 인정되고 있다.

나. 부동산 경기 순환의 요인

부동산은 일반재화와는 달리 위치의 고정성으로 인하여 수급활동을 벌이는 인간의 소유활동에 영향을 미치는 주요한 것으로 소비자의 심리를 들 수 있다. 따라서 사회적 요인의 부동산의 경기 순환과 밀접한 관련을 가지며 이러한 사회적 불안에 영향을 미치는 제 요인을 원인이라고 할 수 있고 일반 소유자들의 정상적인 부동산 활동을 근인이라 한다면 부동산 경기 순환의 진동은 결국 원인과 근인으로부터 그 진동 폭이 결정되는 것이다. 결국 부동산 경기예측은 그 원인과 근인, 그리고 계속되어온 경기 순환의 추이 등을 종합적으로 분석함으로써 가능하다 할 것이다.

다. 부동산 경기 순환의 특징

부동산 경기 순환은 부동산의 물리적인 특정으로 인하여 국지성과 개별성을 보이는데, 호이트(Weimer, Hoyt)는 "부동산 경기는 도시마다 달리 변동하고 같은 도시라 하여도 그 도시 안의 지역에 따라 각각 다른 변동 양상을 보인다"고 하였다. 장기적으로 보면 호황, 불황의 리듬은 전국적으로 비슷한 양상을 보이지만 단기적으로는 시차를 두고 변동한다.

부동산 경기는 일반경기에 비해 변동 주기의 기간이 긴 것으로 관찰되고 있다. 일반 경기에서 주로 나타나는 주순환의 경우에는 9~11년의 주기를 가지는 반면 건축순환의 경우에는 약 17년 정도의 주기를 가지므로 일반경기에 비하여 약 2배 정도가 길다.

부동산 경기는 일반 경기에 비교하여 높은 정점과 깊은 계곡으로 인하여 그 진폭의 길이가 크다. 경기가 과열되는 경우에는 그 도가 지나치게 높아 붐이 있는가 하면 반대로 침체기에는 깊은 동면에 빠지기도 한다.
이러한 부동산의 현상은 특히 부동산의 경기 과열시 유효수요에 비교하여 과잉공급이 발생되는 타성기에 작용되는 결과도 주된 이유 중의 하나가 된다.

부동산 경기는 일반 경기와 병행하는 것이 통상적이다. 그러나 선행, 역행, 후행할 수 있다. 일반 경기의 변동에 대응하여 부동산 경기는 민감하게 작용하지 못한다. 부동산 경기는 부동산이 지니는 물리적인 특성으로 인하여 타성 기간이 존재하므로 일반 경기에 비하여 민감하게 작용하지 못한다. 또한 부동산 경기 순환은 비대칭이다. 즉 회복기가 길며 완만한 가운데 비하여 후퇴기는 짧고 급격한 기울기를 갖는다.
그리고 부분 시장별 변동의 시차가 존재한다. 즉 상업용, 공업용 부동산 경기는 일반 경제와 대체로 일치하지만 주거용의 경우는 후 순환을 보인다.

라. 부동산 경기 예측

경기 순환이 개인이나 기업, 나아가 국가 경제에 미치는 영향이 매우 크다는 점을 감안하면 미래에 대한 경기 예측이 얼마나 중요한지 알 수 있다. 다시 말해서 미래의 경기에 대한 정확한 예측은 미래의 경제 상황에 잘 대처할 수 있도록 하며 특히 경제 정책 결정자들로 하여금 그들로 정책을 경제 상황에 적절히 조정하도록 해준다. 물론 이러한 경기 예측들은 실제 나타난 결과와 대조해 볼 때 그 능력이 절대적인 것은 아니나, 이러한 경기 예측 능력이 여러 가지 측면에서 발달함으로써 지난 50여 년간 대공황의 가능성이 크게 감소되었다는 점은 간과할 수 없다.

일반적으로 부동산 경기라 하는 경우에는 건축경기를 말하며, 협의의 부동산 경기는 주거용 부동산 건축경기를 말하며, 광의의 부동산 경기에는 공업용, 상업용 부동산 경기를 포함한다. 그리고 최광의의 부동산 경기에는 토지 경기를 포함한다. 이 중 일반적으로 부동산 경기라 하면 주거용 부동산 경기를 말한다.

1) 확산지수

확산지수란 선정된 모든 선행, 동행, 후행 지수 가운데 확대의 방향으로 움직이는 지수의 수가 전체 지수의 수 가운데서 차지하는 비율로 표시된다. 산출된 지수가 50% 이상이면 경기는 상승국면에 있음을 보여주며, 반대로 50% 미만이면 하강국면에 있음을 보여주게 된다.

DI = 확대의 방향으로 변동한 지수의 수 / 선정지표의 총수 × 100

2) 기업 실사 지수

기업 실사 지수(BSI)란 수많은 기업을 대상으로 하여 매 분기별로 생산, 매출, 재품, 재고, 설비투자 등의 항목에 대하여 기업의 장래에 관한 예측인 변화 방향만을 조사하여 그 결과를 표기하는 것이다. 기업실사지수가 정(+)이면 경기는 상승할 것으로 판단하며, 반대로 부(−)이면 경기는 하락할 것으로 예상한다.

3) 경기 종합 지수

경기 종합 지수란 현재의 경기 동향을 파악하거나 장래의 경기를 예측하기 위하여 경기와 밀접한 관련을 갖는 각종의 경제 지표들을 전월 대비 증가율로 가중 평균하여 하나의 지수로 나타낸 것이다. 전월대비 증감률이 정(+)이면 경기 상승을, 반대로 부(−)이면 경기 하강을 나타낸다.

08 부동산 투자

가. 부동산 투자의 개념

투자란 불확실한 수익을 위해 현재의 확실한 소비를 희생하는 것으로, 장래의 불확실성이라는 위험과 이에 대한 대가로서의 수익(률)이 수반된다. 수익률은 위험과 밀접한 관계가 있는 바, 수익률은 현재의 소비를 희생한 대가로서의 시간에 대한 비용과, 불확실성에 대가로서 위험에 대한 비용으로 구성된다.

부동산 투자에는 다양한 위험이 존재하며 위험이 높을수록 수익도 크게 기대할 수 있다. 하지만 반대로 실패할 경우 큰 손해를 볼 수 있다. 따라서 부동산 투자 시 일정 수익률을 유지하면서 투자에 존재하는 위험을 인지하고 이를 해결하는 방법을 찾는 것이 중요하다.

부동산 투자란 부동산 결정의 한 분야로서 이익 증진, 효용 증대 등을 목적으로 하여 부동산을 취득 · 운영 · 처분하는 일련의 활동을 말한다. 투자자는 부동산에 투자함으로써 현금 소득이나 지분 수익률의 극대화, 소득의 연기, 절세 효과 등을 달성코자 하며 이를 위해 일정한 투자 결정과정을 거치게 된다. 부동산 투자 의사결정을 위한 투자 분석은 부동산의 독특한 특성을 잘 인지하여 수행하여야 한다.

나. 부동산 투자 의사결정

부동산 투자는 투자자의 수익률의 극대화를 위해 부동산에 투자하는 것을 의미하며 다양한 형태의 투자방식을 선택함으로써 다양한 수익을 창출할 수 있다.

1) 자본 운용 수익(임대수입)

부동산으로부터 투자자가 획득 가능한 소득 중에서 투자 기간 동안 세입자로 부터 임대소득을 받을 수 있다. 임대 소득의 경우 종합 과세 되기 때문에, 소득세를 고려한 수익률 분석이 필요하다.

2) 자본이득(시세차익)

자본이득이란 보유기간 동안 부동산의 가치 상승으로 거래 수수료(취득세, 등록세, 보유세)를 상회하는 매매 차익을 얻을 수 있다. 우리나라에서는 아파트를 대상으로 실수요와 무관하게 여러 채의 부동산을 구입하여 부동산 시세차익을 노리는 부동산 투기행위로 다른 사람들보다 더 많은 부를 얻음으로서, 일반 실수요자들은 정상보다 높은 값을 치루고 부동산을 구입하게 하는 행위가 사회 부조리로 인식되고 있어 양도소득세 등을 통하여 국가에서 이를 강력히 규제하는 추세이다.

3) 레버리지(leverage effect)의 활용.

투자자들은 자기 자본 이외에 금융기관으로부터 대출을 받아 부동산에 투자함으로써 수익률을 극대화 할 수 있다. 지렛대효과(leverage effect)는 부동산 가격이 상승할 때에는 지렛대만큼 몇 배 이익이 날 수 있지만 부동산 가격이 하락하게 되면 오히려 손실을 지렛대만큼 몇 배 초래 할 수 있고, 레버리지 비용(대출이자)의 누적으로 인한 추가적인 손실도 각오해야 한다.

4) 절세 효과

대출을 받아 부동산에 투자하게 되면 수익성 부동산의 경우 이자 지급분과 감가상각분이 세제상 공제되기 때문에 합법적으로 절세를 할 수 있다.

5) 인플레이션에 대한 방어

다른 재화의 가격이 상승함에 따라, 건물 비용과 토지 가격도 같이 상승하는 경향이 있으므로 부동산 투자는 인플레이션에 대한 유력한 방어수단이 될 수 있다.

다. 부동산 투자의 전망

미래의 부동산가격을 예측하는 것은 미래의 주식시장을 예측하는 것과 마찬가지로 상당히 어려운 일이다. 필자는 부동산과 관련된 책과 논문 몇 개를 독자들 보다 먼저 읽었고 경영 경제와 관련된 짧은 지식과 함께 금융 관련된 TV, 뉴스 등을 매일 꼼꼼히 읽는 것 외에 독자들 보다 더 나은 것이 없다. 그럼에도 불구하고 부동산에 대한 예측의 글을 쓰는 것에 대해 상당히 조심스럽지만 나름대로 투자의 방향을 제시하기 위해 전체 저술의 중요한 알맹이 내용이라는 조심스런 마음으로 이글을 서술하기로 한다. 하지만 독자분들이 꼭 유념하여 할 것은 부동산 예측에 관련된 견해는 그야 말로 필자의 견해일 뿐, 모든 투자의 결정은 본인들이 판단해야 됨을 미리 밝히며 조심스럽게 몇 가지 필자의 생각을 피력하려고 한다.

글의 순서는 먼저 우리나라에 전반적으로 퍼진 인구감소와 노령화에 따른 부동산 가격하락에 대한 의견에 대해 서술하고, 다음 부동산이 자본주의 사회의 실물 혹은 투자 자산으로서 결국 그 가치는 인간의 공포와 탐욕이 만든 집단 심리의 결과로서의 파동의 일부라는 필자의 견해를 밝히며 마지막으로는 향후 부동산 투자시 고려할 몇 가지 사항에 대해 말씀드리고자 한다.

1) 부동산가격은 계속 떨어질거다는 견해

최근 우리나라에는 장기적인 부동산 침제로 인하여 여러 가지 사회 문제가 발생하고 있다. 그중 가장 큰 문제는 은행에서 대출을 받아 부동산을 구입한 개인이 부동산의 자산가치가 애초에 은행에서 설정한 LTV[34)]기준 대출한도가 넘어서 대출한도가 넘는 부분에 대한 대출 축소에 대한 위험에 직면한 것이다. 이럴 경우 상당히 부담이 가는 목돈을 이자가 아주 높은 금융권에서 새롭게 대출을 받아야 하는데, 서민들의 경우 상당한 고통을 감내해야 하며, 혹은 이 부분에 대한 부담을 세입자에게 전가 시켜 우리나라 국민의 행복감은 상당히 떨어질 수 밖에 없다. 이런 공포감은 최근 선진국의 부동산 버블붕괴와 맞물려 더 확대되고 있는데, 특히 우리와 가까운 일본의 경우 잃어버린 20년이라는 별명에 맞게 부동산의 장기 침체가 두드러 져왔다. 2007년 우리나라 부동산시장도 일본과 함께 동조현상을 보일 것이라는 공포가 확산되며 급기야 21세기북스 출판사에서 "일본을 통해본 부동산 10년 대폭락 시나리오"라는 책이 베스트셀러가 되며 우리나라 부동산은 결국 대 폭락을 할거라는 공포감이 우리나라 전체에 퍼지게 된다.

위 저술에서 일본의 부동산 하락의 근거로서 제시한 것은 인구의 감소이다. 거기에 많은

---

34) Loan To Debt : 자산가치 대비 대출 금액의 비율

금융전문가들 특히 펀드를 판매하는 증권 전문가들이 부동산 포트폴리오의 구성이 우리나라도 선진형으로 바뀌게 되는데 선진국들은 가계자산 중 부동산 비중이 40%미만으로 우리나라도 선진국이 되면 금융자산의 비중이 높아질 것이라는 것이다[35]. 아래 그림은 주요국 가계자산 중 부동산 비중추이를 표시한 그래프이다.

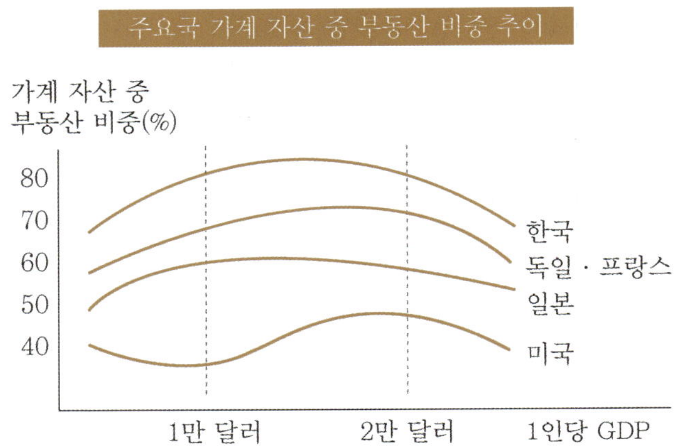

그림 4-8 **주요국 가계자산 중 부동산 비중추이[36]**

하지만 위 그래프를 보면 미국, 일본, 독일, 프랑스 모두 국민소득 1만달러 이전 부터 현재까지 거의 변함없이 그 비중이 비슷한 것을 알 수 있다. 이 말은 각 나라의 문화 등 다른 요인에 의하여 자산 포트폴리오의 구성비는 비슷할 거라는 것이다. 우리나라의 경우 가계 자산 중 부동산이 차지하는 비중은 1993년 76%, 2001년에는 83%까지 더 높아졌다가 낮아지기 시작해 2006년 77%, 2012년 70%까지 떨어진 상태다. 이 결과는 부동산 자체의 비중이 높아지거나 낮아졌다기 보다는 부동산 가격이 최근 많이 떨어져 있기 때문에 발생한 현상일 거로 판단된다. 필자의 생각은 우리나라 사람들에 뿌리 깊게 박혀있는 생각인 "부동산은 노후대책이다"라는 생각은 우리나라 복지예산이 획기적으로 늘어 우리의 노후를 걱정하지 않는 그 날이 오기 전까지는 쉽지 않을 것으로 보인다. 이러한 이유로 우리나라의 부동산 선호는 쉽게 가라앉기는 어려워 보인다.

---

35) 증권회사에 소속된 증권전문가들은 증권사의 수입을 늘리는 것이 제1 목적이다. 이들은 부동산 투자에 매력이 없으므로 금융투자로 전환하라고 끊임없이 주장한다.

36) 한국경제매거진 Money 제905호(2013년 04월 01일)

2) 부동산가격은 결국 상승할 것이다 라는 견해

일본의 부동산 가격의 하락은 인구의 감소에 기인한다고 한다. 우리나라도 일본과 마찬가지로 인구의 감소가 예상된다. 특히, 결혼 등의 이유로 부동산을 구매하길 원하는 30대 초반의 인구는 부동산가격과 밀접한 관계가 있다. 우리나라의 경우 아래 그림에서 보는 바와 같이 1980년에서 1990년 사이 거의 180만명 이상의 30대 초반(30~34세)의 인구증가가 있었다. 이는 1960년 즈음의 베이비붐의 영향이라 할 수 있다. 우리나라에서는 1958년생이 가장 많다고 하는데 이때의 출산률이 무려 6.0명에 육박했다고 한다. 여하튼, 이 당시 갑작스런 주택의 공급부족 으로 부동산은 폭등하였고, 이후 "부동산 불패"라는 용어가 생기기도 하였다.

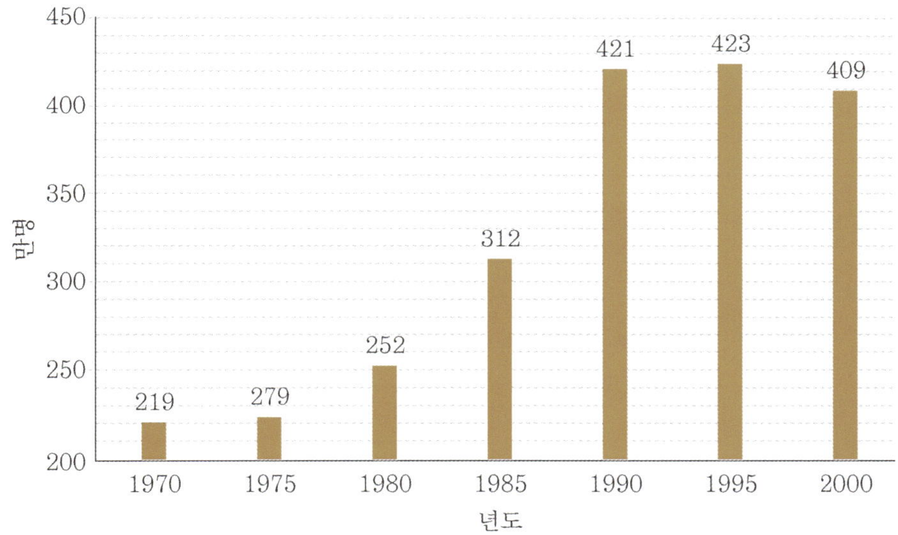

그림 4-9 0~34세의 인구변동

하지만 주택 수요의 요인을 인구 수로 보는 것은 한계가 있다. 물론 인구가 많으면 많을수록 주택의 수요가 높아지는 것은 사실이다. 하지만 더욱 더 정확히 예측하기 위해서는 인구의 수보다는 가구를 기준으로 예측하는 것이 필요하다.

주택의 정책지표로 사용되는 항목 중에는 주택보급률이라는 것이 있다. 최근 실시된 인구주택총조사(www.cinsus.go.kr)[37]는 총 1,772만 가구를 대상으로 2010년 이루어 졌는데

37) 5년마다 이루어지며, 금번, 구주택센서스는 2015년 실시되었고 그 결과는 2016년 발표됨.

이때, 우리나라의 주택 보급률은 102%로 조사 되었다. 하지만 이 수치는 한 가구에 여러 가구가 사는 다가구 주택은 제외 하고 있고, 상가로 분류되는 오피스텔에 거주하는 가구도 제외 하였다. 이들을 모두 포함한다면 우리나라 주택보급률은 130%이상이 될 것으로 추정 된다. 또한, 우리나라 주택보급률은 선진국에 비해 많이 떨어진다는 견해가 있다. 이는 1인당 국민소득이 우리보다 두배 이상 높은 나라가 우리보다 주택보급률이 높다는 것은 어쩌면 당연할 지도 모른다. 주택보급률이 선진국이 되면 더 좋아 질거라는 예측은 향후 집이 더 필요하다는 말이고 이는 가구의 증가가 없다면 현재 주택의 공급이 부족함을 의미한다.

그러면, 인구는 준다고 하는데 가구의 수는 어떻게 될까? 과연 인구는 감소하고 있는가? 사실 부동산 관련 통계들을 살펴보면 우리가 생각하듯 인구는 감소하지 않고 전체 가구의 수도 증가 하고 있다. 즉, 의학 기술의 발전으로 태아의 생존률이 높아지고 노령화가 진행 되어 출산률은 감소하였지만 실제 인구는 크게 줄지 않고 있다. 또한, 이혼률의 증가 등의 여러 가지 이유로 1~2인 가구는 늘고, 3 인 이상 가구는 준다고 하는 것이 통설이다. 결론적으로 당분간은 향후 우리나라는 현재보다 가구의 수는 증가 할 것이다.

그림 4-10 인구주택총조사(www.cinsus.go.kr) 사이트

또한, 전 세계적으로는 꾸준히 인구의 증가[38]하고 있다는 사실을 잊어서는 안된다. 또한,

38) 현재 약 70억

전 세계에서 인구가 가장 많은[39] 중국이나 12억 인구를 자랑하는 인도의 경제성장은 세계 전체의 자원 고갈로 이어져 원자재 가격의 급격한 상승을 유발 시키고 있다. 원자재 가격 및 인건비의 상승은 결국 아파트 분양가격을 상승시킬 수 밖에 없다. 글로벌화된 21세기에서 우리나라만 홀로 아파트의 분양가격을 떨어뜨릴 방법이 없는 것이다.

3) 인간의 심리와 자본주의의 속성

사람의 마음속에는 탐욕과 공포가 존재한다. 부자들은 탐욕과 공포를 잘 조절하는 사람들이다. 사람의 탐욕 때문에 파동의 고점에 매입하고 공포 때문에 파동의 저점에서 매도하는 실수를 반복하는 것이다. 인간의 공포와 탐욕 때문에 생기는 시계열 그래프가 아마도 앞장에서 설명한 경기파동이라던가 부동산 가격의 장기, 단기파동일 것이다. 부동산 가격이 오르면 너도 나도 부동산을 때려 잡아서 내려야 된다고들 한다. 이는 내가 부동산을 가지고 있지 않기 때문에, 나보다 더 좋은 동네의 집값이 올랐기 때문에 인간의 마음속에 자연스럽게 형성되는 질투심 때문일지도 모른다. 하지만 부동산 가격이 떨어지면 너무도 많은 사람들이 불행해 진다. 자본주의는 개인의 탐욕 때문인지는 몰라도 인플레이션을 먹고 산다고 한다. 내 월급이 오르길 바라면서 물가가 내리길 기대하는 것은 모순된 일인 것이다. 내 월급이 오르면 친구 월급도 오르고, 라면 값도 오르고, 당연히 부동산 자산 가격도 오르는 것이 당연하다고 생각하는 것이 자본주의를 사는 우리가 스트레스를 덜 받는 방법일 것이다.

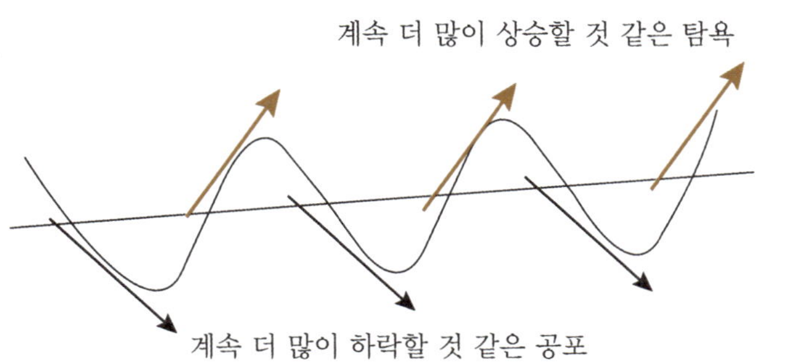

그림 4-11 자본주의 자산의 가치변동

---

39) 2010년 말 13억 4천 만 명

우리나라 부동산은 2006년 이후 지속적으로 하락하고 있다. 노무현 대통령 시절 급등했던 부동산 가격은 이명박 정부 들어 상당히 하락하고 있다. 그럼에도 불구하고 이명박 정부는 부동산에 대해 별로 칭찬을 받고 있지 못하는 듯하다. 부동산 가격의 하락과 더불어 우리의 생활도 더 팍팍해 진 이유 때문일 것이다. "사촌이 집을 사면 배가 아프다"는 우리의 질투심만 조금 줄인다면 적절한 부동산 가격 상승과 함께 모두의 생활도 행복해 지리라 본다.

홍콩에서도 부동산 폭락의 시점이 있었다. 1997년에서 2003년 사이 약 6년간 부동산 시세가 60% 폭락 하였다. 2010년까지 홍콩 사람들은 부동산은 이제 투자의 매력이 없으며, 부동산 가격은 영원히 오르지 않을 거라는 공포감이 팽배 하였다. 하지만 2011년 홍콩 집값은 2년 사이 50% 폭등하여 결국 모든 홍콩 사람들은 탐욕의 눈으로 부동산을 바라보고 있는 실정이다. 물론, 홍콩의 경우 중국의 대규모 투자 자본이 짧은 시기에 집중된 부분도 있지만 정보화사회의 글로벌화된 현재 지구 어디에든 상대적인 자산가치 하락이 있는 곳에 투자가 몰리는 것은 당연한 일일 것이다. 일본의 경우도 최근 잃어버린 20년을 탈피하려는 여러 가지 조짐이 보인다.

日 부동산 경기 '잃어버린 20년' 끝낼 채비

기사입력 2013-04-02 03:00:00 | 기사수정 2013-04-02 03:00:00

좋아요 2 Tweet 2 기사보내기

도쿄 도심 임대료 가파르게 오르고… 새 아파트 1500채 곧 분양 완료
"아파트 사고 싶다" 광고 전단 나와… 아베發 '부동산의 봄' 기대 부풀어

일본 도쿄 미나토 구 시바우라 섬의 모습. 운하로 둘러싸인 시바우라 섬에는 49층짜리 고층 아파트가 4개동 있는데 팔겠다는 집주인은 없고 사겠다는 사람만 많아 '아파트를 산다'는 광고 전단까지 등장했다. 도쿄=박형준 특파원 lovesong@donga.com

그림 4-12 일본의 부동산경기 관련 기사(2013.4.2)

위 기사를 보면 일본 도쿄 미나토 구 시바우라 섬의 모습을 배경으로 운하로 둘러싸인 시바우라 섬에는 49층짜리 고층 아파트가 4개동 있는데 팔겠다는 집주인은 없고 사겠다는 사람만 많아 '아파트를 산다'는 광고 전단까지 등장 했다는 내용이다. 부동산 가격이 뛰는 것은 '아베노믹스'에 대한 기대감 덕분이다. 아베 총리가 공언한 대로 물가가 오르면 하루빨리 부동산을 사는 게 이익이라고 한다. 2014년 4월부터 일본에서는 소비세(부가가치세)가 현행 5%에서 8%로 오르는 데, 부동산은 가격이 수억 원대여서 소비세가 1%만 올라도 수백만 원의 세금을 더 내야 한다는 것이다. 또한, 일본은행이 무제한으로 돈을 풀면서 사상 최

저로 떨어진 금리도 부동산 경기 부양에 한몫 했다. 대형 은행의 최우대 금리를 적용한 주택담보대출 금리는 현재 변동형 0.8%, 10년 고정형 1.3%다. 임대료로 매달 수십만 엔씩 비용을 낼 바에야 아예 은행에서 돈을 빌려 집을 사는 게 낫다는 생각이다.

4) 우리나라 부동산 정책의 역사

우리나라는 정치적인 이유로 부동산 정책이라는 이름으로 부동산시장을 인위적으로 조정해왔다. 즉, 시장에서 부동산 가격 상승세가 지속되면 가격하락을 의도해서 정부는 인위적인 안정책을 사용한다. 이런 정책의 효과로서 부동산가격이 하락하게 되면 건설경기가 침체된다는 우려가 나온다. 가격 하락폭이 급격하고 클 경우에는 자산가치의 하락을 우려하기도 한다. 또 소위 '거품'의 급격한 붕괴로 인한 경기의 하강을 우려하여 연착륙을 시도해야 한다고 한다. 다. 이런 우려 속에서 가격안정책은 변질되거나 더 이상 지속되지 못한다. 정부는 부동산 가격하락 정책을 접고 다시 침체된 건설경기의 부양을 위해 그간 실시된 규제를 풀기 시작한다. 규제를 완화하면 건설경기는 되살아나고 이어서 부동산가격은 다시 상승하게 된다. 그럼 다시 정부는 하락대책으로 되돌아간다. 이렇게 정책의 강약을 반복하여 온 것이 우리나라의 부동산정책 역사이다. 즉, 1970년대 이후 지금까지의 정책의 변동을 보면, 1975년~1977년 급격한 지가상승 → 1978년 8.8조치 → 1981년 지가상승률 다소안정, 극심한 경기침체 → 1981 년 주택경기활성화 조치 → 1983년 지가상승 → 1983년 부동산투기억제 대책 → 1984년 물가안정, 부동산가격안정 → 1985년 주택건설 활성화 조치 → 1987년 지가폭등 → 1988년 부동산종합대책(투기억제) → 1989년 지가 31.8% 상승 → 1990년 투기억제정책(종토세도입, 토지공개념 3개법률 시행 등), 1989년 공급확대정책(주택 200만호 건설계획) → 1992년 지가하락 → 1993년 규제완화(준농림지 개발허용 등) → 1998년 IMF구제금융시 부동산가격 폭락 → 1998년 부동산시장활성화 정책(토지 신고제 해제, 허가제 대폭 완화, 공개념 3법 폐지 · 완화, 부동산시장 외국인 개방, 부동산 여신제한 폐지, 1999년 개발제한구역제도개편) → 1999년 이후 상승 → 2003년 10.29 안정대책 → 2005년 8월 31일 부동산종합안정대책으로 진행되었다. 역사적으로 부동산정책은 주택가격의 등락에 대응하여 가격안정정책과 주택경기활성화 정책이 반복 순환된 것을 볼 수 있다.[40]

전, 정권인 박근혜 대통령님 시절 4년간은 과거 7년간의 부동산 침체를 좋은 현상으로

40) 한병영, "부동산정책의 철학적 기초", P.129일부 발췌

보지 않고 부동산 활성화 정책을 제시 하였다. 정책에는 시차가 존재한다. 즉, 오늘 정책을 만들었다고 내일 효과가 나타나지 않는다. 짧게는 3개월, 길게는 3년씩 시차가 나타나기 때문에 효과가 나타나기 전에 더욱 강한 정책이 더 추가되어 파동의 폭이 커지기도 한다.

필자의 개인적인 생각은 자본주의 사회에서의 자산하락(디플레이션)은 인플레이션보다 더 나쁘다는 생각이다. 이는 인간의 본성에 기인한다. 우리는 우리의 월급이 오르기를 바란다. 당연히 나의 월급이 오르면 다른 사람의 월급도 오르기 마련이며 식당의 김치찌개의 값도 오른다. 이는 자본주의 사회에서 물가가 오르는 것을 의미하며 이를 전문용어로 인플레이션이라고 한다. 즉, 인플레이션이란 나의월급이 오르는 것을 의미하는 것이다. 그러기 때문에, 부동산도 실물자산이며 당연히 먼 훗날 부동산 가격은 물가상승률정도의 상승은 당연한 것으로 받아 들여야 한다는 필자의 생각이다. 자본주의는 결국 돈이 돌아야 돌아간다. 자본주의 시장에서 돈은 동물로 따지면 피이다. 이 돈은 부동산가격의 하락으로 부실채권들이 쏟아져 나오면 돈이 마루고 결국 자본주의가 무너지게 된다. 부동산가격의 안정은 좋다. 하지만 인간의 공포와 탐욕은 적절한 상태를 유지하지 못하게 만든다. 정부의 정책은 인간의 공포와 탐욕을 더 강화시킨다.

위에 설명한 데로 우리나라의 부동산 정책의 역사는 하락시 안정이라는 명목으로 상승을 유도하는 정책을 제시하고, 잘 안 먹히면 더 센 정책을 만들어 시간이 지나면 폭등을 하게 한다. 정책은 시차가 있다. 바로 효과가 있는 정책은 많지 않다. 하지만 우리나라의 부동산 정책의 역사를 볼 때, 국가에서 시장에 간섭을 시작하면 분명 효과가 나타난다. 그것도 인간의 공포와 탐욕에 의해 크게 변화한다. 2013년 4월 1일 부동산 거래 활성화 정책을 발표한 이후 최근까지 부동산 시장은 활황을 겪었다. 필자는 이것을 부동산 가격 상승의 시그날(신호, signal)로 본다. 잘 안되면 더 좋은 정책을 제시 할 것이다. 우리나라 정책은 한 번도 실패한 적이 없다. 정부가 힘이 좋기 때문이다. 그 내용이 무엇인지는 중요하지 않다. 현재의 정부는 부동산 가격이 올라가는 것 보다는 적절히 안정을 찾는 것을 원하는 느낌이다. 시간이 지나면 부동산 가격은 인플레이션 정도의 상승으로 수렴할 것으로 보인다.

5) 향후 부동산 투자의 방향

마지막으로 필자는 아래 네 가지의 부동산 투자의 방향을 제시하려고 한다.

➡ 수익형 부동산

먼저 수익형 부동산에 주목하라는 것이다. 부동산가격을 결정하는 변수는 여러 가지이다. 특히 인구의 증가, 가구의 증가는 부동산가격에 상당히 민감하다. 또한 우리나라는 부동산 정책에 대한 고려를 하지 않을 수 없기 때문에 안전한 투자를 수행해야 한다.

금리도 부동산 투자의 큰 고려 대상이다. 은행 대출금리도 중요하지만 은행에 목돈을 예치한들 금리가 예전처럼 높지 않다. 불과 3% 정도에 세금 떼고 나면 2%대의 수익을 얻을 수 있다. 1억을 예금한다면 불과 한 달에 20만원 밖에 수입이 없는 것이다. 이러한 금리는 선진국형으로 갈수록 낮아진다고 하니, 은행에 목돈을 예치하기에는 뭔가 손해를 보는 듯한 느낌을 지울 수 없다.

필자도 얼마 전 구분상가 하나를 매입하였다. 공실이 안나는 곳, 수익률이 높은 곳을 발품을 팔아 찾다보니 역세권의 상가하나를 매입할 수 있었다. 수익률이 7%로 괜찮았다. 상가를 매입하면서 몇 가지 거시적인 고려를 해 보았다.

① 월세는 앞으로 오를까?

내 월급이 오른 다면 월세도 오를거라는 생각을 했다. 단, 장사가 잘 안되면 월세를 내려 달라고 할 수도 있어 몇 일 다녀보고 손님이 많아 장사가 잘되는 곳을 선택 했다. 또한, 계약기간이 5년이라 5년 정도는 안정된 수입이 예상되었다.

② 수익률은 항상 7%일까?

내가 투자한 후 월세가 계속 오른다면 초기 투자비용은 항상 동일하므로 수익률은 높아질 것이다.

③ 부동산의 가치는 어떻게 될까?

20년이 지나 월세가 두 배가 올랐다고 한다면 수익률은 14%가 될 것이다. 14% 수익률의 상가가 있을까? 그렇데 된다면 당연히 매각할 때에는 그 때 상황에 맞는 수익률로 상가 가격이 다시 매겨질 것이다. 필자의 생각은 지속적으로 이자가 하락하기 때문에, 미래에는 상가수익률이 4~5%만 되어도 매매가 가능할 것으로 예측하고 있다. 최근 월세가 꼬박 꼬박 나오는 수익률 좋은 상가는 특별한 이유(과도한 대출, 이민 등)가 없다면 매각하지 않는다. 은행의 이자율이 계속 내려가고 있기 때문이다. 상가 주인들은 상가를 파느니 차라리 대출을 받는게 낫다고 생각한다. 왜냐하면 월세를 받아 대출이자를 내면 남는 것이 있기 때문인 것이다.

➡ 아파트의 감가상각

아파트를 투자할 때 이제는 감가상각측면도 생각해 보아야 한다는 것이다. 아파트의 가격이 급등할 때에는 노후된 아파트를 재건축하여 시세 차익을 볼 수 있는 방법도 있었으나, 최근에는 아파트의 가격 상승이 주춤 하면서 재건축에 대한 기대는 거의 없어진 듯하다. 아파트의 수명은 얼마나 될까? 콘크리트의 수명이 100년 정도[41] 한다고 한다. 하지만 완벽하게 건축을 하기는 쉽지 않기 때문에 50년 정도까지를 일반적인 콘크리트 수명으로 사용하고 있다. 즉, 콘크리트로 지은 50년 된 아파트는 위험해서 살수 없는 것이다. 우리나라 법인세법에서는 콘크리트 건축물의 감정평가 기준으로 40년을 사용한다. 아파트가 40년이 지나면 건물 값이 없어진다는 의미이다.

여러분 아파트가 40년이 지났다고 가정하고, 이제 새롭게 짓는다면 그 비용은 누가 지불해야 할까? 아마도 아파트 소유주가 이 비용을 전부 부담해야 할 것이다. 20년 정도 지나면 노후된 아파트에 대한 재건축 관련 문제들이 사회의 이슈가 될 것으로 보인다. 그때를 위해 차곡차곡 적금을 들어 놓아야 할 듯하다. 그때쯤 되면, 재건축을 위한 은행 대출 상품들이 여러 형태로 개발될 것으로 보인다.

필자도 거의 20년 정도 된 아파트에 살고 있다. 이 아파트가 개인적으로는 너무 좋지만 10년 이내로 새로 지은 아파트로 이사 가려고 준비 중이다. 재건축을 고려하긴 너무 골치가 아프기 때문이다.

➡ 무리한 대출을 금하라

이제 부동산을 투기하던 시대는 지났다. 최근 부동산의 급격한 하락은 우리국민들이 이제는 섣불리 부동산을 투기의 대상으로 생각하면 안 된다는 것을 일깨워준 좋은 교훈이 된 듯하다. 따라서 이제 부동산을 투자 할 때 무리한 대출로 부동산을 매입한다면 하우스 푸어의 길로 들어선다는 것을 의미한다.

➡ 부동산 간접투자를 이용하라

부동산 증권화는 부동산 소유권을 표준화된 소액단위로 분할하여 그 지분을 자본시장에 유통시키는 기법으로서 일본의 경우 부동산 폭락이후 새로운 부동산 투자 형태로 자리 잡았다. 최근 일본의 경기가 좋아지면서, 이러한 부동산 펀드(리츠펀드) 수익률이 다른 펀드들보다 수익률이 높은 추세이다. 아래는 최근 일본의 부동산 펀드의 수익률에 대한 뉴스이다.

---

41) 공학적 수명은 피복두께를 제곱하여 7.3을 곱하는 것으로 피복두께가 3cm일 경우 65.7년이다.

➡ 굳이 모든 사람이 집을 살 필요가 있을까?

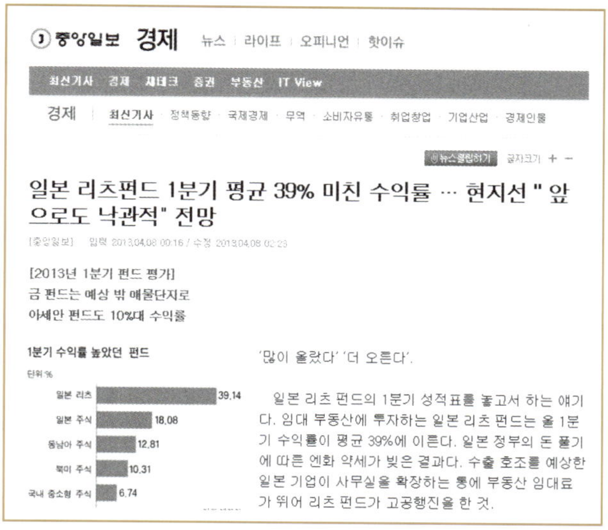

중앙일보 경제 뉴스 | 라이프 | 오피니언 | 핫이슈

최신기사 경제 재테크 증권 부동산 IT View

경제 | 최신기사 · 정책동향 · 국제경제 · 무역 · 소비자유통 · 취업창업 · 기업산업 · 경제인물

뉴스클립하기 글자크기 + −

일본 리츠펀드 1분기 평균 39% 미친 수익률 … 현지선 " 앞으로도 낙관적" 전망

[중앙일보] 입력 2013.04.08 00:16 / 수정 2013.04.08 02:23

[2013년 1분기 펀드 평가]
금 펀드는 예상 밖 애물단지로
아세안 펀드도 10%대 수익률

1분기 수익률 높았던 펀드

단위:%

일본 리츠	39.14
일본 주식	18.08
동남아 주식	12.81
북미 주식	10.31
국내 중소형 주식	6.74

'많이 올랐다' '더 오른다'.

일본 리츠 펀드의 1분기 성적표를 놓고서 하는 얘기다. 임대 부동산에 투자하는 일본 리츠 펀드는 올 1분기 수익률이 평균 39%에 이른다. 일본 정부의 돈 풀기에 따른 엔화 약세가 빚은 결과다. 수출 호조를 예상한 일본 기업이 사무실을 확장하는 통에 부동산 임대료가 뛰어 리츠 펀드가 고공행진을 한 것.

필자는 왜 모든 사람이 집을 소유해야 하는가? 하는 질문을 학생들에게 하곤 한다. 도무지 모든 사람이 다 집을 사야 될 이유가 없는 것이다. 내가 사는 집 한 채는 거주를 목적으로 하는 것이고, 그 이상 사는 것은 투자의 개념이다. 자본주의 사회에서 가난한 사람들이 집살 돈이 없고, 부자들도 본인 집 이외의 집을 더 사지 않는 다면, 수도 없이 많은 사람들이 거리의 노숙자가 되어야 할 것이다. 부자는 집을 두채 이상 사고 가난한 사람들은 그 집을 임대하여 살면 둘 다 행복한 것이다. 최근 우리나라에만 있는 전세 제도에 대해 많은 사람들이 의구심을 갖기 시작했다. 왜, 집을 사서 전세를 내주고 재산세를 내는가? 과거에는 부동산을 투기로 생각해서 전세금으로 여러 채의 집을 살 수 있었고, 집값이 오르면 팔아서 시세차익을 얻는 시대가 있었다. 아주 옛날이다. 앞으로 그런 일은 벌어지지 않을 듯 싶다. 전세 자체도 최근에는 월세로 바뀌는 추세이며 월세로 사는 것이 선진국형이 되는 추세인 것 이다. 전세를 놓는다는 것은 어떤 의미로 시세차익을 노리는 것이며, 월세를 받는 다는 것은 다른 금융 상품처럼 수익률을 추구하는 것이다. 부동산 투기라는 것이 없었다면 결국 전세도 없어 졌을 것으로 필자는 생각한다. 부자는 집을 두채 이상 더 사서 서민들에게 저렴하게 임대해 주어 모두 행복한 사회가 되어야 한다. 만약, 어떤 사람이 월세를 내고 나머지 자산으로 더 수익성 높은 투자나 사업을 할 수 있다면, 굳이 집을 비싼 돈을 주고 사서 소유 할 필요는 없지 않을까? 집을 소유하는 문제는 수익률을 투자의 기준으로 하는 투자 선택의 문제인 것이다. 정부의 역할은 서민들을 위해 과도한 임대료 상승을 감시하고, 거래가 안전하게 이루어 질 수 있도록 지원하는 것이라고 할 수 있다. 정치적인 이유[42]로 임대료에 대한 과세를 강화하면 임차인은 그 만큼의 월세를 올려, 서민에 그 비용을 전가를 하게 되는게 현실이므로 임대료에 대한 과세보다는 임대의 공급량을 늘려 시장에서 임대의 질과 가격을 안정화 할 필요가 있다.

42) 세상에는 부자들을 나쁜 사람이라고 생각하고 이들에게 손해를 주어야 한다고 생각하는 사람들이 있고, 이들의 불만을 잠재우기 위해 정치적인 이유로 부자들에게 손해를 주는 행위를 하는 정치인들

제 4 부 토론

토론 1 : 부동산을 투자의 대상으로 봐야 하는가? 거주에 필요한 도구로 볼 것인가? 자본주의의 기본적인 패턴이 인플레이션을 무시할 수 없다면, 현물을 소유하고 있는 것이 유리할 것인가?

토론 2 : 부자들이 집을 사주고, 가난한 사람들은 그 집을 임대하여 살면서 그 비용만을 지불하는 시스템이 가난한 사람들에게 더욱 좋은 제도가 아닌가? 모든 사람들이 모두 집을 소유할 필요가 있는가?

대학생을 위한 금융과 부동산 투자 상식 **교양 재테크**

chapter

05

주식 투자

1. 주식회사와 주식의 개념
2. 주식 시세 보기
3. 주가는 어떻게 형성되는가?
4. 주식 투자 기법
5. 가치주 투자 방법
6. 주식 투자의 현실
7. 주식의 거래 방법

01 주식회사와 주식의 개념

가. 주식회사 제도

기업의 형태는 법률상의 규정에 따라 합명회사, 합자회사, 유한회사, 주식회사 등으로 구분할 수 있다. 소유와 지배를 중심으로 개인 기업, 인적 공동 기업 및 자본적 공동 기업 등으로 나눌 수 있다. 또한 기업의 출자자가 사적 민간인이냐 정부나 공공단체이냐에 따라서 사기업, 공기업 및 공사 공동 기업으로 분류될 수 있다. 그 이외에도 기업의 형태는 규모에 따라서 대기업, 중기업 및 소기업으로 분류되기도 한다.

개인 기업은 개인에 의해서 출자, 경영, 지배되는 기업 형태다. 따라서 개인이 경영상의 모든 책임을 지는 반면에 이윤을 독점할 수 있다. 합명회사, 합자회사는 인적 공동 기업이다. 인적 공동 기업이란 두 사람 이상이 공동으로 출자하여 이윤을 목적으로 경영하는 기업의 형태이다. 이때 인적 공동 기업은 이들 간 관계가 인적 관계에 의해서 결합된 것을 의미한다. 인적 공동 기업은 사원들과의 인적 결합이 전제가 된다는 점에서 자본 조달의 제약을 받고 출자자와 경영자가 분리되지 않아 경영상의 능률을 기하기가 어려웠다. 이에 따라 나타난 기업 형태가 주식회사이다. 자본적 관계를 기초로 하여 다수로부터 거액의 자본을 조달하고 이를 전문적 경영자가 관리토록 하는 자본적 공동 기업으로서의 주식회사 제도를 마련한 것이다.

주식회사 제도는 오늘날 자본주의의 발달과 더불어 가장 보편화된 기업의 형태가 되고 있다. 주식회사는 그 성격상 국민 경제에 미치는 영향이 매우 크기 때문에 이들 기업의 설립과 운영에 대한 법률과 제약은 다른 인적 기업들에 비해 훨씬 까다로우며 그에 따라 많은 비용이 소요된다. 주식회사는 하나의 자본 단체로서 그것이 주주의 출자 자산을 바탕으로 설립되기 때문에 자본의 결합이 중요한 것이지 인적 결합이 중요한 것은 아니다. 그리고 그 자본은 주식의 발행에 의해 다수인으로부터 조달되고 출자한 사람은 모두 유한 책임을 지게 된다.

나. 주식회사의 특징

주식회사가 갖는 자본적 기업으로서의 특징은 다음과 같다.

자본의 증권화

자본을 증권화하여 주식회사의 경영자와 투자자 모두의 욕구를 동시에 충족시킬 수 있다. 경영자는 조달된 자본이 영구적으로 고정되기를 바라며 투자자는 투자 자본을 자유롭게 매매할 수 있기를 원한다. 그런데 주식회사는 출자 자본을 주식이라는 유가증권으로 균등하게 배분하여 출자자에게 매각하고, 주식을 매입한 주주는 주식의 유통 시장에서 자유롭게 주식을 매매함으로써 언제든지 주주의 지위를 획득하거나 상실할 수 있다. 따라서 투자자의 입장에서는 소액의 단기적 자금이라도 얼마든지 투자가 가능하다.

또한 경영자의 입장에서 보면 비록 투자자의 입장에서는 소액의 자본이라도 이것이 집적되면 대규모화 된다는 점에서 대규모의 자본 조달이 가능하다. 비록 유통 시장에서 주식의 소유자가 바뀌었다고 하더라도 발행 시장을 통해서 조달된 고정된 자본은 계속적으로 이용할 수 있게 된다. 따라서 현대의 자본주의에서 주식회사가 필요로 하는 대규모의 장기적 자본의 조달이 증권제도에 의해서 가능하게 되는 것이다.

유한 책임제도

이 특징은 주주가 자본 위험으로부터 발생하는 채무에 대해서 자기가 출자한 자본의 한도, 즉 자신이 인수한 주식의 액면 금액 내에서만 채무 변제에 대한 책임을 진다는 것을 의미한다. 주식회사 제도의 이러한 특징은 회사의 재산과 주주 재산의 완전한 분리를 의미한다. 그에 따라서 기업은 대규모의 자본을 다수의 사람으로부터 쉽게 조달하는 것이 가능하게 된다. 즉, 자본 조달의 용이성과 대중화가 가능하며 그에 따라서 주식회사의 모험적인 사업도 가능하게 된다.

소유와 경영의 분리

오늘날의 주주는 주식의 분산화 또는 대중화의 영향으로 대부분이 소액주주이며 이들은 경영 활동에 참가하기보다는 이익 배당이나 주가 차익을 기대하고 있는 것이 현실이다. 기업의 대규모화와 그에 따른 경영 관리 직능의 복잡화는 경영의 전문 지식을 요구하게 되었다. 이러한 이유로 기업 경영의 전문성을 가진 전문 경영자가 출현하고 소유와 경영이 자연스럽게 분리되었다.

다. 재무상태표(B/S, Balance Sheet)

재무상태표는 대차대조표로도 불리우는데, 일정시점 현재 기업의 재무상태, 즉 일정시점 현재 기업이 보유하고 있는 경제적 자원인 자산과 경제적 의무인 부채 그리고 자본에 대한 정보를 제공하는 재무 보고서다. 재무상태란 일정시점에 있어서 기업의 재산 상태를 말하는 용어인데, 일반적으로 개인의 재산은 총재산에서 빚을 제외한 순재산을 의미하지만, 기업의 재산에 대한 개념은 총재산을 의미한다. 즉, 남의 돈 내 돈 구별 없이 회사의 명의로 되어 있는 것은 모두 기업의 재산으로 간주한다. 경제적 측면에서 남의 돈을 타인자본이라고 하고, 내 돈을 자기자본이라고 하며 이들의 합계액을 총자본이라고 한다. 타인자본은 기업이 미래에 갚아야 할 빚이므로 부채라고 하고, 자기자본은 장사나 사업 등의 기본이 된다는 의미에서 자본이라고 하며, 부채와 자본의 합을 자산이라고 한다. 이 식을 대차대조표 등식 또는 회계등식이라고 한다.

- 총재산 = 남의 돈 + 내 돈
- 총자본 = 타인자본 + 자기자본
- 자산 = 부채 + 자본 → 대차대조표 등식 (회계등식)

그리고 이 등식에 의해서 작성되어 일정시점에 있어서의 재무 상태를 나타내 주는 재무 보고서를 재무상태표라고 한다. 이를 도식화하면 다음과 같다.

재무상태표	
자 산	부 채 자 본

그림 5-1 **대차대조표 구조**

예를 들어 (주)동훈연구소가 2012년 중에 영업활동을 위하여 건물을 1억 원에 구입하였는데, 은행대출 4천만 원과 자기자본 6천만 원을 투자하였다면 이를 다음과 같이 나타낼 수 있다.

자산 (₩100,000,000) = 부채(₩40,000,000) + 자본(₩60,000,000)

대 차 대 조 표			
(주)동훈연구소	2012년 12월 31일		(단위: 원)
자 산	100,000,000	부 채 **자 본**	40,000,000 60,000,000
	100,000,000		100,000,000

그림 5-2 **재무상태표 사례**

재무상태표(대차대조표)의 왼쪽은 기업이 소유하고 있는 자산을 표시하고, 오른쪽은 기업자산의 조달 원천인 부채와 자본을 표시하며, 왼쪽과 오른쪽은 금액이 일치되어 균형 상태를 이루게 된다. 또한 재무상태표에는 재무상태표라는 재무보고서의 명칭, 회사명, 대차대조표 작성 기준일, 금액 단위를 표시하여야 한다. 여기서 자본 60,000,000만원에 대해 보통주로서 증권을 발행하여 여러 투자자들이 이를 공유할 수 있다. 이 증권을 주식이라고 한다.

주식이란 기업이 사업 자금 조달을 위해 발행하는 것으로서 투자자로부터 돈을 받고 그 증표로 발행하는 것이다. 위의 대차 대조표에서 보는 바와 같이 기업이 발행한 주식은 투자자로부터 돈을 빌린 부채가 아니라, 회사를 소유할 수 있는 자본의 일부로 볼 수 있다. 소유권의 일부를 투자자에게 준다는 증표이다. 주식회사의 경우 여러 사람이 자본을 모아 회사를 설립하면서 그 회사의 소유권을 투자자들이 나누어 가지는 형태이고, 개인회사의 경우 자본 모두를 개인이 조달하는 형태라고 할 수 있다.

라. 유가증권

유가증권이란 재산적 권리를 나타내는 금전적인 청구권을 증서로 표시한 것이며, 간단히 증권(securities)라고 한다. 넓은 의미에서 유가증권은 재산적 권리가 표시된 증서로서 권리의 유통을 원활히 하기 위하여 권리를 증권에 체화한 것으로서 화폐증권(어음, 수표 등), 상품증권(창고증권 등), 자본증권(주식, 사채 등)으로 나눌 수 있다. 좁은 의미에서는 자본증권만을 증권이라고 한다. 증권거래법에서는 구체적으로 거래되는 유가증권의 종류를 열거, 명시하고 있다. 그 범위가 넓기 때문에 증권거래법상의 유가증권은 자본증권의 성격을 갖는 증권 · 증서 및 이와 유사하거나 관련된 것으로 해석하는 것이 옳을 것이다.

① **자본 증권성**

투자자가 직접 사업이나 재산을 지배할 목적이 없이 투자(portfolio)를 하여 시세차익(차손)이나 이자, 배당 등 투자수익의 취득을 목적으로 하여 취득하는 유가증권을 의미한다.

② **매매 가능성**

이러한 자본증권은 대량발행과 유통을 통해 불특정 다수인이 매매할 수 있는 시장성 내지 유통성을 갖추고, 매매거래성(재산권의 이전과 대금지급)을 갖고 있어야 한다.

마. 주식(stock)의 개념

주식이란 주권에 대하여 주주가 가지는 권리 및 자본금 중의 출자지분을 나타낸다. 여기서 말하는 주권이란 주주가 가지는 권리와 출자지분에 대하여 발행되는 유가증권을 의미한다. 즉, 회사의 가치를 나타내는 것으로 100원에서 5,000원까지 다양한 액면가로 분류되며, 투자자는 회사에 투자할 때 투자한 금액만큼 주권을 갖게 된다. 약정된 기간에 반드시 이자를 지급하여야 하는 채권과는 달리 기업의 운영 결과 발생하는 이익의 범위 내에서 배당(dividends)을 지급할 수 있다.

주식에 투자함으로써 얻을 수 있는 수익은 배당수익과 주식의 매매 처분시의 매수가격과 매도 가격의 차이인 시세 차익을 들 수 있다. 이러한 배당수익과 처분가격은 상황에 따라서 항상 변동되므로 배당수익이 없을 수 있다. 주식을 매도할 때 매수가격보다 낮게 팔아 손해를 볼 수 있으므로 투자에 각별히 유의해야 하는 것이다. 주식의 소유권자를 주주라고 하는데, 주주는 주식회사의 투자자이며 주주로서 회사에 대하여 법률상 주주지분 만큼의 권리를 갖는다.

바. 주식의 종류

1) 보통주, 우선주

가) 보통주(common stocks)

주주가 가지는 각종 권리를 동등하게 보유하고 있는 주식으로 이익배당이나 주식회사

청산 시 잔여재산 청구 등 그 권리를 행사할 수 있다. 일반적으로 주식이라 할 때는 보통주를 말하며, 회사가 단일 종류의 주식만을 발행하는 경우에는 특별히 이 명칭을 붙일 필요가 없다. 보통주는 주식회사의 경영에 참여할 수 있는 권리와 경제적 이익을 얻을 수 있는 권리를 가진 투자 대상이다. 우리나라 상법에는 기명주식이 원칙이다. 즉, 우리나라의 경우 주주의 성명이 주권이나 주주 명부에 기재되어 있어야 한다.

나) 우선주(preferred stocks)

우선주는 이익 배당이나 잔여 재산 청구에 있어서 우선적 지위를 가지는 주식으로 우선적 지위에 여러 가지 선택사항(옵션)을 부여함에 따라 다양한 형태를 띠고 있다.

- 누적 우선주와 비누적 우선주

  누적 우선주는 당해 연도에 우선 배당률 이하로 배당을 받거나 아주 배당을 받지 못하는 경우, 미지급된 배당분이 다음 사업 연도의 우선 배당분에 이월 합산되는 것을 말한다. 비누적 우선주는 당해 연도에 지급받지 못한 배당분은 당해 결산기가 경과하면 소멸되는 우선주이다.

- 구형 우선주와 신형 우선주

  우선주에는 '구형 우선주'와 '신형 우선주' 가 있다. 「1우」라고 표시된 것은 구형 우선주이고, 「1우B」 「2우B」라고 하면서 B자가 붙은 것은 '신형 우선주'이다. 1996년 상법 개정 전에 발행된 우선주가 '구형 우선주'로 보통주보다 배당을 1% 이상 더 준다.

  신형 우선주는 법 개정 이후 발행된 우선주로 일반적으로 끝에 B자가 붙어 있다. 신형 우선주는 정관에 의해 최저 배당률을 보장해주는 것이 특징이다. 기업 입장에서 보자면 확정된 이자를 주는 것과 다름이 없기 때문에 채권의 성격을 지니고 있다고 하여 B자를 붙이는 것이다. 그 해에 배당을 실시하지 못하면 다음 해로 배당 의무가 누적된다.

- 전환 우선주와 상환 우선주

  우선주 중에는 3~10년 가량 지나면 보통주로 바뀌는 것이 있는데, 이를 전환우선주라 한다. 한편 상환 우선주도 있는데, 상환 우선주란 특정 기간 동안 우선주의 성격을 가지고 있다가 기간이 만료되면 발행 회사에서 이를 되사도록 한 주식이다. 상환 우선주는 상환을 전제로 발행되기 때문에 만기가 있다.

2) 의결권주, 무의결권주

가) 의결권주

주주총회에 상정된 의결사항에 결정권을 가지게 되는 주식을 말하며, 한국의 경우에 보통주는 모두 의결권주가 되고, 1주에 대해 1표의 권리를 행사할 수 있다.

나) 무의결권주

기업이 의결사항에 참여할 수 없는 대신에 고정 우선배당액이 지급되거나 보통주보다 높은 배당액이 지급되는 주식을 말한다. 그러나 만약 약속된 배당액이 지급되지 못할 경우에는 당해 연도에 한하여 의결권이 부활된다.

3) 유상주, 무상주

가) 유상주

주금의 납입에 대해 교부되는 신주권을 의미한다.

나) 무상주

실직적인 주금의 납입 없이 잉여금을 자본금으로 전입하면서 무상으로 발생되는 신주권을 의미한다. 보통 무상증자에 의해 무상주가 발행된다.

02 주식 시세 보기

가. 주식 거래 시장

아래 그림은 주식 시세를 포털사이트 네이버(www.naver.com)를 통하여 확인한 것이다. 아래 그림을 보면 코스피 지수가 2,396.00포인트이고 코스닥 지수가 656.01이라는 것으로 확인할 수 있으며, 이어서 등락 포인트와 괄호안에 등락비율이 표시됨을 알 수 있다. 일반적으로 우리나라에 서는 붉은색의 경우 상승을 푸른색의 경우 하락을 나타낸다. 주식 거래는 대학수능일 등 특별한 날이 아닌한 현재, 아침 9시부터 오후 3시 30분까지 시장이 열리며 정규 거래를 할 수 있다. 아래 그림에서는 하루 동안의 변동 상황을 보여주고 있다. 3시30분이 지나면 6시까지 10분단위로 거래가 이루어지나 변동폭은 제한적이다.

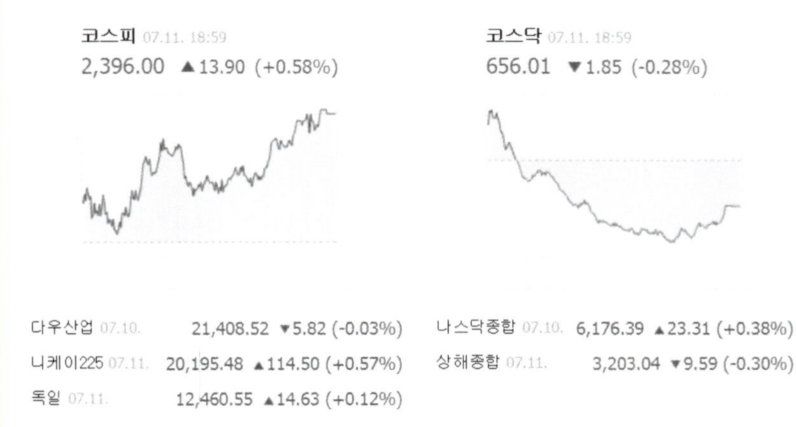

그림 5-3 코스피와 코스닥

우리나라 주식시장은 크게 두 개의 시장이 있다. 하나는 코스피 시장이고 다른 하나는 코스닥 시장이다. 신문의 주식 시세표도 거래소(코스피) 시세표와 코스닥 시세표로 구분되어 있다.

코스피(거래소)니 코스닥이니 하는 말은 주식이 거래되는 서로 다른 종류의 주식 시장을 말한다. 주식 시장이란 주식을 실질적으로 거래하고 가격이 형성되는 곳이다. 투자자를 보호하고 주식 시장과 국가 경제를 보호하고자 일정한 심사를 받은 기업만이 주식 시장에서 주식을 거래할 수 있도록 하고 있는데, 우리나라에는 크게 코스피 시장과 코스닥 시장 두 시장에 상장된 종목들이 활발히 거래되고 있다. 여기에 제3시장과 장외 시장이 존재 하는데, 제3시장은 거래소 시장이나 코스닥 시장에서 주식을 거래하는 기업에 미치지는 못하지만 한국 증권업 협회가 일정한 요건을 갖춘 기업들을 지정하여 주식을 거래하는 곳이고, 장외 시장은 제도권 시장의 외곽에서 거래가 이루어지는 곳인 만큼 거래위험과 투자 위험이 큰 시장이다.

우리가 흔히 접할 수 있는 시장은 코스피와 코스닥이다. 그 나머지 시장에서 거래되는 주식들은 보통 사람들이 투자하는 범주에 속하지 않는다고 보면 된다. 거래소 시장은 한국 증권 거래소가 엄격한 심사 기준으로 선정한 기업들을 상장시켜 주식을 거래하는 곳이다. 코스피 시장에 상장된 기업들은 대부분 자산 규모가 크고 경영 수익이 좋은 대기업이다. 코스닥 시장은 한국 증권업 협회가 성장력과 기술력이 있는 벤처 기업과 중소기업을 등록시켜 주식을 거래하는 곳이다.

위 그림에서 코스피 옆에 수치는 2,396.00이다. 이 수치를 흔히, 종합주가지수라고 하고 종합주가지수는 1980년 1월 4일을 지수 100으로 기준 시점을 잡는다. 현재(2017년 7월 11일)까지 우리나라 전체 주식 시장의 주가가 24배 정도 상승한 것을 알 수 있다. 오른쪽 옆에 +13.90이란 수치는 전일 종가 보다 13.90포인트 상승했음을 나타낸다. 흔히 빨간 삼각형을 앞에 붙여서 상승했음을 나타내고 파란색 역삼각형으로 하락했음을 표시한다. 비율로도 표시되는데, 괄호 안에 표시된 %만큼 상승 혹은 하락했음을 나타낸다.

KOSPI 200 지수가 표시되는 경우가 있는데, KOSPI 200이란 코스피 상장 주식 중에서 비교적 거래가 활발하게 이루어지며 발행된 주식의 시가 총액(=주식 수×주식의 가격)이 일정 규모 이상인 200개 종목을 대상으로 구성하여 측정한 주가 지수이다. 1990년 1월 3일의 지수를 100으로 하여 산정한 값으로 우리나라 우량주의 지수라고 생각하면 된다.

나. 종목 검색

최근 코스닥에서 코스피 시장으로 이전한 카카오톡으로 유명한 카카오를 네이버로 검색해 보면 다음과 같은 검색결과를 볼 수 있다.

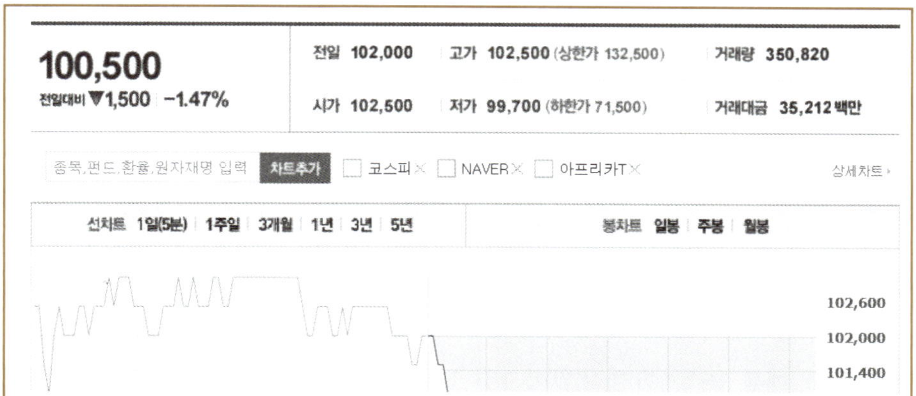

그림 5-5 카카오 종목검색결과

개별종목의 주가의 흐름을 볼 때에는 제일 먼저 현재가(100,500원)과 거래량(350,820주)를 살펴보며 이 값이 시간의 흐름에 따라 어떻게 변화해 왔는지 살펴보는 것이 보통이다. 이러한 변화는 그래프로 일봉챠트, 주봉챠트 및 월봉챠트 등으로 확인해 볼 수 있다.

다. 주요 용어

1) 상한가와 하한가

상한가(↑)와 하한가(↓)는 증권 거래소에서는 급격한 시세 변동에 대해 투자자를 보호하고 증권 시장의 안정을 도모하고자 상한가나 하한가 같은 가격 변동폭을 지정하고 있다. 가격 제한폭은 전일 종가를 기준으로 하여 30% 이내이다. 전일 종가보다 30%가 오르면 이를 상한가라 하고, 30% 하락하면 하한가라고 한다. 미국에서는 주식시장이 안정되어 있기 때문에 가격 제한폭을 두지 않고 있다. 우리나라의 경우 상한가와 하한가가 30%로 정해져 있어 상한가를 빙자해 주가조작이 이루어지는 경우가 많은 편이다. 상한가와 하한가의 차이는 60%이다. 투자원칙 없이 '상한가 따라잡기'를 통해 상한가에 주식을 매수한 경우, 불과 몇 시간 만에 하한가가 되어 하루에 주식투자로 인해 60% 손해 보는 경우가 종종 발생한다.

2) 권리락

권리락(ex-right)은 기업의 유상·무상 증자시 함께 나타난다. 회사 주식에 대한 유상·무상 증자시 기업은 신주 배정 기준일을 설정하고 이 기준일까지 주식을 보유하고 있는 주주들에게는 신주 인수권을 부여하지만 그 이후에 주식을 보유한 주주들에게는 신주 인수권을 부여하지 않는다. 따라서 증자에 참여하기 위해서는 신주 배정 기준일까지 주식을 매입하여 보유하고 있어야 한다. 신주 배정일을 기준으로 하여 그 이후부터 구주의 신주 배정권이 없어지기 때문에 주가가 하락하게 되는데 이를 권리락이라고 한다.

3) 배당락

주주들이 배당 받을 권리가 확정된 후 주가가 하락하게 되는데, 이를 배당락이라고 한다. 우리나라 증권 시장에서는 주식 매입 계약이 체결된 날을 포함하여 3일째 되는 날 주권이 결제되고 있다. 예를 들어, 회계 기간이 1월 1일부터 다음 해 12월 31일인 회사가 있다고 하면, 투자자는 결산기 종료일인 12월 31일까지 이 회사의 주식을 보유해야만 배당권을 가지게 되므로 최소한 12월 29일까지는 주식을 매입해야 한다. 이때 이 회사 주식에 대한 배당락은 12월 30일에 이루어지게 된다. 즉, 12월 30일에 주식을 매입한 투자자에게는 배당을 받을 권리가 없다.

4) 액면 분할

액면 분할이란 주식의 액면가를 일정한 비율로 나누는 것이다. 예를 들어, 액면가가 5,000원이고 시장에서 1주당 5만 원에 거래되고 있는 주식이 있다고 가정할 때, 액면가 500원인 주식으로 액면 분할한다면 그 주식의 1주당 주가는 5,000원으로 하향 조정된다. 액면 분할을 했을 때 투자자에게 유리한 점은 주당 가격이 낮아져서 주식 거래량 증가에 따른 자본이득을 기대할 수 있다는 것이다. 거래소 주식들의 대부분은 액면가가 5,000원이고, 코스닥 주식의 대부분은 액면가가 500원이라고 보면 된다. 하지만 항상 주식가격을 볼 때 발행 주식수와 함께 시가 총액을 확인하는 습관을 가져야 한다(주가×발행 주식수 = 시가 총액).

03 주가는 어떻게 형성되는가?

주가는 경기 동향, 산업의 경기 및 개별 기업의 수익성 및 전망에 따라 일정한 규칙을 가지고 형성되지만, 본질적으로는 주가도 현물이기 때문에 수요와 공급인 수급에 따라 형성된다. 어떤 회사의 주식을 사려는 합리적인 투자자는 사려는 회사가 전망이 있고 수익을 창출할 수 있다고 믿는 것이고, 아울러 그 회사가 소속된 산업의 전망도 투자 의사결정에 포함될 것이다. 모든 산업이 경기에 따라 전혀 영향을 받지 않을 수 없기 때문에 경기에 대해서도 민감할 것이다. 하지만 모든 의사결정의 결과로 기업의 주식을 사는 것이기 때문에 결국 사려는 사람이 많으면 주가가 오르고, 팔려는 사람이 많으면 주가가 내리게 된다.

합리적인 투자자는 특정 주식이 저평가 되어 있다고 생각하기 때문에 사려고 할 것이다. 특정 주식이 저평가된 것인지, 고평가된 것인지 알기 위해서는 기업의 펜더멘털(Fundamental)을 이해해야 한다. 기업을 분석하면 저평가 되어 있는 주식을 발견하게 된다. 주가 수익 비율(PER : price earnings ratio)이 경쟁기업보다 낮은 것은 저평가된 것으로 보고, 반대의 경우 고평가된 것으로 본다. 합리적인 투자자라면 저평가된 주식을 매수해야 하는 것이 옳다.

주가 수익 비율(PER) = (주가 / 주당 순이익) × 100

주가는 기업 실적에 선행하는 특징이 있기 때문에, 기업의 매출이 증가하고 이익이 꾸준히 증가한다는(성장성) 믿음만 보인다면 지금 당장의 주가 수준보다 훨씬 높은 주가를 형성한다. 또한, 상장폐지를 당하게 되면 투자자들이 큰 손해를 보기 때문에 안정적인 회사를 투자하려 할 것이다.

하지만, 현재 시장에서는 합리적인 투자자보다는 유행을 좇는 투자자들이 많고, 기업의 분식회계 등 신뢰성 있는 재무지표를 내놓지 못하고 있다. 개인투자자(개미)들은 정보력에 한계가 있고, 모두 경제 전문가가 아니기 때문에 그래프 등 기술적인 지표만을 가지고 투자도 투기도 아닌 도박수준의 거래를 하는 것이 현실이다.

오랜 기간 주식투자를 해온 필자의 견해로 볼 때, 어떤 회사든 그 가치는 드러나게 되어 있다. 좋은 회사라는 사실을 알게 되면 그동안 저평가되었던 회사도 그 가치를 인정받게 되는 날이 온다. 그러니 '언젠가는 진실이 밝혀진다'라는 생각으로 믿음과 신뢰를 가지고 투자하는 습관을 가지는 것이 좋고, 이것이 투자의 비법이라고 믿는다.

증권회사에서 개인들에게 권하지 않는 투자법이 바로 '장기투자', '가치투자'이다 증권회사는 개인들의 거래를 통해 거래수수료 장사를 한다. 때문에 개인투자자들이 가능한 많은 거래를 하기를 원한다. 이들 거래 수수료는 만 명이 넘는 증권회사 종사자들의 억대 연봉의 재원이 되는 것이다.

모든 투자의 원칙은 쌀 때 사서 비쌀 때 파는 것이다. 싼 물건을 매수하라는 이야기가 아니다. 모든 주가는 그 회사의 본질 가치에 비해 저평가 될 때와 고평가 될 때가 주기적으로 찾아온다. 그 타이밍을 잘 판단하면 주식의 고수가 될 수 있다.

주가의 변화는 개별기업의 상황, 개별기업이 속한 산업의 상황, 우리나라 상황 및 글로벌 경제의 상황에 따라 결정된다. 전체 주가지수가 폭락하고 있는데, 내가 투자한 회사만 폭등하리라 기대하는 것은 정상적이지 않다는 말이다.

그러므로 주식의 투자시점은 경기분석, 산업분석 및 기업분석이 이루어진 후 장기적인 포석을 가지고 투자에 임해야 한다.

기업의 경영에 영향을 미치는 요소는 매우 많다. 이를 경영위험(management risk)과 관련하여 구분해 보면 다음과 같다.

- 거시위험(Macro Risks) : 정치적 안정, 기후 조건, 정부 정책의 변화, 이자율, 환율, 인플레이션 등 정치 경제적 위험
- 산업위험(Industry Risks) : 산업의 성장 추세, 원자재 수급, 공급 능력, 경쟁 관계 등 산업 특성에서 비롯되는 위험요인
- 기업고유위험 : 개별기업의 영업위험(Business Risk)과 재무위험(Financial Risk), 자기자본규모, 자금조달방법, 이자 등에 의한 위험요인

가. 경기 분석

1) 주가와 경기변동

일반적으로 주가는 경기에 선행하여 움직이는 것으로 알려져 있다. 즉, 경기가 정점에 도달하기 수개월 전부터 주가는 상승 국면에서 하락세로 전환하고, 경기가 저점에 도달하기 수개월 전부터 주가는 하락국면을 벗어나 상승기로 접어드는 것이 일반적이다. 경기는 저점에서 회복기, 호황기, 후퇴기, 침체기를 거쳐 새로운 저점에 도달함으로서 1순환(Cycle)을 하게 된다. 주가는 이와 유사한 순환을 하는데 보통 6개월~9개월 정도 선행하게 되는 것이 일반적이다.

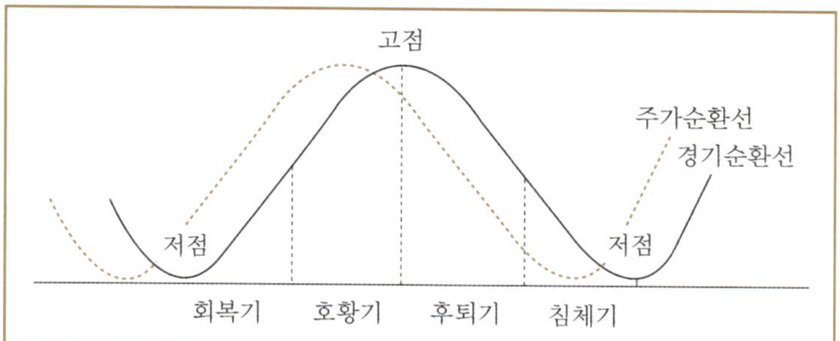

그림 5-6 주가의 선행

경기변동이란 주요 경제변수들의 장기 성장추세를 중심으로 상승과 하강국면을 반복하며 변동하는 현상을 말한다. 이러한 변동은 콘트라티에프 변동 등 기술혁신, 신자원 개발, 전쟁, 혁명 등 대대적 사회변동을 포함하는 장기 파동으로부터 여러 가지 단기적인 파동이 존재한다.

- **계절적 요인** : 1년 동안 계절에 다른 주기적 변동
- **불규칙 요인** : 천재지변, 파업 등에 따른 단기적 우발적 변동
- **추세 요인** : 인구증가, 자본축적, 기술진보 등에 의한 장기적 변동
- **순환 요인** : 경기의 상승과 하강에 따른 변동요인

2) 경기의 순환과정의 특징

경기의 순환은 단순히 확장과 수축이 교차하면서 반복적으로 나타나는 것이 아니라 각 순환과정의 주기와 진폭이 서로 다르게 나타나고 한 주기 내에서도 확장기와 수축기의 길이가 다르게 나타나는 것이 일반적이다.

경기순환은 다양한 경제활동의 순환적 변동을 집적화한 것이기 때문에 특정 통계자료에 의존해서 경기의 흐름을 판단할 경우 나무만 보고 숲을 보지 못하는 것과 같은 잘못이 초래될 가능성이 크다.

개별 경제활동은 동시에 동일한 방향으로 변동하는 것이 아니라 그 영향이 상당한 시차(time lag)를 두고 다음 단계로 파급된다.

경기가 확장에서 수축 또는 수축에서 확장국면으로 일단 반전되기 시작하면, 경제활동은 일정한 방향으로 누적적인 확대 현상을 보이게 된다. 경기가 확장국면에 접어들었다 하더라도 초기에는 일부 부문에 국한하여 영향을 주게 되나 시간이 흐를수록 그 파급정도가 강해져서 경기의 흐름은 한층 빨라지고 증폭되어 나타난다. 그러나 이러한 상태가 무한정 지속되는 것은 아니고 확장 또는 수축 중 어느 한 쪽의 국면이 확대되면 이와 함께 각종 제약조건도 늘어나게 되어 마침내 경기의 반전현상이 일어난다.

3) 경기종합지수(Composite Index : CI)

경기지표(BusinessIndicator)로는 연간 또는 분기별로 추계되는 GNP 대신 분기별로 1981년부터 통계청이 작성 발표하는 경기종합지수(Composite Index : CI)가 있는데, 이는 다시 경기 선행, 동행, 후행지수로 나뉜다. 경기종합지수란 경기변동의 국면, 전환점과 속도 및 진폭을 측정할 수 있도록 고안된 경기지표의 일종이다. 이는 국민경제의 각 부문을 대표하고 경기대응성이 양호한 경제지표들을 선정한 후 이를 가공, 종합하여 작성한다. 선행종합지수는 실제 경기순환에 앞서 변동하는 개별지표를 종합하여 만든 지수로 향후 경기변동의 단기예측에 이용된다. 동행종합지수는 실제 경기순환과 함께 변동하는 개별지표를 종합하여 만든 지수로서 현재 경기상황의 판단에 이용된다. 후행종합지수는 실제 경기순환에 후행하여 변동하는 개별지표를 종합하여 만든 지표로서 현재 경기의 사후 확인에 이용된다.

경제성장률은 보통 GNP로 측정되는데 경제성장률의 변화는 통상 주가와 같은 방향으로 진행된다. 경제성장률이 높을 때에는 기업이 매출이익도 높아져 주가가 상승하고 경제 성장률이 낮을 때에는 기업의 매출이익이 낮아져 주가가 하락하게 된다.

3) 기업실사지수(Business Survey Index)

기업실사지수는 약칭으로 BSI라고 하며, 경기에 대한 기업가들의 판단, 전망, 계획 등을 설문서를 통해 조사하는 것이다. 이 지수가 100 이상이면 호황국면, 100 이하면 불황국면으로 판단한다. 그러나 미래경기에 대한 주관적인 요소가 많이 개입되는 바, 사용에 신중을 요한다고 하겠다.

기업실사지수는 주요 업종의 경기 동향과 전망, 그리고 기업 경영의 문제점을 파악하여 기업의 경영 계획 및 경기대응책 수립에 필요한 기초자료로 이용하기 위한 지표이다. 다른 경기 관련 자료와 달리 기업가의 주관적이고 심리적인 요소까지 조사가 가능하므로 경제 정책을 입안하는 데도 중요한 자료로 활용된다. 미국 · 일본 등 50여 개국에서 실시하고 있으며, 우리나라는 한국은행을 비롯하여 산업은행, 상공회의소, 전국경제인연합회 등에서 분기별 또는 월별로 이를 조사하여 발표하고 있다.

4) 경제성장률과 주가

경제성장률이 높을 때에는 생산, 고용, 판매, 소득의 증가로 인한 경제 확대로 기업의 매출 · 이익이 증가하여 주가가 상승하고, 반대로 경제성장률이 둔화되거나 감소할 때는 경제 활동이 위축되면서 주식시장이 침체되는 것이 일반적이다.

5) 금리와 주가

주식의 가격은 기업이익의 증가함수이고 금리의 감소함수이다. 금리 하락은 투자자의 입장에서 주식투자에 대한 요구수익률을 하락시켜 현재 주가의 상승을 가져온다. 또한 기업의 입장에서도 금리하락은 투자를 촉진시키고 금융비용을 절감시켜 기업의 수익성을 개선시키면서 주가상승을 가져올 수 있다.

6) 환율과 주가

환율이란 그 나라 돈과 외국 돈과의 교환비율로서 기본적으로는 외환시장에서의 수급에 따라 결정되지만, 실제로는 국제 수지 · 물가 · 금리 등의 복합적인 요인에 의하여 결정된다. 급격한 환율인하 즉, 평가절상은 수출비중이 높은 기업의 수출경쟁력을 떨어뜨려 기업의 매출을 감소시키고 기업수익을 악화시켜 주가를 하락시키게 된다. 하지만, 원자재를 해외에서 주로 수입하는 내수기업의 경우 기업수익이 오히려 증가하여 주가가 상승하게 된다.

나. 산업분석

주식시장에서 수익률 극대화를 도모하기 위해서는 향후 예상되는 시장평균 수익률을 상회할 수 있는 우량한 종목 선택이 필요하다. 우량한 종목 선택 시 향후 실적 호전이 예상되는 산업의 선별이 우선적으로 필요하다. 주가는 업종별로 움직이는 경향이 많다, 특히 국내 주식시장에서 개별 기업의 경영성과는 당해 산업의 경영성과와 밀접한 관련을 가지고 있다. 모든 산업의 성과가 반드시 경기변동과 일치하지 않는다. 개별 기업의 장기 수익 전망에 있어서는 산업의 추세분석이 영향을 준다.

산업 위험은 기업이 계속 기업으로 존재하기 위해서 고려해야 할 중요한 위험요소 중의 하나로서 산업분석은 기업 분석 시 필수적으로 이행되어야 할 사항임을 제시하고 있다. 특히, 기업의 장기 수익성과 위험, 경쟁력은 원천적으로 그 기업이 속해 있는 산업의 구조적 특성에 의해서 영향을 받게 되기 때문에, 해당산업이 구조적으로 취약한 산업이라면 경영성과는 저조할 가능성이 높아질 것이고, 유망한 산업이라면 경영성과가 양호할 가능성이 높다. 때문에 여신결정이나 증권투자결정을 할 경우에는 산업분석이 매우 중요한 요소로 평가되고 있다.

산업 분석은 여러 산업을 비교·분석 하여 어떤 업종의 경쟁력이 높고 유망한 것인지에 대한 기준을 제공해 주는 산업간 분석(Interindustry Analysis)과 특정 산업내의 분석을 통하여 어떤 업체가 더욱 유망한지에 대한 기준을 제공해 주는 산업 내 분석(Intraindustry Analysis)을 모두 포함하는 것이 바람직하다.

모든 산업의 성과가 꼭 경기변동과 일치하는 것은 아니기 때문이다. 예를 들어 사치품이나 내구재 산업의 경영성과는 경기변동과 같은 추세로 움직이지만, 생필품 산업은 오히려 경기변동과 반대로 움직이는 경향이 있기 때문이다.

산업은 경기변동처럼 각자 산업 경기변동 라이프 싸이클을 가지고 있으므로 각 기업이 당해산업의 라이프 싸이클에서 현재 어느 단계에 속해 있는가를 분석하거나, 또는 그 산업의 제품에 대한 수요 및 조업도(Capacity)를 분석하여 기업의 경영성과에 대한 장기전망에 도움을 받을 수 있다.

산업 분석은 당해 산업에 대한 국민경제적지위, 성장성, 경기변동의 정도, 수요 및 공급 영향 요인, 기초적 재무특성, 진입의 난이도, 규제 및 지원, 경제 환경 변수의 영향정도 등을 분석하는 것을 그 내용으로 한다.

- **국민 경제적 지위** : 총 생산액과 고용 측면에서 당해 산업이 세계경제 및 국내경제에서 점하는 위치의 변동추이 및 전망, 수급 균형 관계 등을 분석한다.
- **성장성** : 당해 산업의 과거 성장추이, 향후 전망을 GNP 성장률 등과 비교분석하고, 과거 수요 변동의 원인 변수와 영향의 정도, 향후 변화 추세를 파악하여 성장 가능성을 분석한다.
- **경기변동의 정도** : 당해 산업의 일반 경기변동에 대한 영향 정도, 선후행 여부, 선후행 기간 등 일반경기 변동에 대한 민감도를 검토한다.
- **수요영향 요인과 시장성 분석** : 당해 산업의 수요에 영향을 주는 제반요인을 파악하고 이들의 향후 변동방향을 예측함으로써 당해 산업의 수요측면에서의 안정성을 검토한다.
- **공급 영향 요인 분석** : 당해 산업의 원재료, 노동력, 설비, 에너지 등 제반 소요 자원과 기술수준을 파악하고, 동 자원의 변동요인을 분석한다.
- **기초적 재무 특성** : 당해 산업의 자본집약도, 판매유통관습, 재무구조, 원가구조 등을 타 산업과 비교 분석하여 당해 산업의 재무적 특성을 분석한다.
- **진입의 난이도** : 당해 산업의 진입(철수)장벽유무, 법적·경제적·사회적 장벽의 내용에 의하여 당해 산업에의 진입난이도를 분석한다.
- **규제 및 지원 사항** : 당해 산업의 수익 및 원가에 영향을 줄 수 있는 제반 법적 규제 및 향후의 규제 가능성을 검토하고 당해 산업이 부담하는 위험도를 분석한다. 정부의 산업지원정책을 분석하고 이 정책의 향후 변화 가능성을 분석한다.
- **경제 환경 변수의 영향 정도** : 물가 수준, 금리, 환율 변동, 임금 동향, 수출국의 관세장벽, 사회 정치적 변화가 당해 산업에 대한 영향 정도를 분석한다.

라. 기업 분석

주식 투자의 최종적인 의사결정은 특정종목의 매수와 매도에 관한 판단이다. 이를 위해서는 특정종목의 내재가치를 기초로 하여 적정한 주가수준을 판단하여야 하는데, 특정종목의 내재가치를 분석하는 작업이 기업 분석이다.

1) 기업 분석의 방법

기업 분석은 업종이나 개별기업에 따라 접근방법에서 많은 차이를 보일 수 있어 정형화하기는 대단히 힘들지만, 대체적으로 양적분석과 질적 분석으로 구분할 수 있다.

기업의 질적 분석은 경영능력 등 수치화가 불가능하나 기업의 중장기적 성장에 영향을 미칠 수 있는 요인에 대한 분석을 말하며, 분석 대상은 주로 다음과 같다.

- **산업의 성격** : 사양산업, 성장산업의 여부 파악.
- **연혁** : 역사가 긴 회사는 오랜 경험 축적으로 경기 변동에 대한 저항력이 상대적으로 높다.
- 대 정부 관계도 기업의 안정적인 성장을 좌우하는 결정적인 요인이 될 수 있다.
- **연구개발 활동** : 또한 경영환경이 급변하고 경쟁이 극심한 환경에서는 연구개발 활동도 평가해야 한다. 신제품 개발, 기존제품 생산 공정 개선 등의 연구개발 활동이 미래 성장 잠재력이 될 수 있다. 연구개발비 대 매출액 비율 등을 검토함으로써 얼마나 적극적으로 연구개발 활동을 수행하고 있는지 평가할 수도 있다.

2) 기업 제품 및 상품의 경쟁력

기업의 경쟁력은 경영 조직적인 측면, 재무적 측면과 제품의 생산, 구매, 판매적 측면 등의 다각적인 요소에 의하여 영향을 받는다. 특히 제품의 경쟁력 및 기업의 미래경영 성과를 좌우할 수 있는 주요 요소는 제품의 구성요소 및 각 제품의 시장점유율과 성장률이라 할 수 있다.

3) 기업 재무 분석

경영분석은 기업의 재무 상태를 분석하기위한 방법인데, 기업의 재무제표인 대차대조표와 손익계산서를 기준으로 유동성, 안정성, 활동성 및 수익성을 평가하는 기법으로 대표적인 재무 분석 기법은 아래와 같다.

표 5-1 주요 재무 분석기법

지급능력	유동비율	유동자산을 유동부채로 나눈 비율로 단기채무에 대한 지급능력과 흑자도산의 가능성을 표현 유동비율 = 유동자산 / 유동부채 × 100
	당좌비율	유동비율보다 유동성을 보다 더 엄격하게 평가하는 자료로 유동성이 높은 당좌자산만을 기준으로 유동성을 계산 당좌비율 = 당좌자산 / 유동부채 × 100
자산투자	고정비율	고정자산투자에 자기자금이 얼마나 투하되었는지 알 수 있는 비율 고정비율 = 투자자산+유형자산+무형자산 / 자기자본 × 100
	고정장기적합률	장기성 자산이 고정부패를 조달하여 투자되었는가를 나타내는 비율 고정장기적합률 = 투자자산+유형자산+무형자산 / 자기자본고정부채 × 100
자본구조	부채비율	기업의 장기 지급 능력을 표시하는 대표적인 비율 부채비율 = 부채총액 / 자기자본 × 100
	자기자본비율	총 자본 중 자기자본이 차지하는 비율 자본구조의 장기적 안전성을 표현 자기자본비율 = 자기자본 / 총자본 × 100
수익성	매출액총이익률	수익성 분석의 기본지표 중 하나로 일정기간 동안 매출액과 같은 기간 동안의 이익을 비교하는 비율 매출액총이익률 = 매출총이익 / 매출액 × 100
	매출액영업이익률	매출액에 대한 영업이익의 실현정도를 나타내는 비율 매출액영업이익률 = 영업이익 / 매출액 × 100
	총자산영업이익률	기업이 보유하고 있는 자산이 얼마의 영업이익을 획득함을 나타내는 비율 총자산영업이익률 = 영업이익 / 총자산 × 100
	주당순이익	주식 1주당 청구할 수 있는 당해기간 동안의 순이익 금액 주당순이익(EPS) = 순이익 / 유통주식수
	주가수익률	현재의 주식가격이 이익창풀능력의 몇 배로 형성되어 있는가를 나타내는 지표(기업 간 비교가능성이 높아지므로 매우 유용) 주가수익률(PER) = 주당시가 / 주당순이익
	배당성향	기업이 획득한 이익 중 배당금(현금배당)으로 사외에 지급되는 비율 배당성향 = 보통주배당금 / 보통주당기순이익

성장성	매출액성장률	기업의 외형적 성장성을 나타내는 대표적인 지표 매출액성장률 = 당기매출액 – 전기매출액 / 전기매출액 × 100
	총자산성장률	기업의 외형적인 성장을 나타내는 대표적인 비율 총자산 성장률 = 기말자산총액 - 기초자산총액 / 기초자산총액 × 100
생산성	부가가치율	매출액 가운데 부가가치가 차지하는 비율로 매출액 중 가치창출 활동에 공헌한 생산요소에 귀속되는 소득의 비율 부가가치율 = 부가가치액 / 매출액 × 100
	노동생산성	종업원 1인당 얼마의 부가가치를 창출하였는가를 나타내는 비율 노동생산성 = 부가가치액 / 종업원수 × 100
	자본생산성	기업이 조달한 자본이 얼마의 부가가치를 창출하였는가를 나타내 주는 비율 자본생산성 = 부가가치총액 / 부채와자본총액 × 100

4) 금융감독원 전자 공시 시스템(dart.fss.or.kr)

거래소 상장 및 코스닥 등록 법인들의 공시를 편리하게 볼 수 있다. 각 증권 회사 홈페이지나 증권 정보 사이트, 검색 포털 사이트의 금융 정보 페이지에서도 증권 거래소에 공시된 내용을 편집하여 제공하고 있다.

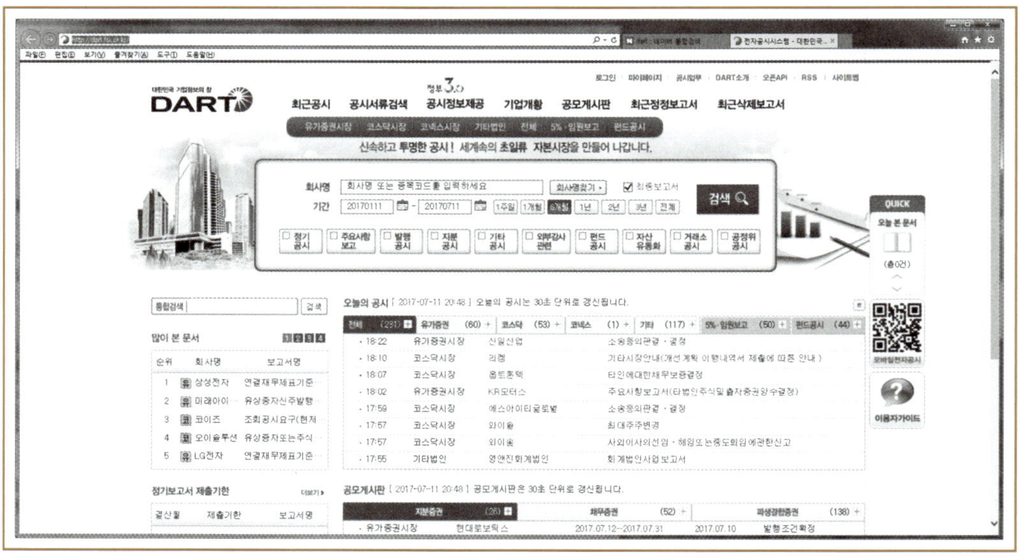

04 주식 투자 기법

개인투자가들이 주식을 투자하는 방법은 크게 단타매매(초단타매매), 정보를 기반으로 하는 투자, 저평가된 주식을 매수하여 장기적으로 투자하는 가치투자 및 배당투자로 나눌 수 있다.

가. 단타매매

단타매매(초단타매매)는 증권회사에서 수수료를 목적으로 개인투자자들이 거래하도록 해주는 방법이다.

필자가 잘 아는 후배 중에 전업투자자가 있다. 그는 다니던 회사를 그만두고, 1억원을 종자돈으로 주식에 인생을 걸었다. 일 년 동안 죽을 고생을 하고 거래를 했으나, 남은 돈은 반 토막이 나고 말았다. 그러던 중 증권사 지점장이 그에게 저녁을 사주겠다고 전화를 했다고 한다. 시골의 작은 마을을 담당하고 있던 그는 거래 수수료 수익을 많이 낼 수 있었고, 이어 승진을 했는데, 일등공신인 그 후배에게 식사 제안을 한 것이었다.

시골의사 박경철 원장은 거래는 딱 두 번 해야 한다고 강조한다. 살 때 한 번, 팔 때 한 번. 그 횟수가 많아지면 결국 거래 비용으로 다 날리게 된다는 거다. 당구장에서 쓰리쿠션 내기를 하면 몇 시간 지나 우리주머니의 모든 돈이 당구장 주인에게로 간다. 이런 방식이 단타매매이다.

나. 정보투자

주식투자에 있어서 우리 주변에는 참으로 많은 고수들이 있다. 그 중 제일 위험한 고수들은 종목을 여러 사람에게 가르쳐 주는 고수들이다. 그렇게 좋은 종목은 혼자 조용히 투자하고 적절할 때 팔고나오면 될 일인데 왜 여러 사람에게 이런 좋은 정보를 주는 것일까?

방송에 나오는 주식고수들, 책에 나온 주식고수들은 대부분 수급을 이용하여 주식투자를 하는 사람들이다. 주식을 매입해 놓고 정보를 흘리는 것이다. 그러면 개인투자자들이 우르르 몰려들어 잠깐 오르게 된다. 그러나 그때 이미 매수한 세력들은 빠져 나간다. 수급을 이용하여 주식투자를 하는 사람들은 그렇게 돈을 번다.

필자의 경우 상상할 수 없는 고위층, 전문직, CEO로부터 주식 정보를 받은 적이 아주 많다. 제공받은 주식 정보를 바탕으로 해당 주식 종목을 지켜보면, 대부분 잠깐 오르다가 곧 몇 분의 몇 토막이 되어 추락해버리는 것을 많이 보았다. 대부분의 주식투자의 실패는 이렇듯 정보투자로 인한 투자이다. 조금 투자했다가 물리면 돈을 더 투자하여 '물타기'하고, 회사가 상장폐지 되거나 감자되면 눈물을 흘리게 되는 경우가 허다하다.

재야의 진정한 고수들은 절대로 종목을 가르쳐 주지 않는다고 한다. 그러므로 주위 고수들의 말을 무조건 믿어서도 안 된다. 그들에 의해 어떤 종목에 대한 정보가 내게 전해지면, 그 종목은 이미 나를 삼킬 준비가 된 종목이라는 것을 한 번 의심해보아야 한다.

다. 가치투자

증권회사에서 제일 권하지 않는 투자 방법이긴 하지만 필자나 주식의 황제 워렌 버핏, 소로스 같은 전문가가 권하는 방법이다. 필자의 오랜 경험에 의하면, 개인투자자가 주식시장에서 돈을 버는 방법은 가치투자밖에 없다. 가치투자란 저평가된 주식을 찾아 그 주식이 제대로 된 평가를 받을 때까지 기다리는 것이다. 하지만 주가가 수급에 의해 그 가격이 형성되는 경향이 있는 현실을 감안해야 한다. 기술적 분석에 의해 월봉상 추세가 우 상향으로 방향을 잡은 주식들 중에서 저평가된 주식을 투자하는 것이 원칙이다. 대부분의 가치주들은 수급이 좋지 않아 소외되고, 거래량이 많지 않다. 이렇게 몇 년을 바닥을 기어가고 있는 주식들이 많아 잘못 투자 하였다가는 몇 년간 큰돈이 묶일 수 있다. 이런 경우, 다음에 설명하는 배당투자와 곁들이면 크게 고민할 일은 없을 것이다. 대부분의 가치주들은 배당을 많이 준다. 그 배당이 시장 이자율을 상회하는 경우도 있다. 배당이 있을 경우 느긋하게 투자를 계속하기 쉽다.

라. 배당투자

배당을 전혀 주지 않는 것이 기업가치를 높일 수 있다는 무배당주의자(Brennan)도 있지만, 배당할인 모형에 근거하면 배당성향이 높으면 높을수록 기업가치도 증가 한다. MM(Miller,

M.H. & Modigliani,F.) 이론에 의하면, 완전자본시장 하에서 '배당정책은 기업가치와 무관하다'는 '배당무관계설'도 존재 한다. 하지만 현실은 불완전 자본시장이라는 점에 유의해야 한다. 현대의 대부분의 기업들은 투자결정에 소요되는 자금을 우선적으로 지급하고, 자금이 남으면 배당을 하고 있다. 또한, 남은 이익금은 회사에 유보시켜 유보율을 높게 가져간다.

그러나 우리 증시사상 배당투자가 제대로 시도된 적은 거의 찾아보기 힘들다. 단지 결산 기말에 도래하는 단기적인 매매수단으로 이용된 것을 제외하면 배당이 중장기적인 투자 척도로 활용된 적이 거의 전무했다고 해도 과언이 아니다. 하지만 배당신호가설에 근거할 경우 배당가치의 속성이 증가하는 기업이라면, 재무적 안정성 및 견고한 수익창출능력을 지니고 있다는 신호가 될 수 있다. 따라서 배당투자가 새로운 투자판단의 잣대 내지는 시세논리로 급부상할 것으로 전망된다.

현재 이루어지는 일반적인 배당투자는 12월 27일 하루만 보유해도 배당금을 모두 받을 수 있어, 배당을 많이 주는 기업들은 12월 27일이 되기 전 상당한 시가 상승을 동반한다. 그러므로 배당투자는 시가상승 이전에 매수가 되어 있어야 하며, 12월 27일 현재 보유하고 있어야 한다. 또한 그 다음날 바로 배당락이 발생하므로 바로 팔면 시가 상 손해를 볼 경우가 많으니 최소 매수가 보다 높을 때를 기다려 매도하는 것이 현명하다. 대부분의 경우, 배당투자를 목적으로 큰손들이 매수하는 경우에는 이들이 손해 보지 않는다는 가정 하에 이들이 움직일 때 같이 움직이면 된다.

05 가치주 투자 방법

가. 가치주 발굴

투자자는 투자할 개별 종목을 결정하는 과정에서 기업들의 수익성, 안정성, 성장성 및 시장성을 비교하게 되는데, 이 과정에서 재무 비율 분석(financial ratio analysis)이 매우 유용하게 사용 될 수 있다. 재무 비율은 생각보다 굉장히 많기 때문에 기업이 저평가 된 것을 알기 위한 지표를 고려해야 한다. 가치주 선별을 위한 주요 지표로는 EPS, PER, PBR, 유보율, 배당성향 등이 있다. 가치투자는 오랜시간을 요한다. 가치투자자들 입장에서는 시장이 답답할 정도로 원칙을 지키지 않는다는 불평을 할 정도로 가치투자는 매우 힘든 방법이지만, 원칙을 지키며, 시장이 본인이 투자한 회사의 가치를 인정해 줄때까지 기다리기만 하면 되는 투자 방법으로서 실천만 가능하다면 매우 유용한 기법중의 하나이다.

1) 주가 수익 비율(Price Earning Ratio : PER)

주가 수익 비율(PER)은 기업의 경영 성과와 재무 상태가 증권 시장에서 어느 정도로 평가하고 있는지를 나타내 준다. 경쟁기업보다 낮으면 주가가 저평가된 것으로 판단하고, 그 반대이면 고 평가된 것으로 본다. 보통 저평가된 주식의 의미로 저퍼주라는 용어를 사용한다.

주가 수익 비율(PER) = (주가 / 주당 순이익) × 100

시장 전체의 평균 PER, 동종업종에 속한 종목들의 평균 PER를 비교하여 적정주가를 산출할 수 있다. 기업의 주당 순이익에 평균 PER를 곱해서 적정주가로 산출한다. 예를 들어서 갑(甲)이라는 기업의 주당 순이익이 3,000원이고, 이 기업이 속한 업종의 평균 PER가 10일 경우 상대비교를 통해서 갑(甲)기업의 적정주가를 3만원으로 산출할 수 있다.

2) 주당 순이익(EPS : Earnings Per Share)

EPS는 주식가격의 적정성을 평가하는 기본 수치로 당기 순이익을 발행 주식 수로 나눈 값이다. 이렇게 되면 1주에 얼마만큼의 순이익이 발생하는지를 알 수 있는데, 이 수치가 높을수록 우량한 기업이다.

EPS가 상승하면 대체적으로 주가는 같이 올라가는 것이 보통이므로 어느 기업의 EPS 증가는 향후 그 기업의 주가가 상승할 수 있는 여력이 많다고 볼 수 있다. EPS는 시장 이자율과 비교하여 시장 이자율보다 EPS가 낮다면 투자를 미루고, 회사의 성장성 등을 확인하여야 한다. 예를 들어 액면 5,000원 하는 주식의 EPS가 1000원이라면 한주 당 20%의 수익률이므로 우량하다 할 것이다.

3) 주당 순자산(BPS : Bookvalue Per Share)

주당 순자산은 지금 영업을 그만두고 보유 자산을 처분할 경우 어느 정도 잔여 재산을 받을 수 있는가를 판단하는 것이다. 주당 순자산은 기업의 순자산(자신 부채)을 발행 주식 수로 나누어 구할 수 있다. 자산의 실질가치를 구하기 위해 실질가치가 의문시되는 무형자산, 부도어음 등 회수불능 채권을 자산에서 차감하여 계산하기도 한다. 주당 순자산은 안정성을 의미하기도 한다. 상장 폐지되어도 자산만큼은 회수 할 수 있으므로, 투자위험이 감소한다.

BPS = 순자산 / 평균 발행 주식 수

4) 주가 순자산 비율(Price Book-value Ratio : PBR)

이 비율은 다른 말로 시장가치 대 장부가치비율(Book-to-Market Ratio)이라고도 한다. 그 이유는 주가는 시장에서 가치가 결정되고 주당 순자산은 대차대조표에 나와 있는 자산을 발행 주식 수로 나누어서 계산한 것이어서 분모는 장부가치를, 분자는 시장가치를 사용하기 때문에 그렇다. 이 비율은 1주당 순자산이 주가(기업가치)를 몇 배 창출했느냐를 나타내기 때문에 이 비율이 높다는 것 역시 높은 성장 가능성이 있다는 것을 의미하기도 하지만, 고평가된 것으로도 본다. 다른 조건들이 동일한 경우 시장가치 대 장부가치비율이 낮은 기업은 주식시장에서 저 평가되어 있다고도 볼 수 있다.

5) EV / EBITDA

영업력에 대한 대표적 가치 평가 척도는 EV/EBITDA를 들 수 있다. EV/EBITDA는 EV와 EBITDA로 구성되어 있다. 각각을 이해하면 EV/EBITDA를 이해 할 수 있다. 최근 고전적인 다른 지표들보다 새롭게 많이 사용되어지는 지표이다.

EV란 대상 회사의 1주당 주가를 구할 수 있는 실마리 중 하나로서, EV는 '주식의 가치(Equity value)'가 아니라 '기업의 가치('Enterprise Value')를 나타낸다. 기업의 가치란 대상기업을 현금으로 매수할 때 고 100% 인수해야할 금액을 말한다.

EV = 시가총액 + 순차입금

EBITDA(Earnings Before Interest, Taxes, Depreciation and Amortization)는 우리말로 법인세, 이자, 감가상각비 차감 전 영업이익을 말한다.

EBITDA = 영업이익(EBIT) + 감가상각비

다시 말해 EV/EBITDA란 영업이익에 비해 얼마만큼의 회사가치가 평가 되었는지를 나타낸다. 수치가 낮으면 저평가된 것이고 높으면 고평가 되었다 말한다. 종합주가 지수가 항상 변하기 때문에 동종업계의 평균 수치를 기준으로 하는 경우가 일반적이다.

증권사에서는 항상 주식시장이 저평가되었다고 말하고 싶기 때문에 글로벌 시장의 수치를 가져와 우리기업이 저평가 되었다고 말하는 경향이 있다. 심지어 정상적인 수식에서 투자자산 등을 차감(분자)하여 수치를 일부러 낮추는 경우도 허다하다.

6) 유보율[43)]

기업의 이익잉여금(영업활동 등의 이익창출 활동을 통해 획득한 이익)과 자본잉여금(자본거래에 의해 획득한 이익)을 합한 전체잉여금을 납입자본금으로 나눈 비율이다. 즉, 유보율 = (이익잉여금 + 자본잉여금) / 납입자본금 × 100이다.

---

43) [네이버 지식백과] 유보율 [reserve ratio, 留保率] (두산백과)

유보율은 한마디로 기업이 벌어들인 이익금을 사외로 유출시키지 않고 얼마나 사내에 축적해두고 있는지를 나타내는 지표로, 유보율이 높다는 것은 과거의 경영성과로 인해 기업의 재무구조가 탄탄하다는 것을 의미한다. 다시 말해 기업이 확보하고 있는 자금이 많기 때문에 신규투자를 하더라도 외부시장에서 자금을 조달할 필요가 없고, 불황에 대한 적응력도 높다. 유보율이 높은 주식은 유상증자나 상장폐지의 위험이 그렇지 않은 주식들보다 상대적으로 높지 않다는 것을 의미한다.

7) 배당성향[44)]

배당성향은 당기순이익에 대한 현금배당액의 비율로 배당지급률, 사외분배율이라고도 한다. 이 비율은 배당금 지급능력을 나타내는 지표로, 높으면 높을수록 배당금 지급비율이 크다는 것을 나타낸다. 대개 회사들의 당기순이익은 매년 변동폭이 큰 반면 주당배당률은거의 일정한 수준을 유지하고 있다. 배당성향이 높다면, 주주들은 주식투자를 통해 시세차익뿐만 아니라 배당금도 받을 수 있어, 상대적으로 배당성향이 높은 주식을 선호하는 경향이 있다.

나. 기술적 분석

기술적 분석(technical analysis)이란 주가의 과거 움직임이나 거래량 변화를 분석하여 미래의 주가를 예측하는 방법으로, 주가와 거래량의 기간에 따른 통계 분석을 의미한다. 기술적 분석에서 중요한 것은 주가와 거래량의 추이를 아는 것으로, 주로 이동 평균선을 이용한다.

대부분의 기술적 분석은 기술적 분석가(technical analyst) 혹은 도표 분석가(chartist)들이 과거의 주가 움직임을 주로 도표를 통하여 분석하여 일정한 추세(trend)나 패턴(pattern)을 발견하고 이를 근거로 하여 미래의 주가를 예측한다.

【주요 기술적 분석 기법】

- 가격으로 예측하는 기법
  이동평균선, 이격도, 삼선전환도, P&F, Coppock, TI(Timing Indicaor)
- 거래량으로 예측하는 기법
  거래량 이동평균선, 거래량 회전율, 거래대금 회전율, VR(Volume Ratio)

44) [네이버 지식백과] 배당성향 (매일경제, 매경닷컴)

- 가격과 거래량을 동시에 고려하여 예측하는 기법
  역시계곡선(주가 – 거개량 상관곡선), OBV(On Balance Volume)
- 가격이나 거래량 이외의 도구를 이용하여 시장 분위기를 예측하는 기법
  투자심리선, 거래성립률, 등락주선(ADL), 등락비율(ADR), 신고가 신저가선, 고객예탁금 추이, 신용잔고 추이, 미수금 잔고 추이, 주식형 수익증권 잔고 추이
- 모멘텀 지표(주가의 운동에너지 또는 가속도)를 이용하여 예측하는 기법
  MACD, 스토캐스틱, 볼린저밴드, 일목균형표, TRIX, DMI, 상대강도지수(RSI, Relative Strength Index), SONAR 차트, CO(Chaikin Oscillator) 등

필자의 오랜 경험으로 보면, 기술적 분석은 기술적 분석의 기본 가정이든 결과론적인 도표들의 패턴이든 모든 이동 평균선들 중심으로 회귀하려는 특징을 보인다고 할 수 있다. 너무 더우면 차가워지고, 너무 차가우면 따뜻해지는 온도, 항상 겨울일 것 같아도 봄이 오고, 뜨거운 여름 뙤약볕에 세상이 불타 버릴 것 같아도 어느새 시원한 가을이 찾아오는 계절. 이동 평균선들 중심으로 회귀하려는 특징은 자연의 법칙을 연상케 한다. 차트도 결국 인간이 만들어 낸 것을 보면, 인간은 자연의 일부이고 결국 인간은 자연을 벗어나지 못하는 것 같다. 기술적 분석의 시작에 앞서 모든 차트의 기본 모형을 인지하는 것이 중요하다. 이것이 표준이 되기 때문에 이 표준 차트의 모양을 벗어나면 이상한 것이고 결국 표준 차트로 돌아온다는 것을 의미한다. 며칠 동안 표준을 벗어나겠지만 결국 제자리로 돌아오는 차트의 표준 모형을 잘 암기해 놓기 바란다. 필자가 생각하는 기본 모형이다.

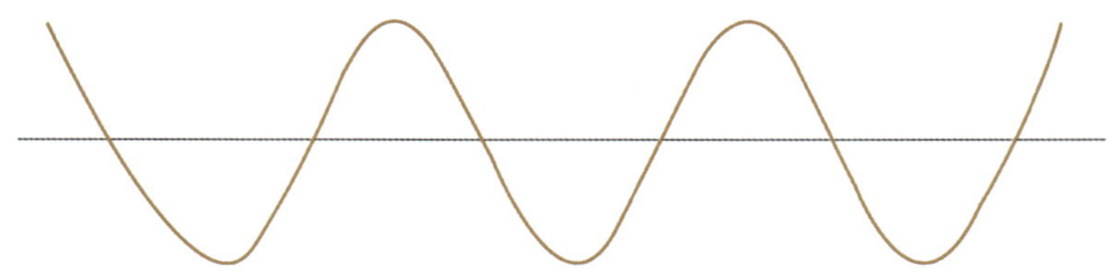

그림 5-11 **주가 변동의 기본 모형**

자본주의 사회는 항상 인플레이션이 존재하기 때문에 장기 파동으로 본다면 우상향이 합리적이라고 본다. 기울기는 물가상승률이 합리적일 것이다. 월봉상 이런 모양이지 일봉상은 위의 그래프가 옳다. 단기적인 상황에서 우상향은 아니다.

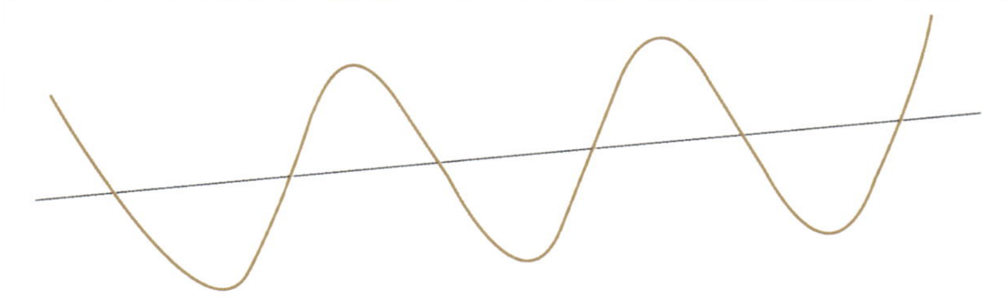

그림 5-12 인플레 존재시 주가 변동의 기본 모형

인간은 기본적인 심리는 공포와 탐욕이다. 탐욕에 의해 고점에서 매수하며 공포에 의해 저점에서 매도하게 된다. 이런 공포와 탐욕의 심리를 잘 극복할 수 있다면 기술적 분석이 의미가 있을 것이다.

주가는 종합주가든 개별 종목이든 어디까지 올라갈 줄 모르기 때문에 저점에서 매수하는 것이 합리적이고, 고점에서는 더 올라갈 것 같아도 매도를 하는 것이 옳다. 이것만 지키면 절대로 주식에서 실패하지 않을 것이다. 비정상적인 주가 흐름은 도박의 차원이다. 자연스럽지 않은 패턴을 따라가다 보면 자연의 재앙을 맞게 된다. 산사태, 홍수, 가뭄 등등. 인간은 자연의 섭리를 벗어날 수 없다.

1) 이동 평균선

주가의 이동 평균(moving average)이란 일정 기간의 주가를 단순 평균한 것으로, 가장 오래된 날짜의 주가를 제외하는 방식으로 계산을 하게 된다. 이동 평균선은 각 기간별 이동 평균을 계속 연결한 선이다.

단기 이동 평균선은 시세 변화에 민감하게 반응하지만 전반적인 추세파악이 어려운 반면, 장기 이동 평균선은 시세 변화는 잘 반영하지 못하지만 추세 변화는 쉽게 파악(단기, 중기, 장기 이동 평균선으로 구분)할 수 있다.

이동 평균선의 분석을 통해 골든 크로스(golden cross)니 데드 크로스(dead cross)라는 용어가 탄생하였다. 골든 크로스는 단기 이동 평균선이 장기 이동 평균선을 아래로부터 위로 뚫고 올라가는 경우로 매수의 신호로 사용된다. 데드 크로스는 단기 이동 평균선이 장기 이동 평균선을 위로부터 아래로 뚫고 내려가는 경우로 매도의 신호로 파악되고 있으나 항상 그런 것은 아니다. 주식시장에는 트릭이 항상 존재한다. 맑은 하늘에도 비가 내리는 경우도 있다.

아래는 네이버로 검색한 카카오의 7월 11일 일봉 차트이다. 상단의 그래프는 주가를 나타내며 하단은 거래량을 나타낸다. 기본적으로 차트를 볼 때 거래량과 캔들, 그리고 이동평균선을 함께 보게 된다. 아래 차트는 일봉이며 날짜별로 주가의 흐름을 표시하고 있다. 중앙에서 제일 아래 이동 평균선은 120일, 그 위는 60일, 그 위는 20일선이며 희미하게 보이는 선은 5일선이다. 지금 차트는 11만원선 꼭지를 찍고 하향하여 조정 국면이지만 현재 60일선위에서 5일선과 20일 선이 만나는 지점에서 방향성을 타진하는 국면이다. 투자에 조심해야 할 때이다. 따라붙어서 깨지던지, 계속 올라서 배가 아프던지 하는 국면이라는 뜻이다. 하지만, 여러 신호로 볼 때 저항선을 뚫고 올라가는 국면이라 아마도 애널리스트들은 11만원을 뚫으면 괜찮다 적극 매수 하라 하겠으나, 속임수일 수도 있다. 그래서 주식은 쉽지 않다.

그림 5-13 **카카오 2017.7.11 일봉 차트(www.naver.com)**

위 그래프는 카카오의 장기 추세를 알 수 있는 월봉 챠트이다. 카카오 주가가 계속 올라 18만원에서 하락하여 7만원 대에서 다시 올라오는 모습으로 보인다. 현재, 모든 월 이동평균선들이 모여서(수렴한다고 한다) 이제 변곡점을 형성하는 형태로 보이는데, 요번달 월봉이 양봉으로 끝날지, 음봉으로 끝날지는 알 수 없는 일이다. 그냥, 회사의 가치를 판단하여 투자하는 방법밖에는 없다. 그래프를 보는 것은 기술적 분석이라 하는데, 대부분의 투자자들이 보는 그래프이기 때문에 전혀 무시할 수는 없다. 그래프가 올라가는 모양이면 다들 올라간다고 생각하고 투자에 임할 것이고, 떨어지는 추세로 보이면 겁이 나서 주가가 더 떨어지기를 기다릴 것이기 때문이다.

그림 5-14 카카오 2017.7.11 월봉 차트(www.naver.com)

2) 거래량 지표

거래량 지표에서 가장 많이 사용되는 지표는 OBV(on balance volume)이다. OBV지표는 주가가 상승한 날의 거래량에서 주가가 하락한 날의 거래량을 차감하여 이를 누적적으로 집계한 것으로 그랜빌(J. E. Granville)이 처음 사용하였다. OBV선이 이전 고점 수준 이상으로 올라가면 주가가 상승할 것으로, 저점수준 이하로 내려가면 하락할 것으로 예상한다.

우리나라 주식시장은 아직 금융 선진국에 비해 선진화 되지 못한 이유로 여러 작전 세력이 주가조작을 한다. 타자들이 존재하는 한 선량한 개인투자자들은 당하기만 할 것이다. 주식 격언에 "주가는 속여도 거래량은 못 속인다"는 말이 있다. 거래량의 추이로 세력의 개입을 알 수 있고 이들의 움직임을 파악한다는 것인데, 실제로 이들도 트릭이 있어 개미투자자들이 쉽게 알아차리지 못한다.

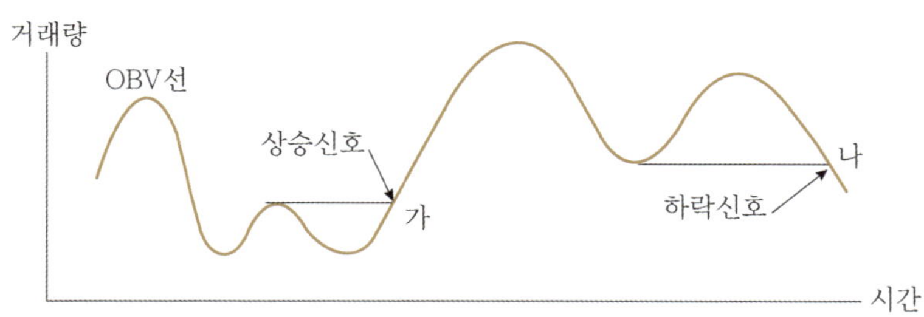

그림 5-16 OBV선

3) 봉(캔들) 차트

캔들은 일정기간 동안 주식가격을 시가(처음가격), 고가(가장 높았던 가격), 저가(가장 낮았던 가격), 종가(장 마감가격)를 하나의 봉(캔들)형태로 표시한 것을 말한다. 캔들에는 크게 세 가지 유형이 있는데 시가보다 종가가 높은 양봉형, 시가 보다 종가가 낮은 음봉형, 시가와 종가가 같은 십자형이 있으며 이를 도지라고 한다. 우리나라의 경우 양봉의 경우 붉은색으로 표시하고, 음봉의 경우 푸른색으로 표시한다.

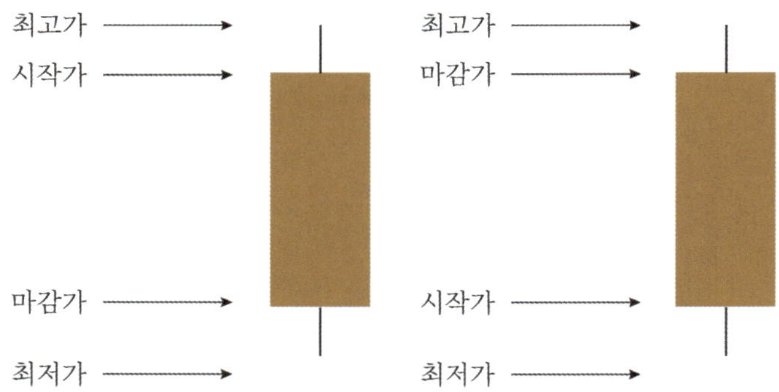

그림 5-17 **봉의 의미**

흔히 캔들의 모양을 가지고 매매타이밍을 잡으려고 노력하는 주식투자자들이 많은데, 캔들은 일봉이면 하루 동안의 매매 내용을 거래량도 모른 채 단 4가지 수치로 요약한 것에 불과하다는 것을 알아야 한다. 월봉으로 본다면 한 달 동안의 그래프를 위 그림 하나로 요약한 것에 불과할 뿐 그 이상 그 이하도 아니다. 그러므로 이 캔들 한 개만 가지고 투자를 한다는 것은 마치 큰 산 입구에 서 있는 나무 한그루를 보고 그 산의 크기를 가늠하는 것과 같다. 조심 또 조심해야 할 일이다.

하지만 일봉상 장대 양봉은 많은 사람들이 좋게 생각한다는 것이고, 장대 음봉의 의미는 매도 세력이 팔고 나갔다는 것을 의미하기 때문에 투자에 유의해야 한다. 장대음봉 맞고 추가 하락을 안 할 거라고 기대하는 것이 바로 투자를 하고 있는 사람들의 종교이자 믿음이다. 객관적으로 보기 힘들다는 이야기다. 하지만, 매일 매일 이런 분석을 하다 보면 어느새 주식투자가 아니라 투기의 세계로 진입하게 된다. 그러므로 회사의 가치를 보고 경기가 좋아지는 것을 확인하고 주식을 사는 것이 아니고, 회사를 산다는 믿음으로 투자하는 것이 정신 건강에 좋다.

4) 지지와 저항

지지선이란 가격 하락을 주도하던 매도세를 충분히 극복할 수 있을 정도로 매수세가 강해져 추가 하락을 저지해 주는 수준을 말한다. 저항선은 지지선의 반대 개념으로 시장 가격이 일정 수준에 도달하여 매도세가 매수세를 압도하여 주가 상승을 저지하는 시장 가격 수준을 의미한다. 일반적으로 바로 직전에 나타난 고점에서 수평으로 그은 직선이 저항선으로, 바로 직전에 나타난 저점에서 수평으로 그은 직선이 지지선으로 작용하는 경우가 많다. 대부분의 지지선들은 위에서 설명한 이동 평균선으로 표시한다.

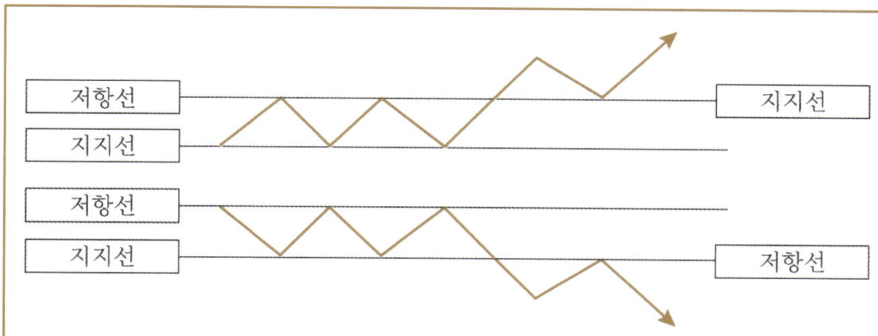

그림 5-18 지지선과 저항선

지지선과 저항선은 서로 상반된 성질을 가지면서 동시에 밀접한 연관성을 갖고 있다. 즉, 저항선이나 지지선은 일단 돌파되면 이제까지의 저항선이 지지선의 역할을 하고, 지금까지 지지선의 역할을 해왔던 가격수준은 저항선의 역할을 하게 되는 것이다.

5) 엘리어트 주가 파동 이론(wave theory)

엘리어트 주가 파동 이론(wave theory)은 다우(Dow) 이론, 그랜빌(Granville)에 이어 3대 기술 분석 이론 중 하나이다. 엘리어트는 1939년 파이낸셜 월드 지를 통해 '주가는 상승 5파와 하락 3파에 의해 끝없이 순환한다'는 가격 순환 법칙을 주장하였다. 이후 엘리어트 파동 이론은 추세를 예측하는 대표적인 기법으로 자리 잡게 되었다. 엘리어트는 장기간의 주가 움직임을 분석하여 주가가 마치 파도가 생겨나는 모습과 같이 변화하고, 5개의 파동을 그리며 상승한 후 3개의 파동을 그리며 하락한다는 것을 알았다. 엘리어트는 파동은 8개의 파동으로 하나의 사이클을 구성한다고 주장하고 있다. 피보나치 수열과 황금 분할 이론 등을 적용하여 궁극적실재(Ultimate Reality)의 발견 및 인간 행동의 근본 동인에 대한 해석을 시도하였다.

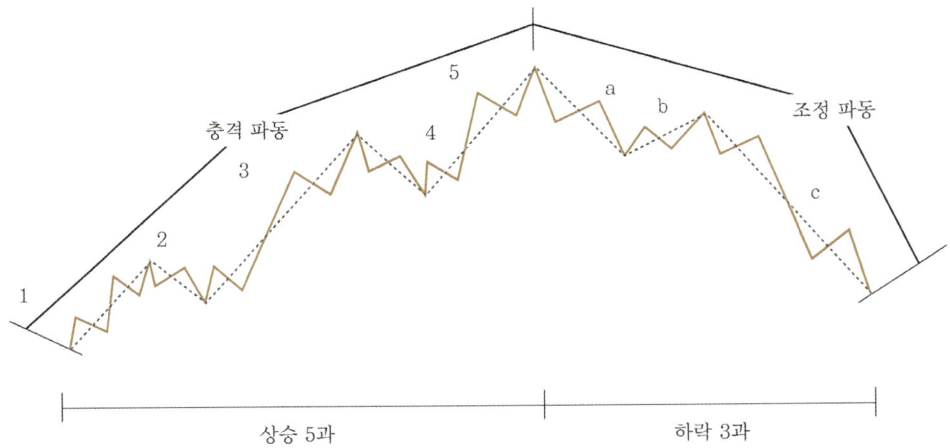

그림 5-19 **엘리어트 파동**

엘리어트 파동이론의 파동 특성은 '프랙탈(Fractal)[45]'이라는 성질이다. 이는 시장 구조가 단기뿐 아니라 장기적으로도 동일한 패턴으로 구성된다. 즉, 파동의 수가 늘어나는 것뿐이다. 이 같은 성질로 장기적인 차트에서도 파동을 셈해 나갈 수 있다.

그림 5-20 **프랙탈의 예 – 시어핀스키 삼각형**

45) 언제나 부분이 전체를 닮는 자기 유사성(self-similarity)과 소수(小數)차원을 특징으로 갖는 형상을 일컫는다. '프랙탈'이란 이름은 1975년 B.B.만델브로에 의해 지어졌으나, 이러한 형상들에 관한 추상적 논의는 훨씬 이전부터 있었다. 칸토어집합, 코흐눈송이, 시어핀스키삼각형 등이 그 예이다.

엘리어트는 또한, 피보나치 수열[46]에서 주가가 얼마만큼 더 오를 것인가를 예측하는데 영감을 얻어 상승패턴의 크기까지 예측할 수 있는 기법을 제공하였다.

【엘리어트의 생각】

"철학적인 관점에서 생각해볼 때, 20세기 최대의 발견은 상대성이론, 양자역학, 원자의 분리 등이 아니라 우리가 아직 궁극적인 실체(Ultimate Reality)에 도달하지 못했음을 깨달은 것이다. 우리는 다만 변화를 주재하는 법칙에 따라 진행하며 외부세계에 나타난 현상을 규정지을 뿐이다. 모든 생명체와 움직임은 진동(Vibration)으로 구성되어 있으며 주식시장도 예외일 수 없다."

「The Nature's Law」(The Secret of the Universe), R. N. Elliott –

【실습】 아래 황금 나선을 A4지 한 장에 그려 보자

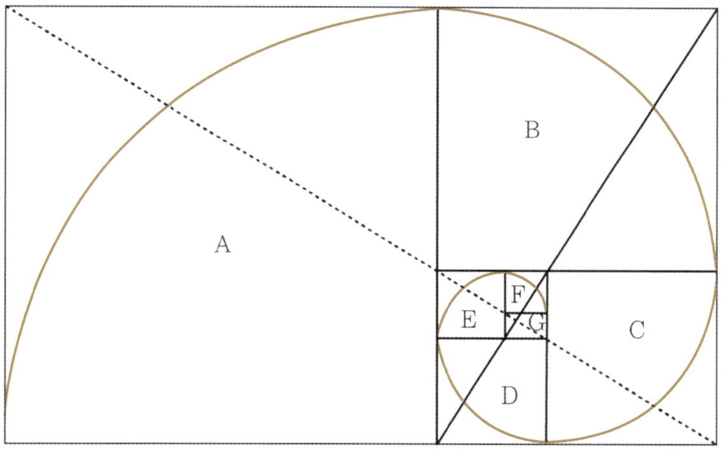

IQ 테스트 : 아래 수의 순서로 볼 때 ( )안의 숫자는?

1, 1, 2, 3, 5, 8, 13, ([47])

아래 그림은 1993년 우리나라 증시에서 엘리어트 파동과 유사한 형태로 파동이 진행된 것을 보여준다.

---

46) 상위 두 수의 합은 다음에 오는 수와 같다, 어떤 숫자도 상위의 수와 0.618:1이다. 어떤 숫자도 하위의 수와 1:1.618이다.

47) 피보나치 수열로서 앞의 두 숫자를 더한 것이다. 정답 (21), 다음숫자는 13+21=34이다.

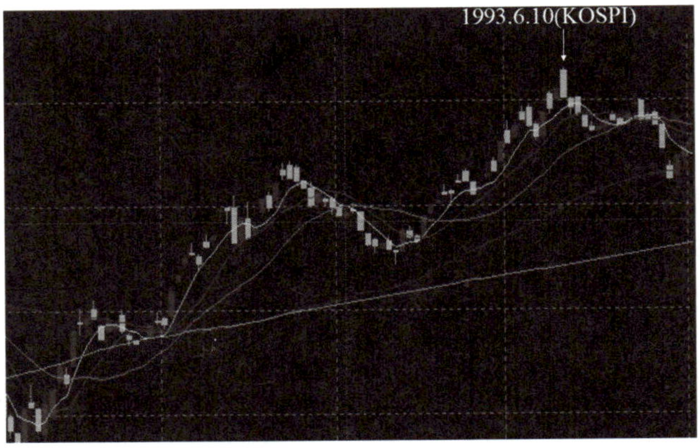

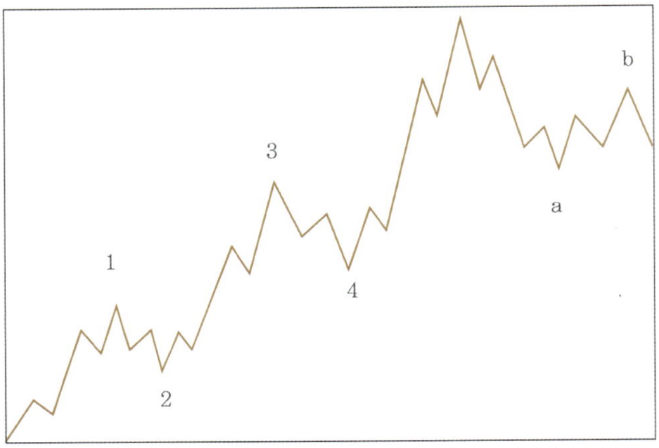

그림 5-21 엘리어트 파동과 우리나라 증시 예

6) 다우 이론(Dow theory)

미국의 다우지수[48]를 만든 다우(Charles Dow)에 의해 1900년에 발표된 다우 이론은 주가의 미래 움직임 특히 장기 추세를 예측하는 기술적 분석 방법이다. 주가 추세를 소 추세, 중기 추세 및 주 추세로 구분하고 중기 추세를 관찰하여 변화의 패턴을 근거로 주 추세 방향의 전환시점을 포착하여 주가를 예측하는 이론으로 1930년대의 미국경제의 대공황에 따른 증권시장의 대폭락을 예측하여 유명해졌다.

48) 미국 뉴욕의 다우-존스사가 매일 발표하는 뉴욕의 주식시장의 평균 주가로서 미국 주식을 평가한 지수를 말하며 우리나라의 KOSPI지수와 같다. 뉴욕증시의 3대지수란 다우존스공업평균, 스탠더드앤드푸어스(S&P)500, 나스닥을 말하며, 이들 셋 중 가장 대표적인 지수가 다우존스이다. 참고로, 뉴욕 증권 거래소(NYSE : New York Stock Exchange)는 "Big Board"라고도 불리며, 미국내 주식 총 거래량의 75% 정도가 이곳에서 거래된다.

소 추세(minor trends) : 매일 매일의 주가 움직임
중기 추세(secondary trends) : 몇 주나 몇 개월간의 주가 움직임
주 추세(primary trends) : 몇 개월 또는 몇 년 계속되는 주가 추

다우 이론은 미래의 주가가 반드시 과거 주가의 반복일 수 없다는 점과 중기 추세나 주 추세를 판단하는 객관적 기준이 모호하다는 단점이 있으나, 분석가마다 주관적인 판단을 가능하게 하여 많은 분석가들이 이를 사용하고 있다. 이러한 이유로 다우 이론에 근거한 분석은 객관성과 일관성을 찾기가 어렵다. 다우 이론에 의해 추세 반전을 확인할 수 있다고 하더라도 너무 늦게 확인되기 때문에 실제 투자에는 도움을 주지 못하는 측면이 있다. 모든 기술적 분석의 기법들이 그렇지만 증권시장의 추세를 예측하는 데 적절하다고 해서 그것이 곧 분산 투자 및 주식 투자의 위험에서 벗어나게 해주는 것은 아니다.

제1원칙 : 평균은 모든 것을 반영한다.

시장에서 예상되고 있거나 이미 알려진 모든 정보는 시장 평균에 모두 반영되어 있으며, 예상치 못한 하나의 사건이 일어난다면 이는 즉각적으로 시장에 반영된다. 호재 발생시 주가 상승이 나타나지 않고 하락이 나타난다면 미래 가격에 대한 예상에 따라 시장 가격이 변동되는 것이므로 자연스런 결과라는 입장이다.

제2원칙 : 시장에는 동시에 세 가지의 변화추세가 존재한다(단기, 중기, 장기).

- **장기추세**(Primary trend) : 1년에서 수 년간 지속되며 장기추세에는 변동 추세로 볼 때 강세, 약세, 보합추세가 반복된다.
- **중기추세**(intermediate trend) : 장기추세 내에서의 조정추세로 보통 3주에서 6개월 정도 지속된다. 중기추세의 조정국면에서 이전 주요추세에 따른 가격변동의 30~60%가 상쇄되어 조정된다.
- **단기추세**(minor trend) : 3주 미만으로 지속되며 중기추세 내에서의 가격변동을 의미한다. 단기추세는 장기추세에 대한 정보를 제공하지는 못하지만 추세전환에 대한 최초의 정보를 제공한다. 대부분의 경우 거래량을 추세전환의 신호로 보는 투자 전문가들이 많다. 하락추세에서 상승추세로 전환하기 위해서는 상승하면서 모든 이동평균선을 상방향으로 축을 틀수 있는 에너지가 필요한데, 평상시 거래량의 10배 이상의 거래량이 생긴다면 유효한 신호로 보기도 한다.

제3원칙 : 가격추세에는 3가지 국면이 있다(강세, 약세, 보합).

시장을 주도하는 투자자들이 포지션을 축적하는 1기, 가격 변동에 따라 추세 추종적으로 거래하는 투자자들의 시장참여로 제1기에서 형성된 시장 추세가 확대되고 발전되는 제2기, 확정된 가격추세와 이에 따라 공공매체의 발표 등에 따라 일반 대중투자자가 참여하는 제3기로 이루어진다.

제4원칙 : 평균들은 상호 밀접히 연관되어 있다.

다우 이론이 처음 소개되었을 때의 의미는 다우 산업지수와 철도지수 양자간의 밀접한 상관관계를 표현한 것이다. 동종업계의 다른 주식들과 함께 움직인다는 의미로도 볼 수 있다. 또한, 코스피 지수가 오르고 있다면 내 종목도 오를 확률이 높다는 것을 의미한다.

제5원칙 : 거래량은 시장가격 추세변동의 유용한 정보를 제공한다.

다우는 오랜 경험을 통해, 거래량과 가격 추세간에 밀접한 연관이 있음을 발견했다. 강세추세로 전환시 주가상승, 거래량증가, 약세 전환시 거래량이 감소한다. 만일 장기주가상승에서 거래량이 줄거나, 주가가 하락하면서 거래량이 줄어든다면 이는 기존 주가추세의 전환을 암시하는 정보로도 이용된다.

제6원칙 : 일단 형성되어 있는 가격추세는 전환될 때까지 계속된다.

다우이론은 어떤 주 추세에서 다른 주추세로 전환하게 되는 시기를 포착하고, 이러한 전환이 이루어짐을 알리는 신호를 알고자 하는 데 주된 목적이 있다. 주추세의 전환을 알려주는 것으로서 다우이론에서 가장 중요시 하는 신호는 붙임점(abortive point)이라고 한다. 추세전환신호를 포착할 수 있다면 주식투자에 있어서 초고수의 반열에 들어가게 될 것이다. 하지만 항상 트릭이 존재하고, 인간의 탐욕과 공포가 존재하는 한 그 붙임점에서 투자를 하게 되는 상황은 쉽지 않을 것으로 판단된다.

7) 추세의 전환 패턴

추세의 전환은 고점에서 저점으로, 저점에서 고점으로 추세가 전환되는 시점을 의미한다. 흔히 반전 패턴(reversal patterns)이라 불린다. 가장 대표적인 투자 전환 패턴은 이중 천장형과 이중 바닥형이다. 이중 천장형(double tops)은 꼭대기가 두 개인 산의 모습을 하고 있으며, 우리 시장에서는 쌍봉이라는 표현으로도 사용되고 있고, 헤드 앤드 숄더 패턴(head and shoulder pattern)이라고도 한다. M자를 닮았다고 해서 M 패턴이라고 부르기도 한다. 반대로 이중 바닥형(double bottoms)은 쌍바닥이라고 부르며 W자를 닮아서 W 패턴이라고 부른다. 최근의 바닥 추세는 2중 바닥보다는 3중 바닥으로 다지는 패턴이 유행이다.

단기추세를 볼 때에는 일봉을 확인하지만 가치투자자들은 주봉이나 월봉의 패턴을 더 중시하는 경향이 있다. 단기투자자들 특히 단타 투자자들은 이러한 추세의 패턴을 파악하지 못한다. 재테크로서의 투자란 일을 하는 것이 아니다. 투자란 가치가 있고 저평가 되어 있는 주식을 사두고 몇 년을 기다렸다가 이익을 실현하는 것이다. 가치있는 주식인 저평가 되어 있다가 수급에 의해 추세를 전환하여 상승추세를 탈 때, 그때 주식을 매입하는 기법을 잘 연구한다면 생각보다 주식투자가 어렵지는 않을 듯 싶다. 우리나라 사람들은 머리가 좋아(세계 2위라고 한다) 단기적인 변화까지도 수익으로 챙기려는 욕심들이 많은 것 같다. 하지만 시시각각 변화하는 경제의 모든 상황을 눈치만 가지고 투자를 한다는 것은 매운 피곤하고 어려운 일이다. 그런일을 하기 위해 증권회사에서는 억대의 연봉을 주고 직원들을 고용하지 않는가? 본업에 충실하고 투자는 투자로 임하는 것이 올바른 자세일 것이다.

8) 심리도 분석

투자자들의 심리상태를 나타내기 위한 지표로 최근 10일 중 주가가 전일보다 상승한 날의 비율로 나타낸다. 최근 10일간 매일 주가가 올랐다면 투자 심리도는 100%가 되고, 매일 내렸다면 0%가 된다. 흔히 투자심리도가 80% 이상일 때 주식시장이 과열 상태라고 보고 매도 시점으로 판단한다. 투자 심리도가 20% 이하이면 주식시장이 침체 상태라고 보고 매입시점으로 판단하여 투자한다. 투자 심리선은 정확한 시장의 과열이나 침체 상태를 판단하기 위한 지표로서 인간이 감정적인 동물로서, 탐욕과 공포가 존재한다는 가정 하에 투자를 수행하는 기법으로 높은 성공률을 자랑한다.

9) 사께다 전법

사께다 전법은 일본 도꾸가와 시대 사께다 항구에서 활동하였던 유명한 거래인 홈마가 창출한 이론을 구체화하여 실전에 적용시킨 전통적 투자 기법으로, 주가의 기본적인 패턴을 분석하는 데 필수적인 과정이 되고 있다. 사께다 전법은 삼산(三山), 삼천(三川), 삼공(三空), 삼병(三兵), 삼법(三法)으로 구성되며 앞의 네 개는 주가 패턴의 해석이고, 삼법은 행동 원리이다.

▶ 삼산(三山), 삼천(三川)형

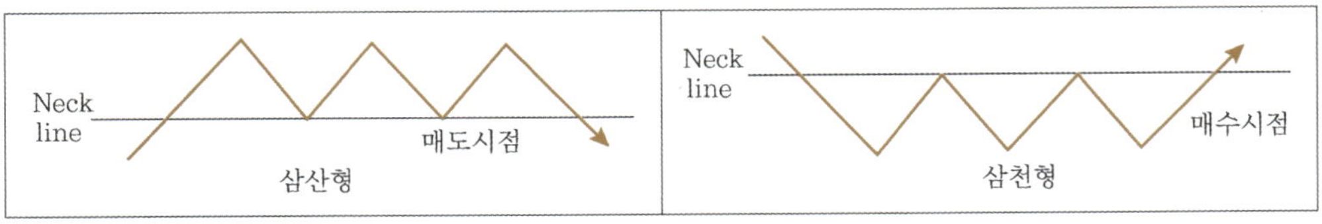

그림 5-22 사께다의 삼산과 삼천

삼산형은 대표적인 반전 패턴으로서 헤드 앤 쇼울더 형과 유사하며 지속적인 주가 상승 이후 주식을 사고자 하는 매수 세력은 계속 유입되지만 더 이상 상승하지 못하는 경우에 종종 발생한다. 삼천형은 삼산형을 그대로 뒤집어 놓은 모양으로 하향 추세에서 상승 추세로 전환할 때 종종 발생한다. 삼천형은 세 개의 바닥을 형성 하는데, 역 헤드 앤 쇼울더형과 같이 가운데 바닥이 가장 낮은 경우도 종종 발생한다.

▶ 적삼병(三兵), 흑삼병(三兵)

삼병형은 주가 흐름의 대세 반전을 암시해주는 패턴으로 적삼병과 흑삼병으로 구분된다. 적삼병은 주가 하락이 멈추고 상승 반전되어 앞으로 상승 추세가 지속될 것을 예고해 준다. 이와 반대로 흑삼병은 주가 상승이 멈추고 하락 반전되어 앞으로 하락 추세가 지속될 것으로 예고해 준다.

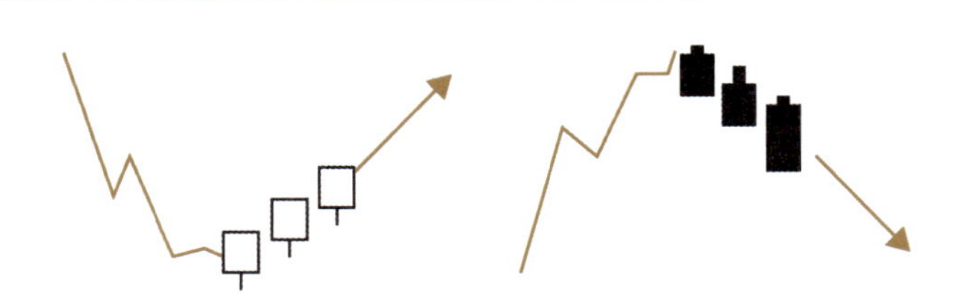

그림 5-22 적삼병(三兵), 흑삼병(三兵)

▶ 사께다 삼법(3法)

삼법이란 매(賣), 매(買), 휴(休)를 말하는 것으로, 여기서는 특히 휴를 강조한 것이다. '쉬는 것도 곧 투자다'라는 주식에 관한 격언처럼 매수, 매도가 불확실한 상황에서 주가가 움직이는 방향을 기다리며 일정 기간 휴식이 필요하다는 것을 말해준다.

다. 워렌 버핏의 가치투자

다니엘 골먼(Daniel Golman)은 그의 저서 "감성지능[49]"이라는 책에서 인간이 환경에 적응할 수 있기까지는 1만년이 걸렸다고 한다. 공룡의 경우에는 1억 5천만년이 걸려서 비로서 완전한 공룡으로 살 수 있게 되었다고 한다. 우리가 환경에 적응하는데 1만년이 걸리듯, 새롭게 생긴 투자 시장에서 인간이 적응해 나가는 데는 시간이 필요하다. 다니엘 골먼은 인간이 주식을 투자할 때 아래와 같은 실수를 하는 경향이 있다고 한다.

- 인간의 군중속의 일원이 되고자 하는 선천적인 욕망을 지니고 있고, 혼자서 실수를 하는 것보다는 여럿이서 함께 실수를 저지르는 것이 안전하다고 생각한다.
- 인간은 자신의 능력을 과신함으로써 자주 손해를 본다.
- 인간은 가능성을 합리적으로 판단하기 힘들다.
- 인간은 절박하게 답을 갈구하고 있을 때 그 질문의 답을 제공해 줄 것 같은 이야기가 나오면 앞뒤 제지 않고 쉽게 빠져든다.
- 인간은 정확한 증거가 없을 때 조차도 어림짐작에 의존한다.
- 인간은 기회 및 가능성과 관련된 통계적으로 자명한 이치를 쉽게 무시하는 경향이 있다.
- 인간은 성공적인 주식투자자가 지니는 직관력을 쉽게 자기도 갖을 수 있다고 믿고 있다.

워렌 버핏은 대표적인 가치투자자이다. 가치투자자(value invester)라는 단어는 증권분석(Security Analysis)를 저술한 벤저민 그레이엄(Benjamin Graham)이 대표적인 분일 것이다. 워렌 버핏은 벤저민 그레이엄의 영향을 많이 받았으며 그의 투자 방식에 많은 영향을 주었다고 회고한다. 또한, 존 템플턴 역시 벤저민 그레이엄의 가치투자 방식에 많은 영향을 받았다. 가치투자란 자산이나 상품을 그것의 진정한 가치보다 더 낮은 가격에 매수하는 투자자를 가리키다. 다음은 워렌 버핏이 조언하는 17가지의 투자 철학이다. 이해를 돕기 위해 워렌 버핏의 철학 17가지의 제목에 필자의 생각을 조금 더 첨부해 본다.

---

49) Diniel Goleman, *Emotional Intelligence*, Bantam Books, 1885.

1) 다른 사람의 충고보다는 자신의 판단을 따르는 것이 낫다.

워렌 버핏은 자신의 지식과 경험에 자신감을 가져야 한다고 한다. 그리고 여러분이 어떤 주식에 관심을 가지고 오랫동안 투자해 왔다면, 그 주식에 대해서는 아마도 다른 사람보다는 더욱더 많이 아는 사람일지도 모른다. 그리고, 본인의 판단에 의해 투자해서 실패한다면 그 결과에 대해 책임질 수 있고, 또한 아픔도 덜할 것이다. 만약, 다른 사람의 조언을 듣고 매입한 주식에서 어마어마한 손해를 본다면, 본인이 선택했을 때 보다 훨씬 더 큰 아픔이 있을 것이다. 그리고, 대부분의 사람들은 남의 일에 크게 관여하지 않는다. 그런 사람들이 친절하게 나에게 어떤 종목을 가르쳐 줬다고 해서 그게 정답은 아닐거라는 생각을 해야 한다. 모든 투자의 책임은 본인이 지는 것이다.

2) 가격 수용자가 되어서도 안되고 시장이 항상 옳다고 가정해서도 안된다.

벤저민 그레이엄의 미스터 마켓(Mr. Market)이라는 이야기를 꼼씹을 필요가 있다. 시장은 항상 있는 그대로 움직이지 않는다. 미스터 마켓은 지멋대로이다. 하지만, 미스터마켓이 가격을 형성하기 때문에 순응할 수 밖에 없다. 그렇기 때문에 기본적 분석도, 기술적 분석도 모두 의미가 없는 경우가 많다. 회사 내부 사정으로 우리가 모르는 분식이나 횡령이 아닌 한 단기적으로 대응해서는 미스터마켓의 농간에 휘말리게 된다는 사실을 잊어서는 안된다. 미스터 마켓은 가치투자자와 기업을 믿고 기업을 사서 기업과 함께하는 사람에게는 질 수 밖에 없다.

3) 주식투자를 할 때에는 사업에 대한 상식과 지식이 학문적 공식보다 훨씬 더 중요하다.

공부해서 주식으로 성공한다고 하면, 학교는 뭐 하러 다닐까? 그냥 유치원 때부터 현재가치, 포트폴리오, 베타계수등 주식 공부만 시키면 아이는 초등학교 다닐 때부터 매일 몇백만 원씩 벌수 있지 않겠는가? 공부잘한다고 주식투자에 성공하는 것은 아닌 것 같다. 증권회사 애널리스트들도 승률이 높은 사람이 있고 낮은 사람이 있다. 그들은 좋은 대학을 졸업하고, 흔히 말하는 가방끈이 긴 사람들이다. 하지만 공부와 주식으로 성공은 별개인 것 같다. 워렌 버핏은 두 가지만 잘하면 된다고 한다. 기업의 가치를 어떻게 판단하는가? 하고 주가가 높은지 낮은지를 아는 것이다.

4) 매일 매일의 주가 변동은 무시하는 것이 좋다. 보다 큰 그림을 그리기 위해서는 반드시 필요한 것이 아니다.

워렌 버핏은 주식을 사면 5년 동안은 들여다 볼 필요가 없는 사업만 투자한다고 한다. 매일매일 주가를 확인하는 주식투자는 결국 미스터마켓의 농간에 휘말려 투자를 그르치게 된다고 경고한다. 워렌 버핏은 주가가 오를 것 같아 주식을 매입하는 사람들은 주식을 하면 안된다고 한다. 아이러니 하게도 우리가 당연하게 생각하는 말이다. 워렌 버핏은 내가 투자한 회사가 사업이 잘될지를 생각하라는 것이다. 언젠가는 그 가치를 인정받을 거니까.

5) 나는 주식시장에 떠돌고 다니고 있는 예측에 의존하지 않는다. 대부분 잘못된 것으로 판명되거나 잦은 매매를 부추기기 때문이다.

오늘도 모 주식에 대한 애널리스트의 평가가 하나 뉴스에 떳다. 그 주식을 잘 알고 있는 저로서는 말도 안되는 내용이었다. 그러나, 많이 흔들리는 마음을 주체할 수 없었다. 게시판을 들여다보니 이글에 대한 토론이 한창이었는데, "맞다". "틀리다" 모두 쓸데없는 멘트들이었고, 오랜 경험자의 꽤 긴 분석글이 맘에 와 닿았는데, 결국 애널이 좋은 글을 올리는 것은 팔려고 하는 것이고, 애널이 나쁜 글을 올리는 것은 살려고 하는 것이다. 라는 내용이었다. 이글도 워렌 버핏이 보면 "필자야 그런 글도 보지 마라, 쓸데없는 짓이다" 할 일이다.

6) 주식투자란 기업의 일부를 사들임으로써 그 기업의 재산을 공유하는 것이다. 사고팔기를 반복하는 것은 진정한 투자가 아니다.

우리가 지향하는 재테크는 투기꾼이 아니라 투자를 하는 것이기 때문에, 투기를 부추기는 증권사의 말에 관심을 가지지 말아야 한다. 대신, 장기적인 전망을 가지고 기업을 연구하고 그에 따라 투자하는 것이 성공하는 투자자이다.

7) 투자의 세계에서는 언제나 오만으로 인해 모든 것이 망가진다.

고대 그리스 정치가 데모스테네스는 "사람들은 자신이 바라는 것을 믿는다."라고 말했다. 언젠가 필자도 여러 주식 관련 도서를 읽은 다음에, 먼가 내 자신이 위대한 투자자가 된 듯 생각이 들더니, 모 주식 투자에 있어 무조건 오른다는 확신을 가진 적이 있다. 그리고, 게시판에 그 영감을 글로 올렸다. 찬사가 쏟아지고 댓글도 매우 긍정적이었다. 얼마 후 회사는 문을 닫고 망해 버렸다(횡령으로 인해 대표이사가 구속되고 회사는 결국 상장 폐지됨). 그때, 최초의 주식 투자 실패의 교훈으로 한동안 투자 자체를 안한 적이 있다. 회사 사장이 구속되는 것은 검찰에 아주 가까운 친구가 있어도 알기 힘든 일 아닌가?

8) 시간을 포트폴리오의 자연스러운 친구로 만들어야 한다.

워렌 버핏은 일단 투자를 하면 아무것도 하지 말고 그냥 지켜만 보라고 한다. 한번 좋은 종목을 사들여 수년간 보유함으로써 자연스럽게 부를 축적하도록 노력하라고 한다. 하지만 챠트를 보면 워낙 심한 파동을 볼 수 있다. 많이 올랐다 싶으면 내리고, 내렸다 싶으면 다시 오르고 이 변동폭이 1년 단위로 보면 50% 이상 되는 주식이 대부분이 아닐까? 머리가 좋은 한국 사람들은 이 변동을 수익으로 만들고 싶어 한다. 그래서 기술적 분석을 배우고 회사의 내용은 보지 않고 주가만 본다. 그런데, 실제 행동은 반대로 올랐을 때 사고 내렸을 때 파는 행위를 반복하다가 투자에 실패를 하고 만다. 이시대의 현인 워렌 버핏처럼 좋은 회사를 오랫동안 투자하는 것이 정답일지도 모른다. 최근 삼성전자의 주가가 250만원을 육박하고 있다. 몇년전 필자는 삼성전자 주가 80만원에서 투자하려는 친구를 만류 한 적이 있다. 그런데, 지금 그 주가의 4배 이상이 되어 있는 것을 보면 회사에 투자하라는 워렌 버핏의 말이 맞는 것도 같다.

9) 과도한 분석으로 수렁에 빠져서는 안된다. 더 많은 실수를 저지르게 될 뿐이다.

필자는 매우 치밀한 성격이다. 전공도 경영학이고, 박사도 경영공학을 전공해서 매우 치밀하게 생각하는 편이다. 주식투자도 매우 머리 아프게 분석하고 생각을 많이 하는 편이다. 하지만 그리 성적이 좋지 못하다. 오히려 적당한 분석이 더 현실적인 것 같다. 주식이라는 것이 유행을 탄다면 많은 사람들이 좋다고 생각하면 올라갈 것이고, 그렇지 않으면 떨어질 텐데, 분석적인 다차원의 시각으로 보면, 어딘가 약점이 보이고 쉽게 투자를 못하게 되는 경향이 있다. 워렌 버핏도 3가지 이상의 분석을 하지 않는 다고 한다. 무엇을 보는지는 모르지만, 필자의 경우는 최근 꼭 보는 지표가 있다. 바로 시가총액이다. 시가총액과 매출액을 비교해서 지나치게 시가총액이 업종평균보다 높다면 위험하다고 생각하며, 주변 사람들이 조언을 구하면 이 수준에서 밖에 해줄 말이 없다. 워렌 버핏이 소개한 사례는 어떤 분이 60년 동안 주식을 가지고 있었는데, 1,400달러를 투자한 그 주식이 60년이 지나 200만불이 되었다고 한다. 노후자금으로는 충분한 듯 보인다. 워렌 버핏이 왜 그 회사의 주식을 그렇게 오랫동안 가지고 있었느냐 인터뷰를 했는데, 그분은 "그 회사 경영진들이 자신들의 회사가 무엇을 하는 회사인지 정확히 알고 있어서"라고 답변을 했다고 한다. 다른 이유는 없다고 한다. 이분은 PER도 모르고, PBR도 모르고 단지 회사의 경영진의 마인드만 봤을 뿐이란다.

10) 자신의 능력내에서 기업들을 평가해야 한다.

워렌 버핏은 자신의 능력을 최대한 발휘해서 기업을 볼 수 있기 위해서는 여러 개가 아닌 최소한의 기업에 투자하기를 권한다. 이론적으로는 분산투자를 위해 포트폴리오를 구성해야 한다고 하지만, 그럴 경우 회사를 투자 한다기 보다는 단지 주식들의 주가들의 포트폴리오가 될 수도 있다고 경고하고 있다. 사람이 관리할 수 있는 관리한계(span of control)은 7개이다. 매직넘버라고도 한다. 사람이 관리하는 것이 7개가 넘어가면 굉장한 스트레스를 받는 다고 한다. 오히려 3개 이내로 관리하여 다른 사람들 보다 쉽게 세상을 사는 방법도 있다. 수학이 어려운 이유는 공식이 많아서다. 필자는 심플하면 더 많은 것을 생각할 수 있고, 더 많은 것을 응용할 수 있다고 생각한다. 투자하는 주식의 숫자가 너무 많은지 한번 고민해 볼 필요가 있다. 간혹 많은 주식을 소유한 친구들을 보는데, 이렇게 조언한다. "차라리 코스피 200을 사시라고."

11) 그 기업을 소유하면 주주에게 어떤 가치를 가져다주는지, 기업을 운영하기 위해 얼마의 비용이 드는지 확인한 후 투자해야 한다.

좋은 기업이란 어떤 기업일까? 시대에 따라 다르겠지만 조금 투자하고 많이 수익을 남기는 회사가 좋은 회사가 아닐까? 또한, 회사는 성장하는데 주주에게 아무런 혜택이 없다면 주주는 시세 차익 이외에는 기대할 것이 없을 것이다. 좋은 회사란, 이익을 많이 내서 배당도 많이 주고, 무상증자도 해주는 그런 회사가 아닐까 싶다.

12) 한 기업의 가치란 누군가가 그 기업이나 그 기업의 제품에 기꺼이 지불한 금액과 정확히 같을 것이라고 믿는 함정에 빠져서는 안된다.

언젠가는 단지 인식상의 평가만 높은 기업에 엄청난 돈을 지불하는 결과를 초래하게 될지도 모른다. 워렌 버핏은 이렇게 말한다. "누군가 프랑스 포도밭 1만평에서 나온 포도주가 세계에서 가장 좋은 포도주다"라고 말한다면 "그건 99퍼센트 소문일 것이고, 1%는 술 많이 먹고 취중에 한말일 것이다."

13) 독점적 위치에 있는 기업을 찾아라. 그 기업들을 보면 그 가치를 알게 될 것이다.

주식 투자를 할 때, 매력적인 산업을 찾을 줄 알아야 한다. 최근 4차 산업혁명이란 단어가 많이 나온다. 문재인 대통령님 정부에서는 4차 산업혁명과 관련된 산업이 발전할 가능성이 매우 크다고 할 수 있다. 하지만, 이렇게 산업의 발전보다도 중요한 것은, 산업내의 그 개별기업이 얼마나 매력적인지를 아는 것이다. 독점적일 때는 제일 좋겠지만, 최소한 경쟁우위가 계속 해서 이어질 수 있는 실력과 잠재력은 있어야 한다.

14) 주식을 매수하기 전에 충분히 공부해야 한다.

투자를 하기 전에, 투자대상으로 선정된 회사들에 대한 공부를 해야 한다. 그 기업들에 관련된 10년 치의 신문기사, 사업보고서를 꼼꼼히 읽어서 회사들을 평가하고 이를 바탕으로 투자해야 한다. 또한, 기업을 직접 방문하고 제품을 구입해서 사용해 보고 직원들과 대화도 해 보고 하면서 회사의 모든 것을 알고 투자를 하는 것이 원칙이다.

15) 단지 인기를 끄는 종목이라 해서 매수하거나 매도해서는 안된다.

투자자가 어떤 행동을 취했다고 해서 돈을 벌 수 있는 것은 아니다. 그 행동이 옳아야만 한다. 실제 투자를 위해서는 오랫동안 기다려야 한다. 확실히 옳다고 생각될 때 까지 무한정 기다리는 것도 필요하다.

16) 주가가 낮다고 해서 꼭 매수 기회로 간주해서는 안된다. 가치가 높고 펀더멘털이 우수한 기업을 찾아서 투자해야 한다.

주식투자를 할 때, 그 주식이 반드시 최저가로 떨어질 때까지 기다릴 필요는 없다. 그때가 언젠지도 모르고, 그렇게 생각하면 세상을 억울해서 살수가 없다. 좋은 회사고 분석이 끝났다면, 적당한 가격에 도달하면 언제든 투자할 수 있는 뱃보가 필요하다.

17) 기업 소유자의 관점에서 주식을 보유한다면, 주가 변동은 아주 우호적인 역할을 할 것이다.

보통 단기투자자들은 주가가 오르면 기뻐하고 내리면 슬퍼한다. 흔히 일희일비한다고 한다. 워렌 버핏은 주식을 식품에 비유하고 있다. 식품가격이 내리면 좋고, 더 내리면 더 좋지 않은가? 싸게 구매 할 수 있으니까. 기업을 소유한다는 관점에서 보면 주가가 떨어지면 더 매입할 수 있는 기회가 되고, 자금이 허락하는 한 회사를 더 많이 소유한다는 의미가 있는 것이다. 그리고 몇 년 후 큰 수익을 얻은 경험을 워렌 버핏은 너무나 많이 한 것이다. 그 경험을 우리에게 줄려고 많은 조언을 그의 경험담을 이야기 하지만 실천하기는 쉽지 않은 것 같다.

06 주식 투자의 현실

가. 주식투자 심리

- 사람은 이성적 동물인가? 아니면 감정적 동물인가? 토론해 보자.
  인간은 완벽한가? 상대방이 완벽하기를 바라는가? 당신이 문제가 아닌가?
- 사람은 이성적이지 않고 감정적이라는 사실을 받아들여야 세상의 모든 사람과 함께 잘 지낼 수 있다. 인간이 모두 이성적으로 살기 위해 노력하는 것은 옳지만, 노력해야만 이성적이 된다는 것은 쉽게 사람들이 감정적이 된다는 것을 반증하는 것이다.

시골의사 박경철 원장은 그의 저술을 통해 '인간은 기본적으로 탐욕과 공포를 지닌 불완전하고 비합리적이고 이성적이기 보다는 감정적'이라고 했다. 오랜 시간 주식시장을 들여다 본 경험에 의하면 본 필자도 그의 견해에 동의한다. 인간은 감정적이다. 그렇기 때문에 투자의 심리를 고려하는 것은 매우 중요하다고 믿는다.

1) 진화심리학

심리학 중에서도 행동주의 심리학은 인간의 본성이 학습에 의해 형성된다고 주장하는 반면 진화 심리학은 인간은 타고난 본성이 있으며, 이 본성은 자연 선택과 환경 적응의 산물로 보고 있다. 이성을 상대로 줄기차게 투쟁해온 감정은 결코 이성에 굴복하지 않았고 앞으로도 그럴 것이다(구스타브 르봉, 군중심리).

아래 그림은 주식 투자에 있어 손실이 났을 때와 이익이 났을 때의 심리적 현상을 도시한 것이다.

손실이 나면 불안, 두려움, 공포를 느끼고 수익이 나면 희망, 욕심, 탐욕 등의 감정을 느끼게 된다. 어느 쪽이든 과하면 판단력이 흐려지고 투자에 실패하기 쉽다.

인간인 이상 아무도 이 굴레를 벗어나긴 힘들다. 감정이 없는 사이코패스라면 이 굴레를 벗어날까? 하지만 이러한 현상이 일어난다는 것을 하는 것 자체로도 심하게 편향된 감정에서 벗어나는 데 도움이 되리라 본다.

	손실	수익
감정	공포 / 두려움 / 불안	희망 / 욕심 / 탐욕
원인	진화적 적응, 불확정성, 무지	부족함을 채우려는 본능
표출 형태	망설임, 혼란, 의심 분노, 복수심, 후회, 절망	조급함, 성급함, 흥분, 자기과신
	합리화, 정당화, 변명	
결과	객관적 분석 및 판단능력 상실, 수익기회의 상실, 과도한 리스크 부담	
극복	시장의 실체에 관한 이해	마음을 비우는 거래
	모든 거래의 책임은 자기한테 있음을 인정	

그림 5-23 **주식 심리(출처 : 하이투자증권 – 투자심리)**

2) 이익과 손실에 대한 이중적 태도

일반적으로 투자자들은 이익이 발생하는 구간에서 위험 회피 성향을 보여 악재에 민감하게 반응을 하지만, 손실 구간에서는 위험 선호 현상을 보이며 악재에 둔감하게 반응하는 경향이 있다. 이러한 경향 때문에 많은 투자자들이 수익(收益)은 작게 실현하고 손실을 크게 키우는 현상인 기분 효과(Disposition Effect)[50]를 경험하게 된다.

이러한 주된 이유 중의 하나는 전망이론의 가치함수 때문이라고 한다. 이 가치함수는 수익이 커지면 초기에는 효용이 큰 폭으로 증가하지만, 일정 수준 이상을 넘어서게 되면 추가적인 수익으로 인해 느끼는 가치의 증가는 크지 않다. 즉, 리스크 대비 수익이 상대적으로 만족스럽지 못하기 때문에 리스크에 민감하게 반응 손실이 발생하면 초기에는 투자자들이 느끼는 가치의 감소가 크다. 그러나 일정 수준 이상을 넘어가는 손실이 발생을 하면 '마음 속에서 포기'하는 현상이 나타나며 추가적인 손실로 인해 느껴지는 가치의 감소가 작아지게

50) 기분효과란 후회를 두려워하고 만족감을 추구하려는 심리 때문에 투자자들이 잘못된 선택을 하는 경우를 말한다.

된다. 즉, 부담하는 리스크 대비 손실이 작게 느껴진다. 이익구간보다 손실구간에서 그래프 모양이 더 가파르다. 그래프를 해석해 본다면, 인간은 일정 수준을 넘어가면 둔감해져서 돈을 많이 벌어도 번 것처럼 느끼지 못하고, 돈을 많이 잃어도 잃은 것처럼 느끼지 못한다는 것이다.

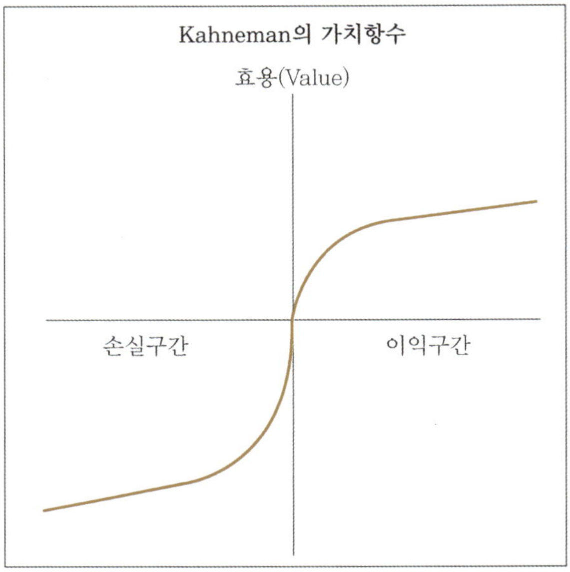

그림 5-24 **가치 함수**

3) 자기과신(Overconfidence)

대부분의 인간은 자신의 지식을 과대평가한다. 자신이 위대한 사람이고 절대로 자신이 위험한 일에 빠지지 않는다고 생각한다. 그래서 위험을 과소평가하고 자신의 통제력을 과대평가하게 된다. 이러한 현상은 학력이 높을수록 전문직에 종사할수록 많이 발생한다. 특히, 고위층과 상대한다는 특권의식으로 정보가 많을수록 정확도가 높아진다는 착각과, 어쩌다 한번 운이 좋아 성공한 과거의 투자사례 등으로 큰 실수를 하는 경우를 주변에서 많이 보게 된다.

전문직인 의사의 예를 들어보자. 의사는 우리나라에서 많은 사람들의 존경을 받는 직업 중의 하나이다. 의사가 되려는 사람은 의사 면허를 취득하고 개업을 하기 위해서 상당 시간 전문성을 갖추기 위해 교육을 받아야 하고, 경험도 쌓아야 한다. 이런 힘든 과정을 거친 의

사들이 주식투자를 할 때 그들은 책 몇 권만 읽으면 본인이 훌륭한 투자자가 된다고 착각한다. 그래서 큰 손해를 보게 되는 경우가 많다. 최악의 경우 투자에 실패해 본전 찾는 것이 인생의 목표가 되어 버리기도 한다. 의사는 아픈 사람을 치료하는 데 전문가지 주식시장에서 돈을 버는 데 전문가는 아니다. 주식시장은 그의 전문 영역이 아닌 것이다. 이들이 쉽게 이런 유혹에 넘어가는 이유 중의 하나는 마음속에 "나는 대한민국 특권층이다, 누가 감히 나를 속이겠는가?"하는 마음이 많기 때문이다. 하지만, 작전세력의 입장에서 보면 정보 확산의 매개체로서, 홍보 수단으로서 작전세력들의 밥이 되는 경우가 많다. 작전 세력들이 슬슬 정보를 넘겨주면 이 분을 통해 이 분의 부모, 형제, 처가 식구들, 가장 친한 친구들, 그 친구들의 부모 형제, 그들의 친구들로 정보가 넘어간다. 이렇게 조작된 정보가 수많은 사람들에게 넘어가게 되는 경우, 이 훌륭한 분 주변의 모든 사람들이 작전세력의 희생양이 된다. 작전세력으로 활동하는 사람들은 피도 없고 눈물도 없는 사람들이다. 그들 눈에는 돈만 보이기 때문일 것이다. 결과적으로 이 특별 검사가 마음씨가 착하면 착할수록 주변의 많은 사람들이 피해를 보게 되는 것이다. 그러므로 정보 투자는 절대 조심해야 한다. 정보 투자에 있어서 대통령님이 정보를 준다고 해도 믿어서는 안 된다. 대통령님도 5년 뒤면 민간인이 되는 보통 사람이다. 누가 뭐라고 하든 정보투자는 금물로 여기는 것이 좋을 것이다.

4) 전형적인 기분 효과(Disposition Effect)

- 꽁돈 효과(House-Money Effect) : 이익을 보고 나면 위험을 보다 많이 부담하려 함
- 위험회피(Snake-Bite) : 손실을 경험한 이후에는 다음 게임을 거부 함
- 본전 찾기 효과(trying-to-break-even effect) : 손실 이후에 대부분은 배판 내기(Double-or-Nothing)의 게임의 위험을 감수

  ex) 경마장 도박, 주식에서 옵션, ELW 등 레버리지 높은 종목으로 이동

나. 분식회계와 재무제표의 신뢰성

앞에서 가치주 투자에 대한 여러 가지 지표를 설명하였다. 그런데, 만약 그런 지표가 거짓으로 만들어진 회계자료에 근거한 거라면 투자에 크나큰 실수를 하게 된다. 기업이 고의로 자산이나 이익 등을 크게 부풀리고 부채를 적게 계상함으로써 재무 상태나 경영성과, 그리고 재무 상태의 변동을 고의로 조작하는 행위들을 분식회계라 한다. 외국뿐 아니라 우리

나라에서도 크든 작든 분식회계는 공공연히 이루어지고 있다. 거래소의 주식마저도 이러한 분식을 스스럼없이 자행하여 많은 투자자들을 농락한 사례들이 적지 않게 발생하고 있다.

분식 회계는 자본시장에서 자금을 차입하거나 자기회사 주식의 주가 관리를 위해서 자기 회사 제품을 팔지도 않은 상태에서 매출을 계상하거나, 자산의 가치를 과대평가하고, 제품이나 서비스를 생산하는 데 드는 비용이나 차입한 자금인 부채를 과소 계상하는 등의 방법으로 재무제표를 작성하는 방법으로 이루어진다.

문제의 심각성은 분식회계가 일부 기업들에게만 한정되는 것이 아니라, 건전한 경영활동을 하고 있는 기업에게도 일상적인 관행처럼 되어버린 데 있다. 비단 기업회계 기준에 의해 작성되었다고 할지라도, 여전히 기업이 작성하는 회계 자료는 임의의 조작 가능성이 상존하고 있다. 이렇게 임의로 조작된 회계 자료는 매우 위험하다. 기업을 제대로 판단 할 수 없는 상황에서 기업에 직접 대출을 해준 금융기관이나 투자자들뿐만 아니라 국민 모두에게 직·간접적으로 피해를 미친다는 점에서 시급히 해결되어야 하는 문제가 있다.

최근 감사 의견에 대한 공인회계사법인의 책임이 커져 점차 분식에 대한 위험은 줄어들 것으로 보인다. 하지만, 본인이 투자하는 회사의 재무 상태에 대한 지속적인 관심이 투자 위험을 많이 줄일 수 있다는 사실도 알고 있어야 한다.

〈기사 1〉 삼우이엠씨, 수백억 분식회계·수십억 횡령 의혹

2011-02-24 16:43 [뉴스핌 = 양창균 기자]

삼우이엠씨가 수백억원대의 분식회계와 함께 수십억 원의 횡령 의혹을 사고 있다.

24일 검찰과 주식시장에 따르면 삼우이엠씨가 지난 2006년부터 2009년까지 수백억 원대의 분식회계를 한 의혹이 제기됐다. 이 때문에 삼우이엠씨는 지난 연말에 국세청으로 집중적인 세무조사를 받은 뒤 수십억 원의 세금추징을 받았다. 또 이전에 나간 정기보고서도 국세청 조사에서 드러난 분식회계 수치에 맞춰 여러 차례 정정공시를 내는 상황까지 연출됐다.

실제 지난해 반기보고서에서 삼우이엠씨는 900억 원대의 당좌자산이 500억 원 가까이 줄어든 대신 부채는 오히려 200억원 늘어난 900억 원대로 뛰었다. 이익잉여금 역시 700억

원 수준에서 50억 원대로 급감된 정정공시를 냈다. 업계 한 관계자는 "이미 국세청 세무조사를 통해 과징금이 추징된 상태"라며 "탈세는 기본적으로 분식회계를 통해 가능하다"고 지적했다.

이와 함께 삼우이엠씨는 임원진들이 수십억 원대의 횡령혐의로 재판이 진행 중인 것으로 전해졌다.

삼우이엠씨 임원 중 일부가 수십 억원을 횡령한 혐의가 발생해 현재 재판이 진행되고 있다는 게 검찰측의 전언이다.

삼우이엠씨 관계자는 "작년 연말에 국세청 세무조사를 받은 것은 사실이나 분식회계와 관련된 것은 아닌 것으로 알고 있다"며 "자세한 내용은 내부적으로 파악한 뒤 답변하겠다"며 말문을 닫았다.

한편 이날 한국거래소 코스닥시장본부는 삼우이엠씨에 대해 분식회계설 및 횡령·배임설의 사실여부를 묻는 조회공시를 요구했다.

〈기사 2〉 "재벌개혁" 안철수, '분식회계' 최태원 구명운동?

2012.07.30 14:27

대선 잠룡 안철수 서울대 융합과학기술대학원장의 이력이 도마 위에 올랐다. 최근 새롭게 출간한 저서 등에서 '재벌개혁'을 강조한 안 원장이 과거 '분식회계' 등의 혐의로 구속된 SK그룹 최태원 회장의 구명운동에 동참했었다는 것이다.

2006년 3월 이코노믹리뷰는 재벌 2~3세들의 모임을 해부하는 내용의 기사에서 '브이소사이어티'라는 이름의 모임에 대해 전했다.

이 모임에 따르면 2000년 9월 설립돼 주식회사 형태로 운영되는 브이소사이어티는 재벌 2~3세와 벤처 창업자들의 모임으로 최 회장이 구속됐을 때 구명운동에 나서기도 했다.

이 모임은 초대 주주가 최 회장이며 당시 안철수 안철수연구소이사회 의장, 신동빈 롯데 부회장, 이웅열 코오롱 회장, 정몽규 현대산업개발 회장, 정용진 신세계 부사장, 이홍순 전 삼보컴퓨터 대표이사, 김준 경방 부사장, 변대규 휴맥스 사장, 이재웅 다음커뮤니케이션 사장 등이 각각 2억 원씩 출자해 설립됐다.

이들은 서울 논현동 사무실에서 주 1회 자신의 경험을 발표하고 토론하는 형식의 모임을 열기도 했다.

최 회장은 2003년 당시 1조5000억 원대 분식회계 등의 혐의로 구속 기소돼 1심에서 징역 3년의 실형을 선고받은 뒤 같은 해 9월 보석으로 풀려났다.

이후 최 회장은 2008년 대법원에서 징역 3년, 집행유예 5년이 확정된 뒤 8 · 15 특별사면을 받았다. 최 회장의 사례는 아직도 재벌 총수에 대한 솜방망이 처벌의 대표적인 사례로 꼽히고 있다.

아래 그래프는 삼우이엠씨의 주봉이다.

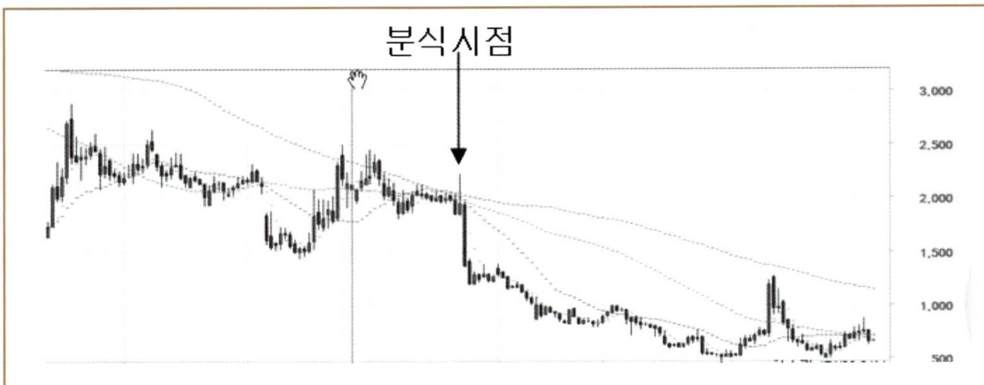

그림 5-24 삼우이엠씨 주봉 챠트

다. 플레이어의 정보 불균형

우리가 주식시장에서 직접 투자를 한다는 것은 모든 주식시장의 참가자가 똑같은 조건으로 경쟁한다는 가정 하에 투자를 하는 것이다. 하지만 플레이어들이 투자하는 이유는 분명 나보다 덜 똑똑하고 투자를 못하는 다수가 있다고 생각하기 때문에 투자를 하는 것이다.

주식시장에는 개인투자자, 증권회사의 펀드 매니저, 기관투자자, 외국인이 있다. 이들 중 누가 가장 정보력에 취약할까? 인정할 것은 인정해야 한다. 우리 개인투자자들의 정보력이 가장 취약하다. 개인투자자의 장점은 딱 한가지다. 투자 규모가 작아서 유연성이 있다는 것이다.

주식시장에서 하면 안 되는 것이 있다. 내부자 거래이다. 내부 사람들은 회사의 내용을 잘 알기 때문에 쉽게 정보를 얻을 수 있다. 이런 정보를 이용해서 주식투자를 하면 법에 의해 제제를 받게 된다. 그러나 회사 사정을 잘 아는 사장의 아들, 친인척들 사이에서 불공정

거래가 공공연히 일어나는 것 같다. 개인투자자들은 이런 정보에 한 발 늦을 수밖에 없고, 이미 내가 알게 될 때에는 전 국민의 반은 아는 정보일 가능성도 있다.

이러한 불균형 하에서 게임을 한다는 것은 매우 불공정하고, 이러한 불공정을 무릅쓰고 직접투자를 한다는 것은 큰 용기일지도 모른다. 그분에게 박수를 보내지만, 절대로 바람직한 재테크는 아니라고 말해주고 싶다.

'일찍 일어나는 새가 벌레를 잡는다'는 말이 있다. 이러한 불균형 상황에서는 '일찍 일어나는 벌레가 먼저 잡혀 먹는다'가 맞을 것이다.

영화 '뷰티플 마인드'를 본적이 있는가? 게임이론의 창시자 천재 수학자 존 내쉬의 생애를 다룬 영화이다.

게임이론(game theory)이란 경쟁 주체가 상대편의 대처행동을 고려하면서 자기의 이익을 효과적으로 달성하기 위해 수단을 합리적으로 선택하는 행동을 수학적으로 분석하는 이론이다. 게임이론에서 상대방이 이기기 어려운 상대일 때에도 50%의 승률을 갖는 게임 전략이 있다. 바로 혼합전략이다. 혼합전략을 사용하면 상대방이 아무리 강해도 50% 정도의 승률을 갖는다.

혼합전략은 상대의 공격과 무관하게 나의 기준에 따라 공격하는 것을 말한다. 예를 들어, 주식투자를 하는데 있어 내일 오를지 내릴지를 놓고 시장을 분석하는 것이 아니라, 주사위를 던져서 홀수가 나오면 매수하고, 짝수가 나오면 매도하는 전략을 취하면, 확률상 1/2은 성공할 수 있다는 것이다. 그래서, 원숭이들과 펀드매니저들하고 승률게임을 하면 원숭이들이 이길 수 있다는 이론이다. 이는 현실에서 자주 발생하는 일이다.

라. 거래비용[去來費用, transaction cost]

거래비용은 각종 거래에 수반되는 비용을 말한다. 거래 전에 필요한 협상, 정보의 수집과 처리는 물론 계약이 준수되는가를 감시하는 데에 드는 비용 등이 이에 해당된다. 또한 처음 계약이 불완전해서 재계약할 때 드는 비용도 포함된다. 시장이 발전할수록 경제활동에서 차지하는 비율이 증가하는데, 이를 줄이는 것이 기업의 중요한 목표가 된다. 한편, 증권을 매매할 때 발생되는 비용을 의미하기도 한다. 이때는 거래수수료와 할증료 · 할인료 · 제반 수수료 · 직접세 등이 포함되며, 특히 증권거래를 빈번하게 하는 투자자에게 중요한 의미를 갖는다.

[출처] 네이버 백과사전

〈사례〉 증권사 지점장과 악수한 김대리

지인에게서 전화가 왔다. 전날 저녁에 태어나서 처음으로 증권사 지점장과 소주한잔 했다는 것이다. 목소리가 안 좋았다. 어린 나이에 영업직 회사원으로 일하던 그는 회사 다닐 때 쉬는 시간에 짬짬이 PC방에서 단타 매매를 하여 짭짤하게 술값을 버는 재미로 살았다. 그러다가 작년에 전업투자자로 직업을 바꾸어버렸다. 회사를 그만두고 조그만 원룸(지방이 생활비가 싸며, 인터넷만 되면 된다고 지방소도시로 거주지를 옮김)에서 단타 매매를 했다.

무슨 일로 소주를 한잔 했냐 물었더니, 작년에 그가 거래하는 증권사 지점에서 매매수수료를 제일 많이 낸 사람이 바로 자기라는 사실을 알았다고 했다. 내가 축하한다고 했더니, 그는 축하 할 일은 아니고, 이제 주식 안하기로 했다고 말하면서 자기 이야기를 했다.

그는 1억 가지고 단타매매를 했는데, 결과적으로 따져보니 거래수수료를 5천만 원 냈고, 남은 돈이 3,500만원이라고 했다. 남은 돈 3,500만원을 가지고 원금을 되찾기는 쉽지 않을 것 같으니 다시 회사 생활을 시작하려 한다고 했다. 다시 1억이 모이면 재기하겠다고 했다.

최근 그와 다시 연락이 되어 근황을 물어보니, 그는 지금까지 단타매매를 하고 있고, 아버님 집을 저당 잡혔고, 형님 몰래 형수님께서 가지고 있던 쌈짓돈도 날렸다고 한다. 그는 장가도 못가고, 돈도 없고, 아버님의 강한 반대로 주식도 할 수 없어 그냥 하루하루 소일하면 산다고 한다. 자기 생각에 주식은 도박인 것 같다고 한다.

마. 주가조작

아래 그림은 네이버에서 '주가 조작'을 키워드로 하여 뉴스 검색한 결과이다. 57,400건의 뉴스가 검색되었다. 중복된 사건도 있지만 주가 조작은 우리 주변에 흔히 발생하는 사건임에는 틀림없다.

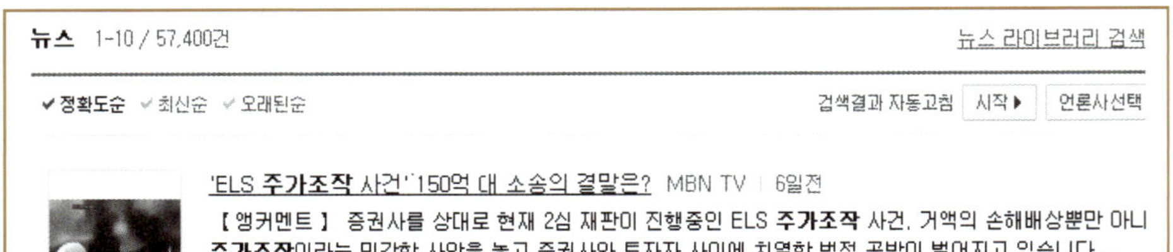
뉴스 1-10 / 57,400건 뉴스 라이브러리 검색

✔정확도순 ✔최신순 ✔오래된순 검색결과 자동고침 시작▶ 언론사선택

'ELS **주가조작** 사건' '150억 대 소송의 결말은? MBN TV | 6일전

【 앵커멘트 】 증권사를 상대로 현재 2심 재판이 진행중인 ELS **주가조작** 사건, 거액의 손해배상뿐만 아니 **주가조작**이라는 민감한 사안을 놓고 증권사와 투자자 사이에 치열한 법정 공방이 벌어지고 있습니다....

그림 5-25 주가조작 검색 결과

주가 조작이 가능한 시장에서 자금력 없고 선량한 개인이 수익을 창출하는 것은 쉬운 일이 아니다. 타짜가 존재하는 상황에서 타짜가 아니라면 누가 도박판에서 돈을 벌겠는가? 그러므로 정보니 작전이니 하면서 불나방처럼 불꽃에 달려들어 처참히 죽어가는 바보 같은 투자자가 되지 말아야 한다.

주가조작의 한 형태 : 매점 매석(買占賣惜)

돈 많은 사람은 돈 버는 시장에서는 이기기 쉽다. 돈 많은 사람은 서두르지 않고 인내력이 강하다. 하지만 돈이 없는 사람은 당장 생활비가 급해서 끈기 있게 투자하기가 쉽지 않다. 옛날 돈 많은 사람들이 돈을 벌기 위해 가장 많이 한 방법이 매점매석이다.

매점매석이란, 특정한 상품의 가격이 오르거나 내릴 것을 예상하여 그 상품을 한꺼번에 많이 사두고 되도록 팔지 않으려는 것을 말한다. 이는 독점을 목적으로 물자(상품)를 대량으로 사들였다가, 그 물자가 부족하여 가격이 올랐을 때 매각하여 폭리를 취하는 것을 의미한다. 정부에서는 물가 안정 및 공정 거래에 관한 법률로써 이러한 폭리를 목적으로 물품을 매점하거나 판매를 기피하는 행위를 규제하고 있다.

주식사장에서도 매점매석이 가능하다. 자금력이 있는 개인투자자가 저평가된 주식을 계속 매수한다면 주가는 오를 것이고 어느 순간 시세 차익을 얻을 수 있지 않을까? 이런 시장에서 개인투자자가 돈을 번다는 것은 쉬운 일이 아니다. 이들이 주식을 매수할 때 눈치를 체고 같이 매수하고 이들이 팔 때 같이 팔면 그들만큼은 수익을 얻는 것이지만 그 시점을 안다는 것이 쉬운 일이 아니다. 확신할 수 없는 일이기 때문이다.

07 주식의 거래 방법

주식을 거래하기 위해서는 증권회사를 방문하여 계좌를 개설하여야 한다. 주식계좌가 개설 되었다면 증권회사 주식 창구를 통하여 거래가 가능하며, 전화를 통해서도 매입과 매도가 가능하다. 하지만 수수료가 비싸다. 인터넷을 통하여 직접 거래하면 수수료를 절감할 수 있다. HTS 등의 프로그램을 컴퓨터에 설치하면 증권회사 홈페이지를 방문하여 직접 거래할 수 있다.

증권회사마다 다른 프로그램을 사용하지만, 사용방법은 거의 유사하다. 프로그램 사용법은 증권회사에서 제공하는 매뉴얼을 보고 자주 다뤄 보면서 익히도록 한다.

아래 그림은 인터넷으로 HTS검색하여 키움증권에 접속한 화면이다. 고객 입장에서 증권회사에 접속하여, 증권회사에서 고객을 얼마만큼 만족시키는지 테스트 해 보기 바란다. 어떤 종목에 거래하고 싶은데 얼마나 쉽게 거래를 할 수 있는지 말이다.

그림 5-26 트레이딩 초기 화면

제 5 부 리포트

리포트 1 : DART에서 원하는 아무 회사의 기업공시를 살펴보고 의견을 A4지 한 장에 요약하라. 필수 (학과, 학번, 성명, 검색회사, 내용)

리포트 2 : 우리나라의 시가 총액 1위에서 5위까지의 회사를 찾아보고 가치투자를 위한 지표들을 찾아 이를 표형태로 정리해서 다음시간에 발표해 보자

리포트 3 : 주가 조작에 관련된 신문 기사를 찾아 리포트로 제출하고 다음시간에 발표해 보자.

대학생을 위한 금융과 부동산 투자 상식 **교양 재테크**

chapter

06

부동산 경매

1. 재테크로서의 부동산 경매
2. 부동산 경매란 무엇인가?
3. 법원의 경매 절차
4. 경매 투자 절차
5. 권리 분석 관련 용어

01 재테크로서의 부동산경매

최근 공인중개사들이 '매수 신청 대리 실무 교육'을 받아 경매 대리 관련 업무를 할 수 있게 됨에 따라 경매 부동산에 관심을 기울이는 부동산 수요자가 늘어나고 있지만, 경매가 그리 만만한 것은 아니다. 등기부 등본도 생소한 일반인들이 권리분석을 해 보려고 하면 법률 용어들이 생소하고, 권리 관계, 우선 순위 등은 알 수가 없다. 현장답사를 해 놓고도 제대로 하기는 했는지 안심이 안 된다.

필자가 부동산 관련 학과에 소속되어 있어 많은 지인들이 부동산 경매에 대한 질문을 많이 한다. 이들은 한결 같이 공부해서 부동산 경매를 통해 재테크를 해 보고 싶다고 한다. 이들이 말하는 경매 관련 공부는 기껏해야 대법원에서 입찰 공고를 보는 것, 경매정보지를 사서 보는 것 정도이다. 실제로 경매 관련 공부를 많이 하고, 경매 관련 전문서적을 펴내고, 방송국에서 강의를 하며 경매 특강을 생업으로 하는 사람들조차도 직접 본인의 돈을 투자하여 경매를 하는 일은 극히 드물다. 오히려 경매를 하기 원하는 수강생들을 모아 대리인으로서 권리분석 및 입찰을 수행하는 경우가 대부분이다.

왜 그럴까? 경매가 그렇게 어려운 것일까? 사실 경매는 어려운 것이 아니다. 경매도 투자의 일종이다. 투자의 위험이 높으면 수익률이 높고, 투자의 위험이 낮으면 수익률이 낮다. 수익률을 높이려면 위험이 높은 경매물건을 낙찰 받아야 한다. 그런데, 경매로는 해결(인수) 되지 않는 유치권, 법정지상권, 선순위 세입자 등 여러 가지 법률문제들에 대한 확신이 서지 않기 때문에 쉽지 않게 느껴진다.

유치권 성립가능성 없다고 자칭 고수라는 대리인들은 쉽게 말한다. 서류상에는 엄연히 유치권 있다고 주장하는 사람들이 있는 상황에서 그렇게 쉽게 단정 지을 수 없는데도 말이다. 낙찰 후 법원에서 민사 재판에 의해 결정 나는 불확실한 미래를 그렇게 쉽게 단정할 수는 없는 일이다.

공부해서 모두 경매에 성공할 수 있다면, 부동산학과 교수들은 모두 재벌이 되어 있어야 하지 않을까? 마치 주식을 공부해서 주식 고수가 되면 주식 투자에 성공할 수 있을 거라고 착각하는 것과 같다. 투자란 공부의 문제가 아니고, 승부에 대한 동물적 감각과 철저한 위험 관리의 게임인지도 모른다.

경매 투자를 위해서는 어느 정도 공부가 필요하다. 대리인에게 맡길 때에도 경매에 대한 기본 지식이 어느 정도 있어야 조금 더 좋은 결정을 할 수 있다. 믿을 수 있는 전문가를 대리인으로 사용하여 경매를 수행하게 되면 큰 지식이 없어도 경매를 수행 할 수 있지만, 대리인에게 어느 정도 수수료(감정가의 1.5% 정도)를 지불해야 한다. 대리인 입장에서는 일단 경매에 낙찰만 받으면 수수료를 받으므로 최대한 낙찰을 받으려고 할 것이고, 이러한 이유로 경매 낙찰가가 높아지게 마련이다. 경매 낙찰가가 높다면 경매를 통해 부동산을 취득하는 이유를 상실하게 된다.

경매 투자에 대한 필자의 생각은 어렵지 않는 경매 물건들은 직접 경매에 참여하는 것이 바람직하다는 것이다. 기본적인 권리 분석은 이미 경매 전문지에 모두 나와 있으니 참고하면 된다. 직접 경매에 참여해 보면, 한 건 한 건 경험이 생길 때마다 어렵던 경매 용어들도 쉬워질 것이고, 투자에 성공할 확률이 높아질 것이다.

02 부동산 경매란 무엇인가?

가. 부동산 경매의 개념

경매는 개인 간, 개인과 금융기관 간, 기업체와 금융기관 간의 부실채권에 대한 강제 환가제도의 하나이다. 쉽게 말하면, 부실채권이 발생하였을 경우 목적물을 압류해서 현금화한 다음, 채권자의 채권을 변제하는 민사집행법에 의한 강제 환가제도의 하나인 것이다. 강제 환가제도는 하나가 더 있는데, 국세징수법에 의한 압류재산 공매 제도가 그것이다. 이는 한국자산관리공사에서 실행되어지고 있다.

경매에는 강제경매와 임의경매 두 종류가 있다. 강제경매나 임의경매나 그 절차의 실질을 보면 양쪽 모두 목적물에 대한 강제적 환가라는 점에 있어서는 동일한 것이다. 경매 투자하는 사람 입장에서는 큰 의미가 없으므로 용어 정도만 익히면 된다.

강제경매란 채무자 소유의 부동산을 압류한 다음 매각하여 그 매각 대금을 가지고 채권자가 금전 채권의 만족을 얻을 수 있도록 하는 절차이다. 예컨대, 채권자가 채무자를 상대로 채무 승소 판결을 받았는데도 채무자가 빚을 갚지 않는 경우, 채권자가 채무자의 부동산을 압류하고 매각하여 그 매각 대금으로 빚을 받아내는 절차가 강제경매이다.

임의경매는 일반적으로 담보권의 실행을 위한 경매이다. 채무자가 채무를 임의로 이행하지 않는 경우, 저당권 등의 담보권을 가진 채권자가 담보권을 행사하여 담보의 목적물을 매각한 다음 그 매각대금에서 다른 채권자보다 먼저 채권을 회수할 수 있다. 이것이 임의경매이다.

우리나라 법률상 물권이 채권에 우선한다. 채권끼리는 그 권리가 동등하기 때문에 금액에 따라 비례하여 안분 배분한다.

매매(賣買) : 팔고 사고하는 방식의 거래 – 개인
경매(競賣) : 경쟁 입찰 방식의 매매 – 법원
공매(公賣) : 경쟁 입찰 또는 수의 계약 – 자산관리공사

나. 부동산 경매의 장점과 유의할 점

1) 장점(유리한 점)

① 경매의 특성상 일반 매매보다 가격이 저렴하게 형성되기 때문에 시세보다 싼 값에 부동산을 취득할 수 있다.

② 토지 거래 규제를 위한 각종 제도가 법원의 경매 부동산에 대하여는 적용되지 않는 경우가 많다. 예컨대, 국토의 계획 및 이용에 관한 법률상의 토지 거래는 허가를 받지 않아도 된다. 예외적으로, 전 · 답 · 과수원 등 농지를 매수하고자 할 때에는 농지 취득 자격 증명이 있어야 한다.

③ 매각 절차가 국가 공권력을 가진 법원에서 이루어지기 때문에 이중 매매 등의 거래 사고가 발생할 수 없다.

④ 경매 부동산은 권리 관계를 법원이 깨끗하게 정리하여 준다.

2) 단점

① 시세보다 비싸게 낙찰 받는 경우가 있을 수 있다. 법원에 비치된 감정서는 참고 자료일 뿐이다. 아파트, 다세대 주택 등 주거용 건물의 경우 대항력 있는 임차인이 자료에 나타나 있지 않을 수도 있다.

② 낙찰을 받았다 하더라도 이해관계인 등의 항고에 의하여 경매 절차가 상당 기간(통상 5~6개월) 진행이 되지 않는 경우가 발생할 수 있다.

③ 예고 등기, 경매 원인이 된 저당권 또는 압류보다 앞선 가등기 또는 가처분등기 그리고 지상권 등기가 있는 경우 권리제한이 남아 있는 불완전한 소유권을 취득할 수 있고 최악의 경우에는 소유권을 잃는 경우도 발생할 수 있음에 유의하여야 한다.

④ 경매 원인이 된 저당권 또는 압류보다 먼저 등기된 선순위 전세권자가 배당요구를

하지 않은 경우 전세권은 말소되지 아니하고 낙찰자가 인수하여야 한다. 이 경우 전세 보증금 만큼 손해를 보게 된다.

⑤ 경매 부동산에 유치권[51](공사대금 등)이 신고되어 있는 경우 낙찰 받은 후 명도 받고자 할 때 큰 부담으로 작용할 수 있다. 유치권은 등기부상에 나타나지도 않으며 법원 물건 명세서에도 나타나지 않는 경우가 많으므로 상당한 주의를 요한다. 경매 관련된 법률 소송에서 가장 많은 부분을 차지하는 부분이 유치권이다. 그러므로 유치권에 대한 판례가 상세히 나와 있어, 이를 공부한다면 진짜와 가짜를 판별하는 능력이 생길 것이다.

⑥ 매각 대금을 완납하기 전에 채무자가 채무를 전부 변제하면 입찰이 취소될 수 있다.

⑦ 경매 부동산에 살고 있는 소유자, 전세 입주자 등 점유자가 경매결과에 불만을 품고 집을 비워주지 않는 경우가 종종 발생한다. 이 때, 집을 비우게 하는 데 따른 부담이 전적으로 낙찰자에게 맡겨지므로 특히 주택을 매수하고자 하는 때에는 명도용이 여부, 명도해내는 데 소요될 시간 및 비용을 사전에 정확히 파악해 두어 가격 책정시 고려하여야 한다.

⑧ 경매를 통해 부동산을 취득하였을 경우 매각 금액이 과세 표준이 되므로 일반 매매로 취득한 경우보다 취득세, 등록세가 많을 수 있다.

---

51) 유치권이란 남의 물건을 점유한 자가 그 점유물로 인하여 발생한 채권(주로 공사대금을 못 받은 건축업자의 돈을 받을 권리)의 변제를 받을 때까지 그 물건을 유치할 수 있는 권리이다

03 법원의 경매 절차

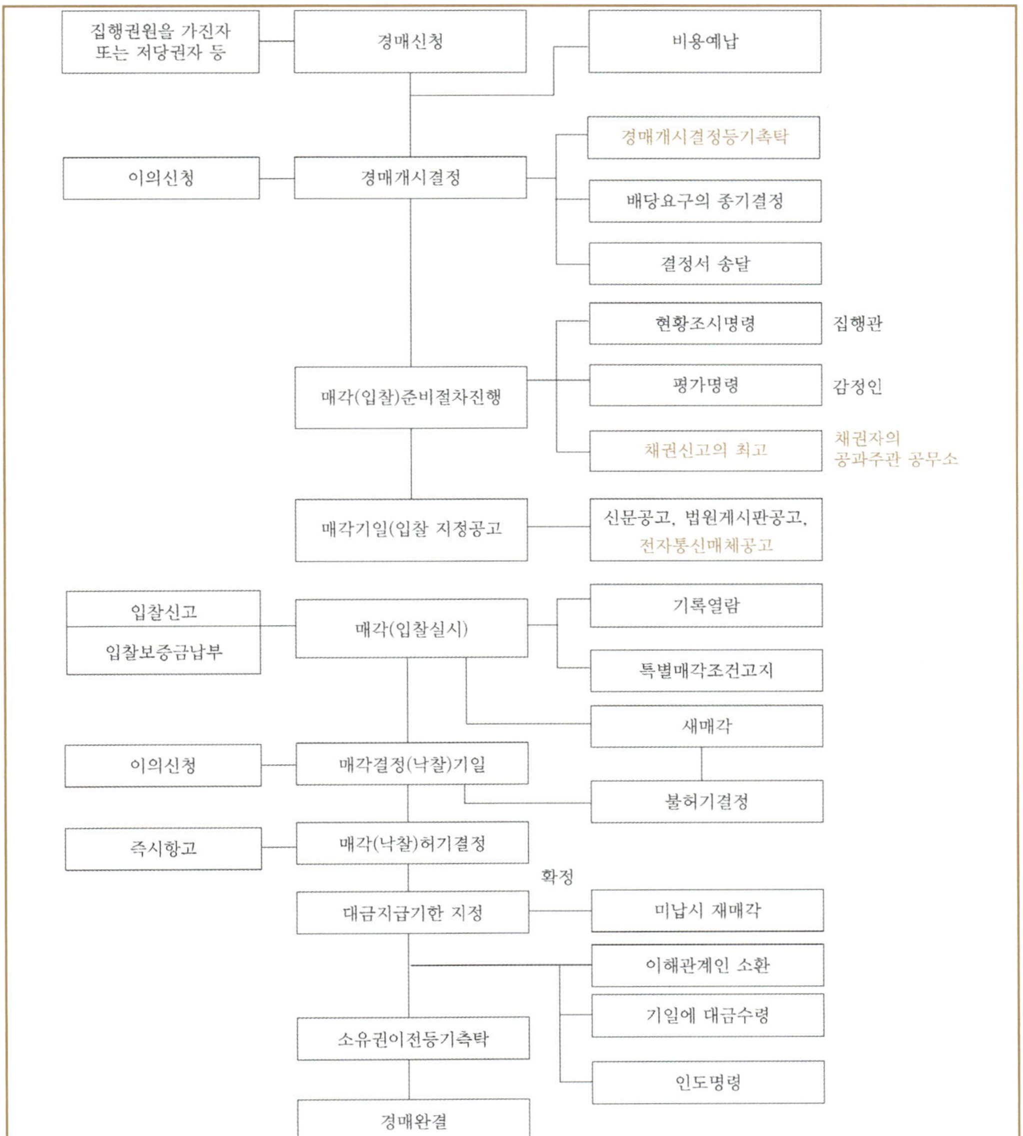

그림 6-1 경매 절차도(출처 : 대법원 사이트)

경매 절차는 대체로 법원이 공권력을 사용하여 목적물을 압류한 다음, 매각 절차를 통해 현금화하고, 다음으로 채권자의 채권을 변제하는 3단계의 절차로 진행된다.

① 먼저 채권자의 경매 신청을 접수한 법원은 그 경매 신청서의 기재 및 첨부 서류를 검토한 결과 그 신청이 적법하면 경매 절차에 소요되는 소정의 경매 비용을 예납시킨 후 경매 개시 결정을 하여 매각 부동산을 압류한다. 법원 사무관 등은 관할 등기소에 즉시 그 사유를 등기부에 기입하도록 등기관에게 촉탁하여 경매 개시 결정 사유를 기입하도록 하고 경매 개시 결정서를 채무자에게 송달한다.

② 배당 요구의 종기를 정하여 공고하고, 현금화의 준비 절차로서 집행관에게 부동산 현황에 관한 조사를 명하고 감정인에게 매각 부동산을 평가 하게 하고 그 평가액을 참작하여 최저 매각 가격을 정한다. 위 절차가 끝나면 법원은 매각 기일 및 매각 결정 기일을 지정하여 이를 공고한다. 매각 기일에는 집행관이 집행 보조기관으로서 매각을 실시하여 최고가 매수 신고를 정한다.

③ 매각 결정 기일에 이해관계인의 의견을 들은 후 매각의 여부를 결정한다. 허가할 매수 가격의 신고가 없는 경우에는 법원은 최저 매각가격을 저감하고 매각 기일을 정하여 다시 재매각을 실시한다.

매각 허가 여부의 결정에 대하여 이해관계인은 즉시 항고를 할 수 있다. 매각 허가 결정이 확정되었을 때에는 법원은 대금 지급 기한을 정하여 매수인에게 대금의 지급을 명한다.

④ 매수인이 대금을 완납한 경우에 있어서 채권자의 경합이 없거나 그 대금으로써 각 채권자의 채권 및 비용을 변제하기에 충분한 때에는 각 채권자에게 이를 지급하고, 각 채권자의 채권 및 비용을 변제하기에 부족한 경우에는 배당 절차를 행한다.

⑤ 매수인이 대금을 완납한 경우에는 매수인이 취득한 권리의 등기를 촉탁한다. 매수인이 대금을 지정한 기한까지 완납하지 아니할 때에는 차순위 매수 신고인에 대한 매각 허가 여부를 결정하고 차순위 매수 신고인이 없는 때에는 재매각을 명한다.

⑥ 배당이 완료되면 경매 절차는 종료하게 되나 경매 부동산을 인수한 매수인은 취득세 납부(대금 납부 후 30일 이내), 부동산 위의 부담기입의 말소, 소유권 이전 등기 촉탁 신청(가능한 한 대금 납부 후 60일 이내), 인도 명령 신청(대금 납부 후 6개월 이내) 등 부수 절차를 완벽하게 취해야 한다.

04 경매 투자 절차

법원에서 일어나는 복잡한 절차는 공무원들의 일이다. 투자자 입장에서는 복잡한 법률적 절차들이 일어나고 있다는 정도만 인지하고 있으면 되고, 경매 투자를 하기 위해서는 다음과 같은 절차를 인지하고 있어야 한다.

그림 6-2 경매 투자 절차

가. 경매 정보 수집

과거, 경매 투자 물건을 수집하기 위해서는 법원 경매 법정 앞에서 판매하는 경매 관련 정보지가 대부분이었다. 하지만, 인터넷의 발달로 대부분의 경우 인터넷을 통해 경매 정보를 쉽게 입수할 수 있다.

포털사이트에서 '부동산경매'라는 키워드로 검색을 해보면 사이트가 1,000개도 넘게 나온다. 이렇게 수많은 경매정보 사이트 중에서 수많은 경매 정보 중에서 무엇을 선택할 것인지는 본인의 몫이다. 필자의 경우, 먼저 대법원 법원 경매(www.courtauction.go.kr)정보를 이용한다. 이용료는 무료이므로 접속해서 매각공고 등 이것저것 다양한 정보를 찾아보기 바란다.

다음은 대법원 경매 정보 사이트의 메인 화면이다.

그림 6-4 **대법원 경매정보 사이트**[52]

다음은 대법원경매정보 사이트에서 찾은 매각공고의 일부이다. 매각공고에 나와 있는 주요 용어들을 살펴보기로 한다.

1) 사건 번호

채권자가 경매를 신청하면 경매 집행법원은 접수된 순서대로 사건 번호를 부여한다. 경매가 진행되는 동안 사건 번호는 그 부동산의 이름이 된다. 위 아파트의 경우 '2012타경11544'가 사건 번호이다.

2) 물건 번호

하나의 사건 번호에 여러 개의 물건이 존재할 때, 각각의 부동산에 번호가 붙어 있다. 입찰시 유의하여야 한다.

52) http://www.courtauction.go.kr/

사건번호	매각물건			감정평가액 최저매각가격 (단위:원)	비고
	물건 번호	용도	소재지 및 상세내역		
2012타경11544	1	아파트	경기도 부천시 원미구 길주로 129 (상동), 10층 1007호 (상동,대신스카이빌) [상세내역] 철근콘크리트구조 및 벽식구조 콘크리트평슬래브지붕 14층 공동주택 및 제1,2종 근린생활시설 지하3층 1109.43m^2 지하2층 1109.43m^2 지하1층 1109.43m^2 1층 870.94m^2 2층 968.58m^2 3층 968.58m^2 4층 448.53m^2 5층 448.53m^2 6층 448.53m^2 7층 448.53m^2 8층 448.53m^2 9층 448.53m^2 10층 448.53m^2 11층 448.53m^2 12층 448.53m^2 13층 448.53m^2 14층 198.60m^2 철근콘크리트구조및 벽식구조 54.57m^2	150,000,000 150,000,000	
2012타경11285	1	다세대	경기도 부천시 원미구 심곡동 375-14 삼성쉐르빌 3층 301호 [상세내역] 철근콘크리트구조 (철근)콘크리트지붕 5층 공동주택 1층 11.52m^2 2층 96.14m^2 3층 96.14m^2 4층 96.14m^2 5층 96.14m^2 옥탑1층 10.08m^2 철근콘크리트구조 43.03m^2	120,000,000 120,000,000	

그림 6-5 **부동산 매각공고**

3) 용도

부동산의 구체적 쓰임새를 나타낸다(주택, 아파트, 다세대, 연립주택, 사무실, 콘도, 호텔, 전 · 임야, 대지 등). 위에서 사건번호 2012타경11544는 아파트 이며 2012타경11285는 다세대이다.

4) 소재지 및 상세내역

위 사건 번호 2012타경11544의 소재지는 경기도 부천시 원미구 길주로 129(상동), 10층 1007호이다. 면적은 주로 평방미터(㎡)로 표시되어 있으나 가끔은 평(坪)으로 표시되기도 한다. 아파트, 연립, 다세대의 경우 전체 건물에 대한 설명이 있고 제일 마지막에 표시된 구조 다음에 표시된 면적이 해당 부동산의 면적이다.

5) 감정평가액과 최저 매각 가격

감정평가액은 법원의 촉탁에 의해 감정평가사가 계산한 부동산의 감정평가액을 나타내며, 최저 매각 가격은 경매 당일 최저 입찰 가격으로 이 가격 이상에서 입찰이 됨을 의미한다. 그러므로 부동산 경기가 안 좋을 때에는 유찰이 몇 번 되어 최저 입찰 가격이 떨어지게 된다.

6) 비고

비고란에는 유찰의 횟수 및 농지 취득 자격이 필요한 등의 참고할 내용들을 적게 된다.

나. 권리 분석 및 현장 조사

권리 분석이란 부동산의 권리를 인식하고 이해하는 일련의 작업이다[53]. 경매 투자를 위한 권리 분석은 부동산의 권리관계를 파악하여 손해가 발생하지 않는 투자를 하기 위한 것이다. 즉, 거래하기 위험하면 피하기 위함이다. 또한, 정확한 매입 가격을 파악하기 위한 것이다. 부동산을 얼마 정도에 매입할지 그 매입 가격을 정하는데 권리 분석은 상당히 중요한 도구가 된다. 물론, 경매의 낙찰 가격은 시장 논리에 의해 결정되지만, 개인의 주관적인 입찰 가격은 개인의 몫이기 때문이다.

권리 분석을 위해서는 등기부 등본의 열람, 임대차 관계 조서를 포함한 부동산 현황 조사 보고서 열람 및 법원의 경매 관련 기록 등을 열람하여 부동산의 권리관계에 대해 상세히 파악하고 있어야 한다. 또한, 「주택임대차보호법」 및 상가임대차 보호법에 대해서도 상당한 식견을 가지고 있어야 한다. 법조문은 〈부록〉에 첨부하였다.

1) 등기부 등본 열람

권리 분석을 수행함에 있어 가장 중요한 것은 말소 기준 권리를 찾는 것이다. 말소 기준 권리는 (근)저당권, (가)압류, 담보 가등기, 강제 경매 기입 등기가 있다. 이는 등기부 등본을 통해 알 수 있다. 또한, 등기부 등본을 통해서는 토지 소재지, 지번, 면적, 건물의 종류, 구조, 바닥 면적, 소유권에 관한 사항, 압류, 가압류, 가등기, 가처분, 예고 등기, 경매 개시 결정 및 경매 신청 기입 등기, (근)저당권, 지상권, 전세권 등의 사항을 알 수 있다.

【등기부의 구성】

등기부는 표제부, 갑구, 을구의 세 부분으로 나누어져 있다. 표제부는 1장으로 구성되어 있으며 부동산의 표시(지번, 면적, 지목, 사용 용도 등 표시)가 기재되어 있다. 집합건물(아파트, 연립, 다세대, 오피스텔, 분양상가 등)의 경우에는 2장으로 구성되어 있는데, 첫째 장은 「좌측－1동의 건물의 표시」, 「우측－대지권의 목적인 토지의 표시」로 구성되어 있으며, 둘째 장은 「좌측－전유부분의 건물의 표시」, 「우측－대지권의 표시」로 구성되어 있다. 갑구는 부동산의 소유권에 관한 사항이 기재되어 있다. 즉, 전소유자와 현 소유자 및 소유

53) 김영진, 「부동산 권리분석의 분류방법에 관한 연구」, 연구논총 제3집, 건국대학교 행정대학원, 1975

권에 관한 사항, 가등기, 가압류, 가처분, 압류, 예고등기, 경매 개시 결정 및 경매 신청 기입 등기 등이 기재되어 있다. 을구는 소유권 이외의 물권, 즉, (근)저당권, 지상권, 전세권 등이 기재되어 있다.

등기사항전부증명서(말소사항 포함) - 토지

[토지] 충청남도 천안시 동남구 원성동 510-10 　　　고유번호 1615-1996-207756

【 표 제 부 】 (토지의 표시)

표시번호	접 수	소 재 지 번	지 목	면 적	등기원인 및 기타사항
~~1~~ ~~(전 5)~~	~~1995년7월19일~~	~~충청남도 천안시 원성동 510-10~~	~~대~~	~~433.3㎡~~	
					부동산등기법 제177조의 6 제1항의 규정에 의하여 1999년 08월 23일 전산이기
2		충청남도 천안시 동남구 원성동 510-10	대	433.3㎡	2008년6월23일 행정구역명칭변경으로 인하여 2008년6월23일 등기

【 갑 구 】 (소유권에 관한 사항)

순위번호	등 기 목 적	접 수	등 기 원 인	권 리 자 및 기 타 사 항
1 (전 2)	소유권이전	1989년3월3일 제6044호	1989년3월2일 증여	소유자 문용필 661114-******* ~~천안시 사직동 176-9~~
				부동산등기법 제177조의 6 제1항의 규정에 의하여 1999년 08월 23일 전산이기
1-1	1번등기명의인표시변경		2000년7월5일 전거	문용필의 주소 천안시 청수동 263 청솔엘지,에스케이아파트 112-702 2000년12월29일 부기

문서 하단의 바코드를 스캐너로 확인하거나, **인터넷등기소(http://www.iros.go.kr)의 발급확인 메뉴**에서 **발급확인번호**를 입력하여 **위·변조 여부를 확인할 수 있습니다. 발급확인번호**를 통한 확인은 발행일부터 3개월까지 5회에 한하여 가능합니다.

발행번호 1612011610519503501096212l1CP0077625C0M15618T11122 　　1/4 　　**발급확인번호 AMMX-BJXQ-7564** 　　발행일 2015/03/12

대법원

[토지] 충청남도 천안시 동남구 원성동 510-10 　　　고유번호 1615-1996-207756

순위번호	등 기 목 적	접 수	등 기 원 인	권 리 자 및 기 타 사 항
2	소유권이전	2000년12월29일 제74964호	2000년9월8일 매매	소유자 박신일 421111-******* ~~서울 용산구 이태원동 728 이태원주공아파트 103-404~~
2-1	2번등기명의인표시변경	2003년10월31일 제116510호	2002년9월26일 전거	박신일의 주소 서울 강북구 미아동 1354 벽산라이브파크아파트 102-904
3	소유권이전	2005년9월1일 제90942호	2005년6월24일 매매	소유자 조헌기 611012-******* ~~부천시 원미구 중동 1185-2 그린타운 1335-1404~~
3-1	3번등기명의인표시변경	2008년10월30일 제99505호	2008년8월1일 전거	조헌기의 주소 경기도 부천시 원미구 중동 1185-2 그린타운 1335-904

【 을 구 】 (소유권 이외의 권리에 관한 사항)

순위번호	등 기 목 적	접 수	등 기 원 인	권 리 자 및 기 타 사 항
~~1~~	~~근저당권설정~~	~~2000년12월29일~~ ~~제74965호~~	~~2000년12월29일~~ ~~설정계약~~	~~채권최고액 금130,000,000원~~ ~~채무자 박신일~~ ~~서울 용산구 이태원동 728 이태원주공아파트 103-404~~ ~~근저당권자 주식회사한미은행 110111-0503539~~ ~~서울 중구 다동 39~~ ~~(천안지점)~~ ~~공동담보 토지 충청남도 천안시 원성동 510-4~~
~~1-1~~	~~1번근저당권변경~~	~~2003년10월31일~~ ~~제116512호~~	~~2002년9월26일~~ ~~전거~~	~~박신일의 주소 서울 강북구 미아동 1354~~ ~~벽산라이브파크아파트 102-904~~
~~1-2~~	~~1번근저당권담보추가~~			~~공동담보 건물 충청남도 천안시 원성동 510-10 외 5필지~~

발행번호 1612011610519503501096212l1CP0077625C0M25618T11122 　　2/4 　　**발급확인번호 AMMX-BJXQ-7564** 　　발행일 2015/03/12

대법원

【연습】 다음 시간에 자신의 집이나 이웃의 집에 대한 등기부 등본 1통씩을 준비해 오라.

2) 부동산 현황 조사 보고서 열람

경매 집행 법원은 경매 개시 결정을 한 후 3일 이내에 직권으로 집행관에게 부동산의 현상, 점유 관계, 차임(借賃) 보증금의 액수 등 기타 현황에 대하여 조사할 것을 명한다. 위 명령에 따라 집행관은 실무상 2주 이내에 보고서를 제출하여야 한다. 현황 조사 보고서에는 조사의 목적이 된 부동산의 현황을 알 수 있도록 도면, 사진을 첨부케 하고 있다. 또한 임대차 목적물 소재지에 주민 등록 전입신고가 되어 있으면 조사 보고서에 전입신고가 된 주민등록등본을, 그 밖에 임대차계약서 등 객관적 자료의 복사가 가능하면 그 사본이 보고서에 첨부된다.

집행관에 의해서 작성되는 부동산 현황 조사 보고서(첨부된 임대차 관계 조사서)는 낙찰자에 대한 대항력의 유무, 소액 임차인의 우선 변제권, 대위 변제 가능성 여부 등을 파악함에 있어 중요한 자료가 된다.

3) 매각 물건 명세서

매각 물건 명세서는 경매 신청 채권자가 신청서에 첨부 제출한 등기부 등본 등 자료 이외에 부동산 현황 조사 보고서, 감정평가서 등을 자료로 하여 작성된다. 이 매각 물건 명세서는 부동산의 표시, 부동산의 점유자와 점유의 권원, 점유할 수 있는 기간, 차임 또는 보증금에 관한 관계인의 진술, 등기된 부동산에 관한 권리 또는 가처분으로서 낙찰에 의하여 그 효력이 소멸되지 아니하는 것, 낙찰에 의하여 설정된 것으로 보게 되는 지상권의 개요 등이 기재된다.

매각 물건 명세서는 경매 물건의 현황과 함께 낙찰자가 물건을 취득한 후에도 떠안게 될 내용을 명백히 하여 매수 희망자가 이를 고려하여 투자 할 수 있도록 하는데 주 목적이 있다.

5) 감정평가서

경매 법원은 최저 매각 가격을 결정하기 위하여 적당한 자를 감정인으로 선임하여 부동산을 평가하고 있다. 감정평가서는 감정 가격과 함께 감정 가격 산출 근거, 평가 요항표(토지, 건물, 집합 건물별로 감정인들이 사용하는 소정 양식), 위치도, 건물 내부 구조도, 사진 등을 첨부케 하고 있다.

6) 현장 답사

일반적으로 현장답사를 통해서는 부동산을 둘러싸고 있는 주위환경과 여건, 부동산 및 시설에 대한 현황 조사(주택의 경우, 방마다의 임대차 관계) 및 인근 유사 부동산의 시가(주변 중개사무소 평가액 등)를 알아 봐야 한다. 또한, 임대차 관계를 확인하여야 하는데, 매각 기일 전에는 경매 정보지를 활용하고, 매각 기일 1주일 전에 경매 법원 민사 집행과 열람대에 비치된 경매 기록(위에서 설명하는 부동산 현황 조사 보고서 및 임대차 관계 조사서 등)을 통하여 1차로 조사 확인한다.

1차 조사에서 '미상'이라고 기재되어 있거나, 무언가 의심스러운 부분이 있으면 부동산 소재지 동사무소에서 주민등록색인부를 열람한다.

다. 입찰 참가

입찰에 참가하려면 입찰에 필요한 준비물은 다음과 같다. 입찰을 하는 곳은 엄정한 법원이므로 법원에서 요구하는 정식 서류들을 미리 챙겨 두어야 한다. 이중 한 가지라도 미비하면 입찰에 참가 할 수 없다.

표 6-1 입찰을 위한 준비물

입찰자	준비물
본인(자연인)	① 신분증(주민등록증 등) ② 도장(막도장도 가능) ③ 입찰 보증금(최저매각가격의 10%)
법인	① 법인 등기부 등본 ② 법인 인감도장 및 법인의 인감 증명서 ③ 대표이사 신분증 ④ 입찰 보증금
대리인	각각의 준비물에 다음 준비물이 추가로 필요함 ① 대리인의 신분증 ② 대리인의 도장 ③ 위임장 ④ 인감증명서

대리인이 응찰하게 할 경우 위임장 및 대리인 관련 서류를 반드시 준비하여야 한다. 대리인의 경우 대리인 본인의 신분을 증명할 수 있는 대리인의 신분증, 대리인의 도장이 필요하고 대리인에게 위임했다는 증거가 있어야 하므로 위임장 및 인감 증명서가 필요하다.

입찰은 법원에서 시행되기 때문에 입찰전에 반드시 입실을 하여야 한다. 법정 입구 게시판에 게시된 경매 진행 목록을 확인하여 경매 부동산의 입찰 진행 여부를 파악해야 한다. 입실한 후에는 법원 기록을 열람하고 입찰표를 작성한다. 이후, 입찰 보증금을 넣은 입찰 봉투를 작성하며 입찰함에 투입하게 된다,

입찰이 마무리 되면 개찰이 하기 되는데, 개찰은 사건 번호 순으로 하며 최고가로 입찰한 사람을 최고가 매수 신고인으로 결정 고지한다. 이어 차순위 매수 신고인의 신고를 받아 신고가 있으면 그 결과를 고지한다. 차순위 입찰신고는 입찰의 종결시까지 집행관에게 하여야 하며, 따라서 집행관은 최고가 입찰자의 성명과 그 가격을 호창(呼唱)하고 나서 차순위 입찰신고를 최고한 후, 적법한 차순위 입찰신고가 있으면 차순위 입찰신고인을 정하여 입찰인들 앞에서 공개한다.

라. 매각 허가 및 대금 지급

1) 매각허가 결정

최고가 매수 신고인이 결정되면 경매법원은 지정된 매각 결정 기일에 매각 허가 여부를 결정하게 되는데, 이는 경매 절차상의 하자나 경매를 진행하지 못할 사항이 있는지에 관한 재판이다. 최고가 매수 신고인에 대하여 매각을 허가할 것인가 말 것인가를 매각 결정 기일이라는 독립한 기일에 법원이 이해관계인의 진술을 듣고 결정한다. 실제로 매각에 관하여 이해관계인이 매각 결정 기일에 출석하여 진술하는 경우는 거의 없다. 그렇기 때문에 매각 결정 기일에 매각 허가 결정이 나지 않는 경우는 거의 없다고 보면 된다.

매각 허가 결정이 확정되면 경매 법원은 1월 이내의 날로 대금 지급 기일을 정하고 낙찰자 앞으로 대금 지급 기한 통지서를 송달한다.

2) 낙찰 받은 후 선순위 임차인 조사

입찰에서 최고가 매수 신고인이 된 때에는 입찰 보증금 납부 영수증을 갖고 동사무소에 가서 낙찰 받은 부동산의 주민등록표 등본을 열람해 본다. 주민등록표 등본 상 선순위 임차 보증금 내역을 확인한다. 만약 선순위 임차 보증금이 많아 도저히 낙찰자가 부담할 수 없을 정도면 경매 법원에 낙찰을 불허가해 달라는 취지의 의견서를 제출하는 등의 조치를 취하여 입찰 보증금이 몰수당하지 않도록 하여야 한다.

3) 대금지급

대금 지급 기한 통지서를 받은 낙찰자는 지급 기한으로 지정된 날까지 언제든지 앞당겨 대금을 지불할 수 있다. 이는 민사집행법에서 낙찰자를 보호하기 위한 제도로서 과거에는 지급 기일 직전에 채무자가 빚을 갚아 경매 절차가 취소되기도 하였다.

마. 소유권 이전 등기 및 명도

1) 취득세의 납부

매각 대금을 완납한 후 낙찰자는 '매각 대금 완납 증명'을 교부 받아 대금 지급일로부터 30일 이내에 취득세를 납부하여야 한다. 만약에 기한 내에 납부하지 않을 때는 20/100에 해당하는 가산금을 추가로 납부하여야 한다.

2) 소유권 이전 등기

낙찰자는 대금 지급 기한 내에 매각 대금을 완납하면 이로써 매수 부동산의 소유권을 취득하므로 매각 대금의 완납이 있는 경우에는 법원 사무관 등은 매각 허가 결정 정본을 첨부하여 낙찰자의 소유권 이전 등기, 낙찰자가 인수하지 아니한 부동산 위 부담의 기입 등기의 말소 등기, 경매 개시 결정 등기의 말소 등기 등을 등기관에게 촉탁한다.

소유권 이전 등기 등의 촉탁을 위해서는 주민등록등본, 토지 및 건축물관리 대장 등본, 등록세 영수필 통지서 및 영수필 확인서, 국민 주택 채권 매입 필증 등 촉탁서 첨부 서류가 필요하다.

3) 명도

낙찰자가 대금을 납부하고 소유권을 유효히 취득했음에도 불구하고 점유자(낙찰자에게 대항할 수 있는 권한을 가진 경우는 제외)가 낙찰자에게 부동산을 인도해 주지 않으면 법원에 인도 명령을 신청할 수 있다. 인도명령은 대금 지급 후 6개월이 지나면 할 수 없게 되고 그 후는 인도 청구 소송(명도 소송)을 제기해야 한다. 소송은 시간과 비용이 많이 소요되므로 6개월 이내에 명도 문제를 처리해야 하는 것이 이상적이다.

05 권리 분석 관련 용어

가. 등기부상 갑구의 용어

1) 압류

압류라는 용어는 두 가지로 쓰이는데, 그 중 하나는 세무관청에서 체납자의 부동산에 압류 등기를 한 경우이고, 또 다른 하나는 경매 개시 결정으로 인해서 부동산에 경매 개시 결정 등기(경매 신청 등기)가 기입되는 경우이다.

2) 가압류

금전채권이나 금전채권으로 바꿀 수 있는 청구권을 위하여 소송을 제기하고 강제 집행을 실행하고자 할 때 소송기간 동안 채무자가 자기 재산을 도피 및 은닉하지 못하도록 묶어 두는 채권 보전 수단이다.

3) 가처분

물건이나 돈 받을 것이 있을 때에 다른 사람에게 그것을 처분하지 못하도록 금지해 둔 것이다.

4) 예고 등기

현재 실행된 등기의 등기 원인(매매, 증여, 상속 등)의 무효 또는 취소가 소송으로 신청된 경우에 법원에서 이러한 소송이 제기되었다는 사실을 널리 알려 선의의 피해자를 막기 위해서 하는 예비 등기의 일종이다. 즉, 소유권 유무에 관해 소송이 진행 중이란 것을 알려주는 등기이다.

5) 환매 등기

매매로 소유권이 이전될 때 차후 어떤 시기에 매도자가 다시 매수할 권리가 있음을 등기해 놓은 것. 돈을 빌리고 담보의 수단으로 이용된다.

나. 등기부상 을구의 용어

1) 지상권

다른 사람의 토지에서 건물 기타의 공작물이나 수목을 소유하기 위하여 토지를 사용할 수 있는 물권을 말한다.

2) 지역권

자기 토지의 편의를 위해 남의 토지를 사용할 권리를 설정한 것.

3) 전세권

전세금을 지급하고 타인의 부동산을 사용할 권리를 설정한 것으로 등기부상의 물권인 점에서 임차권과 다르다.

4) 저당권

채권자가 채무자 또는 제 3자로부터 점유를 옮기지 않고 그 채권의 담보로 제공된 목적물에 대하여 일반 채권자에 우선하여 변제를 받을 수 있는 약정 담보 물권을 말한다.

다. 등기에 나타나지 않는 권리들

1) 임차권

보증금을 지급하고 타인의 부동산을 사용할 권리를 가지는 것. 임대인에게만 주장할 수 있는 채권인 점에서 물권인 전세권과 다르다. 전입신고를 갖추면 대항력을 가지고, 확정일자를 갖추면 전세권과 같은 등기 효력을 가진다.

2) 유치권

유치권은 타인의 물건을 점유한 자가 그 물건에 관하여 생긴 채권(주로 신축 건물이나 개축 건물과 관련하여 미지급된 공사 대금이나, 상가 건물이나 주택에서 임차인이 목적 부동산의 보존이나 개량을 위하여 지출한 비용을 근거로 함)이 변제기에 있는 경우 변제를 받을 때까지 그 물건을 유치(점유)하여 채무자에게 채무변제를 강제하는 담보 물권을 말한다.

【유치권과 관련된 법률내용】

가. 유치권의 성립요건

1) 채권이 유치권의 목적물에 관하여 생긴 것(물건과의 견련 관계).
2) 유치권자는 타인의 물건을 점유하고 있을 것.
3) 경매 개시 결정전에 발생한 유치권일 것.
4) 유치권 배제 특약이 없을 것.

나. 유치권을 주장할 수 있는 경우와 없는 경우

(1) 유치권 주장이 가능한 경우

1) 공사 대금 : 신축 공사 수급인의 공사 대금 채권
2) 필요비, 유익비 : 영업에 사용하기 위한 것이 아닌 목적물의 가치를 객관적으로 증가시킨 시설에 한함. 원상회복의 약정을 한 경우는 비용 상환 청구권의 포기로 봄으로 실무에서 이로 인한 유치권이 인정되는 경우는 드물다.

(2) 유치권 주장이 불가능한 경우

1) 권리금, 보증금
2) 토지 임차인의 부속물 매수 청구권 : 부속물 매수 청구권은 건물 임차인의 권리에 불과하므로 토지 임차인은 행사 불가능
3) 미등기 건물의 양수인의 불법 점유 : 미등기 건물을 양도받아 점유하고 있는 자가 불법 점유라면 토지 소유자는 불법 점유를 이유로 철거 청구가 가능하다.

3) 법정지상권

토지와 건물이 동일 소유자에게 속하여 있다가 경매 등의 이유로 소유자가 달라진 경우에 잠재적인 토지 이용권을 법률상 당연히 인정시켜준 제도로서 민법 제366조에 규정되어 있다. 건물 철거의 폐해를 방지하기 위해 건물 소유자에게 토지 소유자와 약정이 없더라도

당연히 토지를 사용할 권리를 인정해 주는 것이다. 대표적인 법적 지상권은 입목으로서 임야 낙찰시 입목이 별도 소유권 등기되어 있으면, 입목에 법정 지상권이 성립하므로 낙찰 후 그에게 입목을 매수하여야 한다. 법정 지상권이 부착되면 대상 토지의 소유자는 법정 지상권을 취득하는 자(즉 건물의 소유자)의 토지 이용을 방해하는 행위를 해서는 안 된다는 의무가 생기므로 소유권은 결국 토지의 이용을 길게는 30년간이나 직접 행하지 못하고 그 대신 지료(地料)를 수납하는 권리로 변한다.

4) 건폐율과 용적률

건폐율[54]은 1층의 건축 바닥 면적을 대지 면적으로 나눈 비율로, 알기 쉽게 표현하면 건폐율(%) = 건축면적 / 대지면적 × 100이다. 예를 들어 100평의 대지에 70평짜리 건물을 지었다면 건폐율은 70%다(70=70/100 × 100).

건폐율이 높을수록 대지 면적에 비해 건축면적의 비율이 높다. 건폐율이 높을수록 대지를 효율적으로 이용할 수 있다. 넓게 공사하는 것이 좁게 하는 것보다 일단 공사비가 적게 들기 때문에 건폐율이 높으면 건축주는 유리하다.

용적율[55]은 건축물 연면적을 대지 면적으로 나눈 비율을 말한다. 건축물연면적은 건축물 각층의 바닥면적 합계이다. 용적률 = 건축물 바닥면적의 합계/대지면적 × 100이다. 예로 100평의 대지에 각층 바닥 면적이 70평인 3층 건물을 지었다고 하면 이 건물의 용적률은 210%이다[210 = (70 + 70 + 70)/100 × 100].

용적률을 계산할 때 지하층의 바닥면적은 포함시키지 않으며 지상 층의 면적 중에서 주차용으로 쓰는 것, 주민공동시설의 면적, 초고층 건축물의 피난안전구역의 면적은 포함시키지 않는다. 예컨대 바닥 면적이 70평인 건물을 지하 1층, 지상 3층으로 짓고 1층 전체를 주차장으로 만들었다고 하면, 이 건물의 연면적은 280평(70평 × 4개층)이 되어야 하나, 용적률 산정 시 지하층과 주차장을 제외하므로 140평이 된다.

---

54) [네이버 지식백과] 건폐율 [建蔽率, Building Coverage Ratio] (부동산용어사전, 2011. 5. 24., 부연사)
55) [네이버 지식백과] 용적률 [容積率, Floor Area Ratio] (부동산용어사전, 2011. 5. 24., 부연사)

출처 : bluefire3535.blog.me/220405948656

라. 주택임대차보호법

1) 주택임대차의 중요성

주거(주택)의 문제는 인간의 가장 기본적인 집단생활인 가족의 안정된 생활을 위하여 반드시 갖추어야 할 조건이라고 할 수 있다.

그런데 주택을 구입할 수 있는 여력이 없는 사람들은 자연히 남의 집을 빌려서 사용하게 된다. 주택임대차는 바로 이처럼 집을 가진 사람과 집을 가지지 못한 사람 사이에 주택을 빌려 주고 받는 관계를 법률적 용어로 표현한 것이다. 무주택자가 타인의 집에 세들어 사는 경우 그에 대한 법률관계는 민법상의 전세권이나 임대차계약에 의하여 규율되고 있다. 문제는 현실적으로 무주택자가 타인의 주택을 이용하는 경우에 어쩔 수 없이 등기되지 않는 임대차와 전세에 의존하고 있다는 것이다.

따라서 민법은 등기되지 않은 임대차에 관하여는 임차인보호를 위하여 몇 가지 규정이 마련되어 있기는 하나, 그것만으로는 근본적으로 사유재산의 보호와 계약자유의 원칙이라는 이념 하에 규율되는 민법의 기본테두리 안에서는 미흡할 수밖에 없었다.

그래서 위와 같은 문제를 해결하기 위해서 무주택자인 임차인의 권리와 지위를 보호하여 주거생활의 안정을 보장하고자 「주택임대차보호법」이 제정되었다.

주거용건물의 임대차에 대해서는 민법에 대한 특례를 규정함으로써 국민의 주거생활의 안정을 도모함을 목적으로 해서 제정된 「주택임대차보호법」은 민법에 우선하여 적용된다.

2) 적용범위

주거용건물

「주택임대차보호법」은 주거용건물의 전부 또는 일부의 임대차에 관해서만 적용되고, 점포, 사무실, 창고 등 영업용 건물과 기타 비주거용 건물에는 적용되지 않는다.

임대차계약

주택에 대한 적법한 임대차계약이 체결되어야 한다. 그래서 유상계약인 임대차에 의한 것만이 「주택임대차보호법」상 보호대상이 된다. 원칙적으로 주택의 법률상의 소유자를 임대인으로 하여 계약을 체결하여야 한다.

그러므로 임차인은 임대차계약을 체결하기 전에 건물등기부등본을 열람하여 임대인이 소유자인지의 여부를 반드시 확인하는 것이 안전하다.

민법상 전형적인 임대차가 아니더라도 미등기전세 즉 채권적 전세의 경우에는 우리의 관습상 발전하여 온 제도로서 「주택임대차보호법」이 적용된다. 실제로 우리 생활에서 대부분의 임대차계약이 차임 없이 일정한 전세금만을 주고 체결되고 있으며, 이러한 전세의 경우에는 전세권 설정등기를 하면 물권으로서의 전세권으로 보호되나, 등기하지 않으면 채권적 전세계약으로서 「주택임대차보호법」의 보호대상이 되는 것이다.

3) 주택임차권의 대항력

대항력의 의미

대항력이란 임차인으로서 권리가 있다고 주장할 수 있는 힘이고, 법률용어로 대항력이라고 한다. 주택의 임차인은 이사를 하고 주민센터 또는 민원24를 통해 전입신고를 하면 익일 0시에 대항력이 발생한다.

경제적 약자인 주택임차인을 특별히 보호하기 위하여 「주택임대차보호법」은 계약에 관한 민법의 원칙을 사회법적으로 수정하여 임차인이 일정한 요건을 갖춘 경우에는 주택임차인에게 당초의 임대인 외의 제3자에게도 임대차관계를 주장할 수 있도록 하고 있는데 이것이 바로 대항력이다. 즉 주택임차인은 이 대항력에 의하여 계약기간 만료 후 보증금반환 청구를 할 수 있다든지, 아니면 보증금반환이 없이는 해당 임차물을 반환하지 않겠다든지, 당초의 임대차 계약대로 남은 기간이 끝날 때까지 임차물을 계속 사용 · 수익하겠다든지 하는 구체적인 권리가 생긴다.

그런데 우리 민법에 의하여도 전세권 또는 임차권을 등기한 경우에는 제3자에 대한 대항력을 인정하고 있으나, 임차인이 주택을 임차하면서 전세권 혹은 임차권의 등기를 요구하여도 임대인이 이에 응하지 않는 것이 현실이므로 민법상의 아무런 실효성이 없었다. 그래서 「주택임대차보호법」에 의한 임차인의 대항력이 의미를 가지는 것이다.

대항력의 성립요건

주택임대차는 그 등기가 없는 경우에도 임차인이 주택의 인도(입주)와 주민등록을 마친 때에는 그 다음 날부터 제3자에 대하여 효력이 생긴다. 이 경우에 전입신고를 한 때에 주민등록이 된 것으로 본다(「주택임대차보호법」 제3조 제1항).

주택의 인도와 주민등록 중 어느 하나만 갖추지 않으면 대항력은 인정되지 않는다. 또 제3자에 대하여 효력이 생긴다는 의미는 앞서 본 바와 같이 임대인 이외의 자에 대하여도 세든 사람은 그 주택의 임대차관계를 주장할 수 있다는 의미이며, 이것은 결국 임대차기간 중 임대주택의 소유자가 변경되는 경우에도 임대인의 지위가 신소유자에게 포괄적으로 승계됨으로써 임차인은 계약기간동안 그 집에서 쫓겨나지 않고 생활할 수 있다는 것을 의미한다.

그러나 주의할 점은 임차인이 입주와 전입신고를 하기 전에 그 집에 이미 저당권등기나 가압류·압류등기, 가등기 등이 행하여졌고, 그 결과로 경매나 가등기에 기한 본등기에 의하여 소유자가 변경된 경우에는 임차권은 소멸되어 임차인은 신소유자에 대하여 대항할 수 없다.

따라서 타인의 주택을 임차하고자 할 때에는 최소한 등기부를 열람하여 저당권설정이나 가등기 여부 등을 확인할 필요가 있다.

- 주택의 인도

인도는 임차인이 임차주택에 거주하거나, 이삿짐을 옮기거나, 열쇠를 넘겨받는 등 현실의 인도가 보통이다. 즉 임차인이 주택을 점유하는 것이 필요한데, 이때의 점유에는 임차인이 전대를 하는 경우처럼 간접점유도 포함된다.

- 주민등록

주택임차인은 임차주택의 주소로 주민등록(전입신고)을 마쳐야 한다. 임차인의 제3자에 대한 대항력은 주민등록 전입신고를 하면 그 다음날(주택의 인도와 주민등록을 마친 날 자정)부터 발생하는 것이므로 실제로 임차인 임차주택에 입부하여 사는 경우라도 임차인이 주민등록 전입신고를 늦게 하는 경우에는 그만큼 대항력의 발생이 늦어진다.

한편 부실한 전입신고의 경우에도 주민등록을 마친 것으로 볼 것인가가 문제된다. 예컨대 판례는 주택임차인이 경기도 수원시 영통구 이의동 우리아파트 103동 201호로 전입신고를 하였는데 소유자에 의한 건물보존등기에는 건물표시가 같은 아파트 같은 동 102호로 된 경우에는 전입신고를 한 것으로 볼 수 없어 대항력이 없다고 한다.

주민등록은 원칙적으로 임대차계약상의 임차인 본인의 것이어야 하나 그 배우자나 자녀의 주민등록이 된 경우에도 대항력을 인정하는 것이 우리 대법원 판례(대판 1988. 6. 14, 87 다카 3093, 3094)의 입장이다.

- 확정 일자

  공증 기관이 사문서에 기입하는 일자를 말하며, 그 일자 현재에 그 문서가 존재하고 있었다는 것을 증명하는 것이다. 확정 일자는 임대차 계약서상에 확정일자 인을 날인하는 방법을 이용하고 있다. 확정 일자를 받아 놓으면 일반 채권보다 우선해서 변제 받을 수 있음은 물론이고 후순위 물권(物權)에 앞서 우선 변제를 주장할 수 있다. 현행법상 주택 임대차 보호법상의 확정 일자는 관할 읍 · 면 · 동사무소에서, 상가 건물 임대차 보호법상의 확정 일자는 관할 세무서장이 부여한다.

- 임차권등기명령제도

  입주 및 전입신고와 같은 대항요건과 우선변제권을 갖추었더라도 임대차가 종료된 후 보증금을 반환받지 못한 임차인은 임차주택의 소재지를 관할하는 법원에 임차권등기명령을 신청하여 임차권이 등기되면 이사하더라도 보증금을 반환받을 때까지 대항력과 우선변제권이 유지된다.

임차권등기명령이란 계약기간이 종료했음에도 보증금을 돌려받지 못한 세입자가 법원에 요청하면 법원이 7~10일 이내에 임대인(집주인)에게 임차권을 등기하도록 직권으로 명령하는 제도이다. 임차권등기명령을 신청하기 위해서는 확정일자인이 첨부된 임대차계약서와 주민등록등본, 그 집에 살고 있었다는 이웃의 확인서만 있으면 된다. 이 때 임차권등기와 관련하여 소요된 비용은 임대인에게 청구할 수 있다.

4) 보증금의 회수

우선변제권의 인정

주택임차인에게는 보증금의 회수를 보장하기 위해여 우선변제권이 인정된다. 우선변제권이란 민사집행법에 의한 강제경매나 담보권의 실행 등을 위한 경매 또는 국세징수법에 의한 공매시, 임차주택(대지의 포함)의 환가대금에서 후순위권리자, 기타 채권자보다 우선하여 변제받을 수 있는 권리를 말한다. 다만, 임차인이 당해 주택의 양수인에게 대항할 수 있는 경우에는 임대차가 종료된 후가 아니면 보증금의 우선변제를 청구하지 못하며, 우선변제가 인정되더라도 임차인은 임차주택을 양수인에게 인도하지 아니하면 보증금을 수령할 수 없다. 다시 말해, 우선변제권이란 살고 있던 집이 경매나 공매로 넘어가면 집주인에게 돈 받을 권리가 있는 사람들이 차례대로 줄을 설 수 있는 번호표 같은 것으로 경매 또는 공매로 매각될 경우 매각대금에서 후순위권리자 등 보다 우선하여 보증금을 배당받을 수 있는 권리이다. 우선변제권은 대항력과 더불어 주민센터에서 임대차계약서에 확정일자까지 받았을 때 유효하다.

우선변제권 = 점유 + 전입신고 + 확정일자

출처: [모르면 당하는 임대차이야기] 주택임대차보호법 주요내용 | 작성자 스타랜드

우선변제권의 행사요건

임차주택에 대한 경매 또는 공매시에 임차인에게 인정되는 보증금의 우선변제권이 성립하기 위해서는 다음의 요건이 충족되어야 한다.

첫째, 주택임차인은 주택의 인도와 주민등록 이외에 임대차계약증서상에 확정일자를 갖추어야 한다(동법 제3조의 2 제2항 본문). 확정일자는 당사자가 후에 변경하지 못하는 확정한 일자로서 제3자에 대하여 완전한 증거력이 법률상 인정되는 일자이다.

확정일자를 갖추는 방법으로는 임대인의 동의 없이도 임대차계약증서를 가지고 공증인사무소 또는 법원이나 등기소, 검찰청, 주민센터에 가서 소정의 수수수료를 납부하고 증서에 확정일자인의 압날을 받는 방법이 일반적이다.

확정일자는 후순위권리자 기타 채권자와의 우선변제순위를 결정하는 기준이 된다. 따라서 임차인과 후순위권리자의 우선변제순위는 동법 제3조 제1항의 대항요건과 임대차계약증서의 확정일자의 요건을 충족시킨 최후일과 후순위권리자의 권리설정 등기일과의 선후를

기준으로 결정한다.

둘째, 임차인의 순위가 후순위권리자 기타 채권자의 순위보다 선순위이어야 한다. 따라서 주택의 인도와 주민등록 그리고 확정일자의 요건을 갖춘 마지막 날이 후순위권리자의 저당권, 전세권 및 가등기담보권의 설정등기일이나 집행채권자의 압류(가압류 포함)등기일보다 앞서야 한다.

순위에 의한 우선변제권이 인정되는 보증금은 그 금액의 범위에 제한이 없으므로 다액의 보증금의 경우에도 적용된다.

소액보증금의 최우선변제권

일정한 범위의 임차인은 일정한 범위의 보증금에 관하여는 대지의 가액을 포함하는 주택의 가액의 2분의 1범위 안에서 다른 담보물권자보다 우선하여 변제받을 수 있는데 이것이 바로 소액보증금의 최우선변제권이다.

이러한 소액보증금의 최우선변제권은 등기하지 아니한 전세계약의 전세금반환채권에 관하여도 인정되고 있다. 이러한 소액보증금은 임차인의 생존을 확보한다는 차원에서 조세채권 및 최종 3월분의 임금채권을 제외한 그 밖의 임금채권보다도 우선한다.

- 성립요건

  소액보증금의 최우선변제특권은 첫째, 임차인의 대항요건인 주택의 인도와 주민등록을 갖추어야 한다. 확정일자를 요하지 않는 점에서 소액보증금의 최우선변제특권은 보증금의 우선변제권과 구별된다. 그러나 소액보증금에 대한 최우선변제권이 인정되더라도 보증금 전액에 대한 우선변제권이 인정되는 것이 아니므로 보증금전액의 우선변제권을 보장받기 위해서는 반드시 확정일자인을 받아두어야 한다.

  둘째는 위의 대항요건이 경매신청의 등기 전에 갖추어야 하고 이 요건은 최종 매각허가를 받을 때까지 유지하여야 한다.

- 임차인의 범위

  보증금이 서울특별시 1억원 이하. 수도권정비계획법에 따른 과밀억제권역 8000만원 이하, 광역시, 세종특별자치시, 안산시, 용인시, 김포시 및 광주시 6,000만원 이하, 그 밖의 지역 5,000만원 이하인 임차인이어야 한다(「주택임대차보호법」 시행령 제11조 참조).

- 소액보증금 중 일정액의 범위

  보증금 중 일정액의 범위는 서울특별시 3,400만원까지. 수도권정비계획법에 따른 과밀억제권역 2,700만원까지, 광역시, 세종특별자치시, 안산시, 용인시, 김포시 및 광주시 2,000만원까지, 그 밖의 지역 1,500만원까지 보호된다(「주택임대차보호법」 시행령 제10조 참조).

그런데 임차인의 소액보증금이 주택가액(대지가액 포함)의 2분의 1을 초과하는 경우에는 주택가액의 2분의 1에 해당하는 금액에 한하여 최우선변제권이 인정된다.

하나의 주택에 임차인이 2인 이상이고 그 중 소액보증금의 합산액이 주택가액의 2분의 1을 초과하는 경우에는, 그 각 소액보증금의 합산액에 대한 각 임차인의 소액보증금의 비율로 그 주택의 가액의 2분의 1에 해당하는 금액을 분할한 금액을 각 임차인의 소액보증금으로 본다.

마. 경매 진행 관련 용어

1) 권리 신고

민사집행법 제 90조 제 4항에 의하여 경매 부동산위의 권리자가 경매 법원에 자신의 권리에 대한 신고를 하여 그 권리를 증명한 것을 말한다. 권리 신고를 한 자는 경매 절차에서 이해관계인이 된다(권리 신고는 배당 요구와는 다르다).

2) 일괄 매각

수 개의 부동산이 그 상호간의 위치 · 형태 · 기능 등 여러 면에서 객관적·경제적으로 동일인에게 일괄 매수시킴이 상당하다고 인정 되는 경우(예컨대, 객관적 경제적으로 유기적 일체성이 인정되어 일괄 매각하여야 고가로 매각될 수 있고 또 사회 경제적으로도 유리한 경우) 수 개의 부동산을 일괄 경매에 부쳐 매각시키는 것을 말한다.

3) 유찰

매각 기일에 응찰자가 없거나 최고가 매수 신고인의 잘못으로 매각이 불허된 경우를 말하는 데, 통상 다음 매각 때 20%씩 최저 매각 가격이 낮추어지게 된다.

4) 낙찰

최고가 매수 신고인이 결정된 후 판사가 허가한 경우를 말한다.

5) 신건

처음 입찰이 진행되는 사건을 말한다. 이때의 최저 매각 가격은 감정가격이 된다.

6) 경매 변경

경매 진행 절차상의 중요한 새로운 사항의 추가 또는 매각 조건 등으로 권리가 변동하여 지정된 매각 기일에 경매를 진행시킬 수 없을 때 법원이 직권으로 매각 기일을 변경하는 것을 말한다.

7) 경매 연기

이해관계인 간에 기일 변경에 관한 합의가 있을 경우 집행 법원이 지정된 매각 기일을 다음 기일로 미루는 것을 말하는데, 실무에서는 경매 신청 채권자가 연기 신청한 경우에는 1회의 연기 기간을 2개월 이내로 하여 2회까지 허용하고 있고, 채무자 또는 소유자가 연기 신청한 경우에는 채권자의 동의가 없는 한 허가하지 않고 있다.

8) 경매 정지

채권자 또는 이해관계인의 신청에 의하여 법원이 이미 실행된 부분은 그냥 둔 채 장래의 경매 절차만을 일시적으로 정지하는 것을 말한다.

9) 경매 취소

채무의 변제 또는 경매 원인의 소멸, 잉여 없는 경매의 경우 법원이 경매 개시 결정을 취소하는 것을 말하며 압류 채권자에게 사유를 통지한다.

10) 경매 취하

경매 신청 채권자가 채무자(소유자)와 합의 하에 경매 신청 행위를 철회하는 것을 말한다.

최고가 매수 신고인이 결정된 후 취하하고자 할 경우에는 최고가 매수 신고인의 동의가 필요하며, 차순위 매수 신고가 있는 경우에는 그의 동의도 필요하다.

11) 특별 매각 조건

법정 매각 조건 중에서 공공의 이익이나 경매의 본질에 관계되지 않는 조건들은 이해관계인의 전원의 합의에 의하여 또는 법원의 직권으로 이를 변경할 수 있다. 예컨대 '입찰보증금을 20%로 한다' '농지 취득 자격증명이 필요하다' '토지 건물 별도 입찰이어서 건물을 낙찰 받아도 대지권이 없다' '지상에 경매 대상 이외의 건물이 있다' '토지에 대한 저당권을 낙찰자가 인수한다' 등이 특별 매각 조건이다.

12) 농지 취득 자격 증명

농지법상 농지를 취득하고자 하는 자가 농지의 소재지를 관할하는 시장 · 구청장 · 읍장 또는 면장으로부터 그 취득 자격 증명을 받는 것을 말한다. 이는 농지를 보전하고 투기를 방지하려는데 목적이 있다.

제 6 부 리포트

대법원 법원 경매(www.courtauction.go.kr) 사이트에 접속하여 우리 지역에서 가장 가까운 법원의 매각 공고를 보고, 괜찮은 아파트 물건을 2개만 선정하고, 적절한 경매 입찰가격을 제시해 보아라.

부 록

「주택임대차보호법」

부록 주택임대차보호법

[시행 2017.5.30.] [법률 제14175호, 2016.5.29., 일부개정]
법무부(법무심의관실) 02-2110-3164~5

제1조(목적) 이 법은 주거용 건물의 임대차(賃貸借)에 관하여 「민법」에 대한 특례를 규정함으로써 국민 주거생활의 안정을 보장함을 목적으로 한다.

[전문개정 2008.3.21.]

제2조(적용 범위) 이 법은 주거용 건물(이하 "주택"이라 한다)의 전부 또는 일부의 임대차에 관하여 적용한다. 그 임차주택(賃借住宅)의 일부가 주거 외의 목적으로 사용되는 경우에도 또한 같다.

[전문개정 2008.3.21.]

제3조(대항력 등) ① 임대차는 그 등기(登記)가 없는 경우에도 임차인(賃借人)이 주택의 인도(引渡)와 주민등록을 마친 때에는 그 다음 날부터 제삼자에 대하여 효력이 생긴다. 이 경우 전입신고를 한 때에 주민등록이 된 것으로 본다.

② 주택도시기금을 재원으로 하여 저소득층 무주택자에게 주거생활 안정을 목적으로 전세임대주택을 지원하는 법인이 주택을 임차한 후 지방자치단체의 장 또는 그 법인이 선정한 입주자가 그 주택을 인도받고 주민등록을 마쳤을 때에는 제1항을 준용한다. 이 경우 대항력이 인정되는 법인은 대통령령으로 정한다. 〈개정 2015.1.6.〉

③ 「중소기업기본법」 제2조에 따른 중소기업에 해당하는 법인이 소속 직원의 주거용으로 주택을 임차한 후 그 법인이 선정한 직원이 해당 주택을 인도받고 주민등록을 마쳤을 때에는 제1항을 준용한다. 임대차가 끝나기 전에 그 직원이 변경된 경우에는 그 법인이 선정한 새로운 직원이 주택을 인도받고 주민등록을 마친 다음 날부터 제삼자에 대하여 효력이 생긴다. 〈신설 2013.8.13.〉

④ 임차주택의 양수인(讓受人)(그 밖에 임대할 권리를 승계한 자를 포함한다)은 임대인(賃貸人)의 지위를 승계한 것으로 본다. 〈개정 2013.8.13.〉

⑤ 이 법에 따라 임대차의 목적이 된 주택이 매매나 경매의 목적물이 된 경우에는 「민법」 제575조제1항 · 제3항 및 같은 법 제578조를 준용한다. 〈개정 2013.8.13.〉

⑥ 제5항의 경우에는 동시이행의 항변권(抗辯權)에 관한 「민법」 제536조를 준용한다. 〈개정 2013.8.13.〉

[전문개정 2008.3.21.]

제3조의2(보증금의 회수) ① 임차인(제3조제2항 및 제3항의 법인을 포함한다. 이하 같다)이 임차주택에 대하여 보증금반환청구소송의 확정판결이나 그 밖에 이에 준하는 집행권원(執行權原)에 따라서 경매를 신청하는 경우에는 집행개시(執行開始)요건에 관한 「민사집행법」 제41조에도 불구하고 반대의무(反對義務)의 이행이나 이행의 제공을 집행개시의 요건으로 하지 아니한다. 〈개정 2013.8.13.〉

② 제3조제1항 · 제2항 또는 제3항의 대항요건(對抗要件)과 임대차계약증서(제3조제2항 및 제3항의 경우에는 법인과 임대인 사이의 임대차계약증서를 말한다)상의 확정일자(確定日字)를 갖춘 임차인은 「민사집행법」에 따른 경매 또는 「국세징수법」에 따른 공매(公賣)를 할 때에 임차주택(대지를 포함한다)의 환가대금(換價代金)에서 후순위권리자(後順位權利者)나 그 밖의 채권자보다 우선하여 보증금을 변제(辨濟)받을 권리가 있다. 〈개정 2013.8.13.〉

③ 임차인은 임차주택을 양수인에게 인도하지 아니하면 제2항에 따른 보증금을 받을 수 없다.

④ 제2항 또는 제7항에 따른 우선변제의 순위와 보증금에 대하여 이의가 있는 이해관계인은 경매법원이나 체납처분청에 이의를 신청할 수 있다. 〈개정 2013.8.13.〉

⑤ 제4항에 따라 경매법원에 이의를 신청하는 경우에는 「민사집행법」 제152조부터 제161조까지의 규정을 준용한다.

⑥ 제4항에 따라 이의신청을 받은 체납처분청은 이해관계인이 이의신청일부터 7일 이내에 임차인 또는 제7항에 따라 우선변제권을 승계한 금융기관 등을 상대로 소(訴)를 제기한 것을 증명하면 해당 소송이 끝날 때까지 이의가 신청된 범위에서 임차인 또는 제7항에 따라 우선변제권을 승계한 금융기관 등에 대한 보증금의 변제를 유보(留保)하고 남은 금액을 배분하여야 한다. 이 경우 유보된 보증금은 소송의 결과에 따라 배분한다. 〈개정 2013.8.13.〉

⑦ 다음 각 호의 금융기관 등이 제2항, 제3조의3제5항, 제3조의4제1항에 따른 우선변제

권을 취득한 임차인의 보증금반환채권을 계약으로 양수한 경우에는 양수한 금액의 범위에서 우선변제권을 승계한다. 〈신설 2013.8.13., 2015.1.6.〉

1. 「은행법」에 따른 은행
2. 「중소기업은행법」에 따른 중소기업은행
3. 「한국산업은행법」에 따른 한국산업은행
4. 「농업협동조합법」에 따른 농협은행
5. 「수산업협동조합법」에 따른 수산업협동조합중앙회
6. 「우체국예금 · 보험에 관한 법률」에 따른 체신관서
7. 「한국주택금융공사법」에 따른 한국주택금융공사
8. 「보험업법」 제4조제1항제2호라목의 보증보험을 보험종목으로 허가받은 보험회사
9. 「주택도시기금법」에 따른 주택도시보증공사
10. 그 밖에 제1호부터 제9호까지에 준하는 것으로서 대통령령으로 정하는 기관

⑧ 제7항에 따라 우선변제권을 승계한 금융기관 등(이하 "금융기관등"이라 한다)은 다음 각 호의 어느 하나에 해당하는 경우에는 우선변제권을 행사할 수 없다. 〈신설 2013.8.13.〉

1. 임차인이 제3조제1항 · 제2항 또는 제3항의 대항요건을 상실한 경우
2. 제3조의3제5항에 따른 임차권등기가 말소된 경우
3. 「민법」 제621조에 따른 임대차등기가 말소된 경우

⑨ 금융기관등은 우선변제권을 행사하기 위하여 임차인을 대리하거나 대위하여 임대차를 해지할 수 없다. 〈신설 2013.8.13.〉

[전문개정 2008.3.21.]

제3조의3(임차권등기명령) ① 임대차가 끝난 후 보증금이 반환되지 아니한 경우 임차인은 임차주택의 소재지를 관할하는 지방법원 · 지방법원지원 또는 시 · 군 법원에 임차권등기명령을 신청할 수 있다. 〈개정 2013.8.13.〉

② 임차권등기명령의 신청서에는 다음 각 호의 사항을 적어야 하며, 신청의 이유와 임차권등기의 원인이 된 사실을 소명(疎明)하여야 한다. 〈개정 2013.8.13.〉

1. 신청의 취지 및 이유
2. 임대차의 목적인 주택(임대차의 목적이 주택의 일부분인 경우에는 해당 부분의 도면을 첨부한다)
3. 임차권등기의 원인이 된 사실(임차인이 제3조제1항 · 제2항 또는 제3항에 따른 대항력

을 취득하였거나 제3조의2제2항에 따른 우선변제권을 취득한 경우에는 그 사실)

4. 그 밖에 대법원규칙으로 정하는 사항

③ 다음 각 호의 사항 등에 관하여는 「민사집행법」 제280조제1항, 제281조, 제283조, 제285조, 제286조, 제288조제1항 · 제2항 본문, 제289조, 제290조제2항 중 제288조제1항에 대한 부분, 제291조 및 제293조를 준용한다. 이 경우 "가압류"는 "임차권등기"로, "채권자"는 "임차인"으로, "채무자"는 "임대인"으로 본다.

1. 임차권등기명령의 신청에 대한 재판
2. 임차권등기명령의 결정에 대한 임대인의 이의신청 및 그에 대한 재판
3. 임차권등기명령의 취소신청 및 그에 대한 재판
4. 임차권등기명령의 집행

④ 임차권등기명령의 신청을 기각(棄却)하는 결정에 대하여 임차인은 항고(抗告)할 수 있다.

⑤ 임차인은 임차권등기명령의 집행에 따른 임차권등기를 마치면 제3조제1항 · 제2항 또는 제3항에 따른 대항력과 제3조의2제2항에 따른 우선변제권을 취득한다. 다만, 임차인이 임차권등기 이전에 이미 대항력이나 우선변제권을 취득한 경우에는 그 대항력이나 우선변제권은 그대로 유지되며, 임차권등기 이후에는 제3조제1항 · 제2항 또는 제3항의 대항요건을 상실하더라도 이미 취득한 대항력이나 우선변제권을 상실하지 아니한다. 〈개정 2013.8.13.〉

⑥ 임차권등기명령의 집행에 따른 임차권등기가 끝난 주택(임대차의 목적이 주택의 일부분인 경우에는 해당 부분으로 한정한다)을 그 이후에 임차한 임차인은 제8조에 따른 우선변제를 받을 권리가 없다.

⑦ 임차권등기의 촉탁(囑託), 등기관의 임차권등기 기입(記入) 등 임차권등기명령을 시행하는 데에 필요한 사항은 대법원규칙으로 정한다. 〈개정 2011.4.12.〉

⑧ 임차인은 제1항에 따른 임차권등기명령의 신청과 그에 따른 임차권등기와 관련하여 든 비용을 임대인에게 청구할 수 있다.

⑨ 금융기관등은 임차인을 대위하여 제1항의 임차권등기명령을 신청할 수 있다. 이 경우 제3항 · 제4항 및 제8항의 "임차인"은 "금융기관등"으로 본다. 〈신설 2013.8.13.〉

[전문개정 2008.3.21.]

제3조의4(「민법」에 따른 주택임대차등기의 효력 등) ① 「민법」 제621조에 따른 주택임대차등기의 효력에 관하여는 제3조의3제5항 및 제6항을 준용한다.

② 임차인이 대항력이나 우선변제권을 갖추고 「민법」 제621조제1항에 따라 임대인의 협력을 얻어 임대차등기를 신청하는 경우에는 신청서에 「부동산등기법」 제74조제1호부터 제5호까지의 사항 외에 다음 각 호의 사항을 적어야 하며, 이를 증명할 수 있는 서면(임대차의 목적이 주택의 일부분인 경우에는 해당 부분의 도면을 포함한다)을 첨부하여야 한다. 〈개정 2011.4.12.〉

1. 주민등록을 마친 날
2. 임차주택을 점유(占有)한 날
3. 임대차계약증서상의 확정일자를 받은 날

[전문개정 2008.3.21.]

제3조의5(경매에 의한 임차권의 소멸) 임차권은 임차주택에 대하여 「민사집행법」에 따른 경매가 행하여진 경우에는 그 임차주택의 경락(競落)에 따라 소멸한다. 다만, 보증금이 모두 변제되지 아니한, 대항력이 있는 임차권은 그러하지 아니하다.

[전문개정 2008.3.21.]

제3조의6(확정일자 부여 및 임대차 정보제공 등) ① 제3조의2제2항의 확정일자는 주택 소재지의 읍 · 면사무소, 동 주민센터 또는 시(특별시 · 광역시 · 특별자치시는 제외하고, 특별자치도는 포함한다) · 군 · 구(자치구를 말한다)의 출장소, 지방법원 및 그 지원과 등기소 또는 「공증인법」에 따른 공증인(이하 이 조에서 "확정일자부여기관"이라 한다)이 부여한다.

② 확정일자부여기관은 해당 주택의 소재지, 확정일자 부여일, 차임 및 보증금 등을 기재한 확정일자부를 작성하여야 한다. 이 경우 전산처리정보조직을 이용할 수 있다.

③ 주택의 임대차에 이해관계가 있는 자는 확정일자부여기관에 해당 주택의 확정일자 부여일, 차임 및 보증금 등 정보의 제공을 요청할 수 있다. 이 경우 요청을 받은 확정일자부여기관은 정당한 사유 없이 이를 거부할 수 없다.

④ 임대차계약을 체결하려는 자는 임대인의 동의를 받아 확정일자부여기관에 제3항에 따른 정보제공을 요청할 수 있다.

⑤ 제1항 · 제3항 또는 제4항에 따라 확정일자를 부여받거나 정보를 제공받으려는 자는 수수료를 내야 한다.

⑥ 확정일자부에 기재하여야 할 사항, 주택의 임대차에 이해관계가 있는 자의 범위, 확정일자부여기관에 요청할 수 있는 정보의 범위 및 수수료, 그 밖에 확정일자부여사무와 정

보제공 등에 필요한 사항은 대통령령 또는 대법원규칙으로 정한다.

[본조신설 2013.8.13.]

제4조(임대차기간 등) ① 기간을 정하지 아니하거나 2년 미만으로 정한 임대차는 그 기간을 2년으로 본다. 다만, 임차인은 2년 미만으로 정한 기간이 유효함을 주장할 수 있다.

② 임대차기간이 끝난 경우에도 임차인이 보증금을 반환받을 때까지는 임대차관계가 존속되는 것으로 본다.

[전문개정 2008.3.21.]

제5조 삭제 〈1989.12.30.〉

제6조(계약의 갱신) ① 임대인이 임대차기간이 끝나기 6개월 전부터 1개월 전까지의 기간에 임차인에게 갱신거절(更新拒絕)의 통지를 하지 아니하거나 계약조건을 변경하지 아니하면 갱신하지 아니한다는 뜻의 통지를 하지 아니한 경우에는 그 기간이 끝난 때에 전 임대차와 동일한 조건으로 다시 임대차한 것으로 본다. 임차인이 임대차기간이 끝나기 1개월 전까지 통지하지 아니한 경우에도 또한 같다.

② 제1항의 경우 임대차의 존속기간은 2년으로 본다. 〈개정 2009.5.8.〉

③ 2기(期)의 차임액(借賃額)에 달하도록 연체하거나 그 밖에 임차인으로서의 의무를 현저히 위반한 임차인에 대하여는 제1항을 적용하지 아니한다.

[전문개정 2008.3.21.]

제6조의2(묵시적 갱신의 경우 계약의 해지) ① 제6조제1항에 따라 계약이 갱신된 경우 같은 조 제2항에도 불구하고 임차인은 언제든지 임대인에게 계약해지(契約解止)를 통지할 수 있다. 〈개정 2009.5.8.〉

② 제1항에 따른 해지는 임대인이 그 통지를 받은 날부터 3개월이 지나면 그 효력이 발생한다.

[전문개정 2008.3.21.]

제7조(차임 등의 증감청구권) 당사자는 약정한 차임이나 보증금이 임차주택에 관한 조세, 공과금, 그 밖의 부담의 증감이나 경제사정의 변동으로 인하여 적절하지 아니하게 된 때에는 장래에 대하여 그 증감을 청구할 수 있다. 다만, 증액의 경우에는 대통령령으로 정하는 기준에 따른 비율을 초과하지 못한다.

[전문개정 2008.3.21.]

제7조의2(월차임 전환 시 산정률의 제한) 보증금의 전부 또는 일부를 월 단위의 차임으로 전

환하는 경우에는 그 전환되는 금액에 다음 각 호 중 낮은 비율을 곱한 월차임(月借賃)의 범위를 초과할 수 없다. 〈개정 2010.5.17., 2013.8.13., 2016.5.29.〉

1. 「은행법」에 따른 은행에서 적용하는 대출금리와 해당 지역의 경제 여건 등을 고려하여 대통령령으로 정하는 비율
2. 한국은행에서 공시한 기준금리에 대통령령으로 정하는 이율을 더한 비율

[전문개정 2008.3.21.]

제8조(보증금 중 일정액의 보호) ① 임차인은 보증금 중 일정액을 다른 담보물권자(擔保物權者)보다 우선하여 변제받을 권리가 있다. 이 경우 임차인은 주택에 대한 경매신청의 등기 전에 제3조제1항의 요건을 갖추어야 한다.

② 제1항의 경우에는 제3조의2제4항부터 제6항까지의 규정을 준용한다.

③ 제1항에 따라 우선변제를 받을 임차인 및 보증금 중 일정액의 범위와 기준은 제8조의2에 따른 주택임대차위원회의 심의를 거쳐 대통령령으로 정한다. 다만, 보증금 중 일정액의 범위와 기준은 주택가액(대지의 가액을 포함한다)의 2분의 1을 넘지 못한다. 〈개정 2009.5.8.〉

[전문개정 2008.3.21.]

제8조의2(주택임대차위원회) ① 제8조에 따라 우선변제를 받을 임차인 및 보증금 중 일정액의 범위와 기준을 심의하기 위하여 법무부에 주택임대차위원회(이하 "위원회"라 한다)를 둔다.

② 위원회는 위원장 1명을 포함한 9명 이상 15명 이하의 위원으로 구성한다.

③ 위원회의 위원장은 법무부차관이 된다.

④ 위원회의 위원은 다음 각 호의 어느 하나에 해당하는 사람 중에서 위원장이 위촉하되, 다음 제1호부터 제5호까지에 해당하는 위원을 각각 1명 이상 위촉하여야 하고, 위원 중 2분의 1 이상은 제1호·제2호 또는 제6호에 해당하는 사람을 위촉하여야 한다. 〈개정 2013.3.23.〉

1. 법학·경제학 또는 부동산학 등을 전공하고 주택임대차 관련 전문지식을 갖춘 사람으로서 공인된 연구기관에서 조교수 이상 또는 이에 상당하는 직에 5년 이상 재직한 사람
2. 변호사·감정평가사·공인회계사·세무사 또는 공인중개사로서 5년 이상 해당 분야에서 종사하고 주택임대차 관련 업무경험이 풍부한 사람
3. 기획재정부에서 물가 관련 업무를 담당하는 고위공무원단에 속하는 공무원

4. 법무부에서 주택임대차 관련 업무를 담당하는 고위공무원단에 속하는 공무원(이에 상당하는 특정직 공무원을 포함한다)

5. 국토교통부에서 주택사업 또는 주거복지 관련 업무를 담당하는 고위공무원단에 속하는 공무원

6. 그 밖에 주택임대차 관련 학식과 경험이 풍부한 사람으로서 대통령령으로 정하는 사람

⑤ 그 밖에 위원회의 구성 및 운영 등에 필요한 사항은 대통령령으로 정한다.

[본조신설 2009.5.8.]

제9조(주택 임차권의 승계) ① 임차인이 상속인 없이 사망한 경우에는 그 주택에서 가정공동생활을 하던 사실상의 혼인 관계에 있는 자가 임차인의 권리와 의무를 승계한다.

② 임차인이 사망한 때에 사망 당시 상속인이 그 주택에서 가정공동생활을 하고 있지 아니한 경우에는 그 주택에서 가정공동생활을 하던 사실상의 혼인 관계에 있는 자와 2촌 이내의 친족이 공동으로 임차인의 권리와 의무를 승계한다.

③ 제1항과 제2항의 경우에 임차인이 사망한 후 1개월 이내에 임대인에게 제1항과 제2항에 따른 승계 대상자가 반대의사를 표시한 경우에는 그러하지 아니하다.

④ 제1항과 제2항의 경우에 임대차 관계에서 생긴 채권·채무는 임차인의 권리의무를 승계한 자에게 귀속된다.

[전문개정 2008.3.21.]

제10조(강행규정) 이 법에 위반된 약정(約定)으로서 임차인에게 불리한 것은 그 효력이 없다.

[전문개정 2008.3.21.]

제10조의2(초과 차임 등의 반환청구) 임차인이 제7조에 따른 증액비율을 초과하여 차임 또는 보증금을 지급하거나 제7조의2에 따른 월차임 산정률을 초과하여 차임을 지급한 경우에는 초과 지급된 차임 또는 보증금 상당금액의 반환을 청구할 수 있다.

[본조신설 2013.8.13.]

제11조(일시사용을 위한 임대차) 이 법은 일시사용하기 위한 임대차임이 명백한 경우에는 적용하지 아니한다.

[전문개정 2008.3.21.]

제12조(미등기 전세에의 준용) 주택의 등기를 하지 아니한 전세계약에 관하여는 이 법을 준용한다. 이 경우 "전세금"은 "임대차의 보증금"으로 본다.

[전문개정 2008.3.21.]

제13조(「소액사건심판법」의 준용) 임차인이 임대인에 대하여 제기하는 보증금반환청구소송에 관하여는 「소액사건심판법」 제6조, 제7조, 제10조 및 제11조의2를 준용한다.

[전문개정 2008.3.21.]

제30조(주택임대차표준계약서 사용) 주택임대차계약을 서면으로 체결할 때에는 법무부장관이 서식을 정하여 권고하는 주택임대차표준계약서를 우선적으로 사용한다. 다만, 당사자가 다른 서식을 사용하기로 합의한 경우에는 그러하지 아니하다.

[본조신설 2016.5.29.]

제31조(벌칙 적용에서 공무원 의제) 공무원이 아닌 주택임대차위원회의 위원 및 주택임대차분쟁조정위원회의 위원은 「형법」 제127조, 제129조부터 제132조까지의 규정을 적용할 때에는 공무원으로 본다.

[본조신설 2016.5.29.]

[시행일 : 2017.5.30.] 제31조(주택임대차분쟁조정위원회에 관한 부분만 해당한다)

부칙 〈제14175호, 2016.5.29.〉

제1조(시행일) 이 법은 공포 후 6개월이 경과한 날부터 시행한다. 다만, 제14조부터 제29조까지 및 제31조(주택임대차분쟁조정위원회에 관한 부분만 해당한다)의 개정규정은 공포 후 1년이 경과한 날부터 시행한다.

제2조(월차임 전환율에 관한 적용례) 제7조의2의 개정규정은 이 법 시행 당시 존속 중인 임대차에 대하여도 적용하되, 이 법 시행 후 최초로 보증금의 전부 또는 일부를 월 단위 차임으로 전환하는 경우부터 적용한다.

참고 문헌

강해규외 6인, "부동산 권리분석의 이해", 형설출판사, 2005

고경호, "4개의 통장" 다산북스, 2009

고영건 외 6인, "부자학" 비즈프라임, 2009

국가법령정보센터, "주택임대차 보호법", 2017

김규영, "투자론" 박영사, 2003

김기영, 송영출, "행복한 부자되기" 비즈 프라임, 2009

김대중, "나의 꿈 10억 만들기", 윈앤윈북스, 2003

김병우, 유재경, 이동훈, "부동산 금융론" 두남, 2010

김정환, "한국의 작전세력들", 한스미디어, 2010

김철중, "기업분석 제2판", 명경사, 2009

김태형, "지금당장 재무설계 공부하라", 한빛 비즈, 2014

나폴레옹힐 지음, 조범례 옮김, "성공하는 사람들의 13가지 행동철학" 백만문화사, 2008

다치키 미코토 지음, 강신규 역, "부동산 10년 대폭락" 21세기 북스, 2004

데일카네기 지음, 최염순 역, "카네기 인간관계론", 씨앗을 뿌리는 사람들, 2008

돈 리처드 리소 지음, 주혜명 옮김, "에니어그램의 지혜", 한문화, 2000

로렌템플턴, 스콧필립스 지음, 김기춘 역, "존템플턴의 가치투자전략", 2015

마이클 샌델, 이창신 역, "정의란 무엇인가", 김영사, 2011

모니시 파브라이 지음, 이경식 옮김, 주식투자 백전백승의 법칙, Human & Books, 2011

박경철, "시골의사의 부자경제학" 리더스북, 2008

박경철, "주식투자란 무엇인가 1" 리더스북, 2008

박경철, "주식투자란 무엇인가 2" 리더스북, 2009

박용석, "한국의 젊은 부자들", 토네이도, 2006

변종국외 3인, "증권시장의 이해", 명경사, 2006

변진호, 위정범, 홍정훈. "투자론", 도서출판 청람, 2016.

스티븐 코비 지음, 김경섭 역, 성공하는 사람들의 8번째 습관, 2009

앨빈토플러 지음, 김중웅 역, "부의 미래" 청림출판, 2008

오준석외 9인, “부동산 시장분석론, 형설출판사, 2015
유선종, “생활속의 부동산 13강”, 도서출판 청람, 2014
유재경, 이동훈, IFRS 회계원리, 두남, 2012
이정호, “새롭게 보는 사주 이야기”, 한겨레신문사, 2006
임종천, “하나님 마음에 합당한 부자 되는법”, 베드로 서원, 2008
전광섭, 이동훈, 아카데미 부동산, 부연사, 2011
정 윤, 유원상, “부동산 경제론”신광문화사, 2011
정철진, “대한민국 20대 재테크에 미쳐라”, 한스미디어, 2007
존몰딘 지음, 윤양석 옮김, “월가의 부자경제학” 2006
짐콜린스 지음, 이무열 옮김, “좋은 기업을 넘어 위대한 기업으로”, 김영사, 2001
차동엽, “무지개원리” 동이, 2007
티머시박 지음, 김기춘 역, “워렌 버핏의 가치투자 전략”, 비즈니스 북스, 2015
한재형, “부동산 경매 완전정복” 법률출판사, 2004
홍은주, “생애재무설계 지금당장 시작하라”, 삼성경제연구소, 2011

찾아보기

이 동 훈

2001년 한국과학기술원(KAIST) 경영공학박사

1996년 한국과학기술원(KAIST) 경영정보공학석사

현, 부천대학교 부동산유통학과 교수

>> 주요저서

지금당장 재테크공부하라, 한빛비즈
재테크파노라마, 혁신정보연구소
4차산업혁명시대의 경영정보시스템, 한빛아카데미
전자상거래와 이비즈니스, 한빛미디어
최신경영정보시스템, 형설
부동산정보학개론, 형설
등 20 여권

교양 재테크

초판 발행 2018년 2월 5일
초판 1쇄 발행 2023년 6월 30일

지은이 이동훈 / 펴낸이 오상훈
펴낸곳 교우미디어
주　소 서울시 동대문구 약령시로 8 교우빌딩 1층 교우미디어
전　화 02-925-2861, 02-925-2866 / 팩　스 02-925-2860, 편집부 02-925-2825
홈페이지&북스토어 www.kyowoo.co.kr / 이메일 kyowoo@kyowoo.co.kr

등　록 2011년 2월 7일 제305-2011-000007호
ISBN 979-11-85417-23-3 (13320)

Published by Kyowoomedia Printed in Korea

교우미디어는 보다 혁신적이고 참신한 도서를 다양하게 기획하고 있습니다.
책으로 펴내고자 하는 아이디어나 원고는 메일로 보내주세요.
교우미디어는 전과정을 책임지고 최선을 다하겠습니다.

값 26,000원

교우미디어는 (주) 교우의 Imprint 사입니다.
수학정원·과학정원은 (주) 교우의 새로운 브랜드명입니다.

잘못된 책은 구입하신 서점에서 교환해 드립니다.